국어 수업에 쉽게 적용하는
개념기반 탐구학습

배현진
우경란
유상은
지음

손잡고
국어수업 07
왜? 어떻게?

국어 수업에 쉽게 적용하는
개념기반 탐구학습

'손잡고 국어수업'
시리즈를 펴내며

아름다운 수업

교사라면 누구나 아름다운 수업을 꿈꿉니다. 그래서인지 수업 사례를 다룬 책이나 연수가 쏟아지고 있습니다. '수업 디자인'이라는 말도 유행합니다.

    디자인이 뭐냐는 물음에 누군가는 이렇게 답했습니다. "인문학적 상상의 공학적 실현". 그러면서 "디자인은 손재주가 아니에요. 사람들의 삶을 어떤 방향으로 바꾸고 싶다는 인문학적 상상이 먼저입니다."라고 덧붙였습니다.

    교육공학을 전공한 교수님도 그와 비슷한 얘기를 했습니다. "수업 방법은 다음 문제예요. 어떤 수업을 하고 싶은지, 왜 그런 수업을 하고 싶은지 그걸 먼저 생각해야 합니다. 그에 따라 수업 방법이 결정되기 때문입니다."

국어 교사 단톡방에서 오가는 대화

    "○○와 □□의 차이가 뭔가요?"
    "△△는 어떻게 가르치면 되나요?"

국어 교사들이 모인 단톡방에 가장 많이 올라오는 질문입니다. 당장 내일 해야 할 수업을 앞에 놓고 막막한 마음에 올린 질문이겠죠. 오죽 답답하면 이런 질문을 하셨을까요? 그런데 조금만 여유를 가지고 '왜?'라는 질문을 먼저 던져보면 어떨까요? 그러면 '어떻게?'에 대한 답은 자연스럽게 따라오지 않을까요?

왜?

새는 두 날개만으로 날지 않습니다. 물고기는 지느러미로만 헤엄치는 게 아닙니다. 머리를 돌려 올바른 방향을 잡는 일이 먼저입니다. 그래서 이 책에서는 '왜?'라는 질문으로 시작합니다. 이 물음은 '삶' 또는 '성장'과 맞닿아 있습니다. 가르치고 배우는 사람이 더불어 성장하는 수업을 하려면 '왜?'라는 질문을 붙들어야 합니다.

나는 왜 이걸 가르치는가?
이걸 배워서 우리 아이들이 어떤 방향으로 성장하기를 바라나?

공자님께서도 "學而不思則罔(학이불사즉망)"이라고 하셨습니다. '망(罔)'은 그물입니다. 그물에는 구멍이 숭숭 뚫려 있습니다. 속 알맹이가 없죠. 열심히 가르치고 배우지만 수업이 끝나면 허망할 때가 많습니다. '왜?'라는 질문이 빠졌기 때문입니다. 성긴 그물 사이로 삶의 알맹이가 죄다 빠져나가고 빈껍데기만 남았기 때문입니다.

'왜?'에 대한 답을 찾으려면 찬찬히 관찰해야 합니다. 교육과정에서는 어떤 목표를 제시하고 있는지, 교과서에서는 어떻게 구현하고 있는지, 학생들은 어떤 수준과 상황인지, 학생들이 살아갈 우리 사회는 어떻게 변하고 있는지……. 처음에는 어려울 수 있지만 자꾸 연습하면 꼬리에 꼬리를 물고 해답이 따라 나옵니다. 고구마 줄기처럼.

어떻게?

교사가 아무리 선한 의도와 간절한 열망을 가졌다 해도 수업이 그저 되지는 않습니다. 열심히 날개를 퍼덕이고 지느러미를 움직여야 합니다. 인문학적 상상을 실현할 공학적 실천이 필요합니다.

공자님께서는 이어서 말씀하십니다. "思而不學則殆(사이불학즉태)". '태(殆)'는 위태롭다는 뜻입니다. 흐물흐물해서 제대로 설 수 없는 상태죠. 아무리 멋진 생각이 있어도 그걸 어떻게 실현할지 모른다면 소용이 없습니다. 올곧게 실천하려면 힘써 가르치고 배워야 합니다. 방법이나 요령이 필요합니다.

이 책에서는 이미 현장에서 실천해 본 사례를 몇 가지 소개합니다. 당연한 말이지만 이 사례를 곧이곧대로 베끼면 안 됩니다. 이 사례들은 '다만 하나의 몸짓'에 지나지 않습니다. 선생님들의 빛깔과 향기를 덧입혀 주세요. 선생님의 '왜?'라는 질문에 맞춰서 어떻게 적용할지 선택하셔야 합니다.

손을 내밀어 주세요

이 책은 더 아름다운 수업을 꿈꾸는 선생님들을 위한 책입니다. 선생님께서 국어 수업의 길을 찾으실 때 그 손을 잡아드리고자 이 책을 기획하게 되었습니다. 우리 책을 실마리 삼아 선생님만의 '왜?' '어떻게?'라는 질문을 얹어 더 아름다운 수업을 구상하시기를 기대합니다.

　더 나아가 저자로 모시고 싶습니다. 선생님께서 실천하신 값진 수업 사례를 책으로 만들어주세요. 아직 완전하지 않아도 좋습니다. 그걸 책으로 엮는 과정에서 더 단단하게 틀을 다질 수 있기 때문입니다. 선생님께서 용기를 내신다면 또 다른 누군가에게 따스한 손길이 되리라 믿습니다. 선생님의 연락을 기다립니다.

　손잡고 걸으면 외롭지 않습니다.
　우리가 가르치고 배우는 일도 그랬으면 좋겠습니다.
　함께 손잡고 '왜, 어떻게 가르칠까?' 길을 찾고자 합니다.

머리말

손잡고, 개념기반 탐구학습의 길로

　처음 '개념기반 탐구학습'이라는 말을 들었을 때, 잠시 멈칫했습니다. 솔직히 말해, 조금 거창하게 들렸습니다. 낯선 이론 같고, 연구자들이 학문적으로 정리한 개념 같아 보이기도 했습니다. 그래서 '이걸 내가 교실에서 할 수 있을까?' 하는 의문부터 들었던 것도 사실입니다. 그런데 돌이켜보니 그 거창해 보이는 이름 뒤에는 사실 아주 작은 실천이 숨어 있었습니다.

　수업 중에 학생에게 질문을 하나 더 던지는 것, 단순히 지식을 설명하는 대신 '왜 그럴까?'라는 물음을 붙잡아 보는 것, 활동의 겉모습보다 그 속에 담긴 의미를 함께 찾아보는 것. 그 작은 걸음을 내딛는 순간, 수업은 달라졌습니다. 아이들의 눈빛이 달라지고, 서로의 말에 귀 기울이는 태도가 달라졌습니다. 결국 개념기반 탐구학습은 '새로운 것'이 아니라 우리가 늘 해오던 수업에서 조금 더 깊이 들어가는 한 걸음이었던 겁니다.

　그래서 이 책은 어떤 거대한 해답을 내놓으려는 책이 아닙니다. 이미 교실에서 묵묵히 아이들과 만나고 계신 선생님들께 '조금만 방향을 틀어보자. 거기서 시작해도 충분하다.'라는 응원의 마음으로 쓴 책입니다. 단순한 지식 전달을 넘어 삶과 연결되는 배움을 만들어 가는 과정에서 국어 수업은 개념이 살아 숨 쉬는 장이 될 수 있다는 믿음을 함께 나누고 싶었습니다.

　물론, 우리 교실의 현실은 늘 빠듯합니다. 진도를 따라가야 하고, 평가를 준비해야 하고, 아이들의 다양한 수준을 고려해야 합니다. 그런 교사에게 '새로운 수업을 하라'는 말이 얼마나 버겁게 다가오는지 저도 잘 압니다. 그래서 이 책은 어렵고 복잡한 수업 모형을 권하지 않습니다. 다만, 핵심 개념을 붙잡고 수업을 설계하는 작은 노력이 어떻게 교실을 바꾸는지, 그 변화의 이야기를 들려드리려 합니다.

　이 책은 두 부분으로 나누어져 있습니다.

　1부에서는 '왜 개념기반 탐구학습인가?'라는 물음을 함께 고민합니다. 국어 교육이 처한 현실과 도전, 그리고 2022 개정 교육과정이 강조하는 '깊이 있는 학습'의 의미를 살펴보며, 국어 수업이 나아가야 할 방향을 담았습니다. 교사라면 누구나 공감할 수 있는 현장의 고민 속에서, 개념기반 탐구학습이 어떻게 하나의 해답이 될 수 있는지를 풀어냈습니다.

2부는 개념기반 탐구학습을 실제 수업에 적용한 여섯 편의 사례를 담고 있습니다. 각각의 수업은 '목표 정하기 - 개념 탐구하기 - 전이하기 - 성찰하기'라는 공통의 흐름을 따라가지만, 그중에서도 한 가지 단계를 특별히 부각하여 교사들이 해당 단계의 의미와 실행 방안을 더 깊이 이해할 수 있도록 집필되었습니다. 따라서 독자들은 사례 전체를 통해 개념기반 탐구학습의 단계들을 균형 있게 살펴보면서, 동시에 특정 단계의 실제적 적용 방식을 구체적으로 확인할 수 있을 것입니다.

이러한 틀 안에서 여섯 가지 수업 사례가 이어집니다. '웹툰을 통한 공동체 문제 참여하기'와 '문법 탐구하기'에서는 수업의 목표를 세우는 과정을 보여주고, '성장소설 깊이 읽기'와 '진로 독서'에서는 작품과 책을 통해 개념을 탐구하며 자기 삶과 세상을 연결하는 길을 모색합니다. 또한 '매체 비평 뉴스레터 쓰기'는 교실에서 길러진 개념이 사회적 의제와 만나는 순간을 담았고, '모둠 보고서 쓰기'는 탐구와 실천을 되돌아보며 배움의 도달점을 확인하는 과정을 보여줍니다.

이 책에 담긴 이야기들은 완벽한 정답이 아닙니다. 오히려 시행착오 속에서 건져 올린 소소한 경험들입니다. 그러나 그 작은 경험 하나

하나가 모여, 아이들과 교사가 함께 사유하고 성찰하며 성장하는 길을 만들었습니다. 선생님들께서 이 책을 읽으시며 '이 정도라면 나도 해볼 수 있겠다'는 용기를 얻으신다면 그것으로 충분합니다.

    부족한 글이지만 부디 이 책이, 수업의 길 위에서 함께 손잡고 걸어갈 작은 동반자가 되기를 바랍니다. 선생님들의 교실마다 저마다의 향기와 색깔이 더해져, 아이들과 함께 깊이 있는 배움의 여정을 만들어 가시기를 진심으로 응원합니다.

이 책의 활용법

이 책은 국어 교사가 개념기반 탐구학습을 교실에서 바로 적용할 수 있도록 구성되었습니다. 2부 각 장의 시작인 '수업 개요'에는 교사들의 실제 고민과 수업 방향을, 마무리에는 '수업 실천 팁'을 담았습니다. 이론적 설명과 함께 구체적인 수업 사례를 제공하여 여러분의 수업 설계를 돕고자 합니다.

차례

'손잡고 국어수업' 시리즈를 펴내며   4

머리말   8

1부. 국어 개념기반 탐구학습, 왜? _배현진 유상은   14

1. 국어를 왜 배워야 해?
2. 진도 빼기와 활동하기, 그 너머에는 무엇이 있을까?
3. 어떻게 하면 '깊이 있는 학습'을 만들 수 있을까?
4. 어떻게 하면 '이해'를 확인할 수 있을까?
5. 질문이 있는 교실, 어떻게 만들까?
6. 국어과 역량, 어떻게 키울까?

2부. 국어 개념기반 탐구학습, 어떻게?

> **수업 사례 1**
> **웹툰을 통해 공동체 문제에 참여하기** _배현진   49

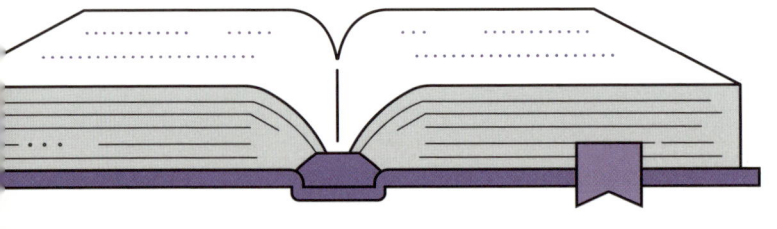

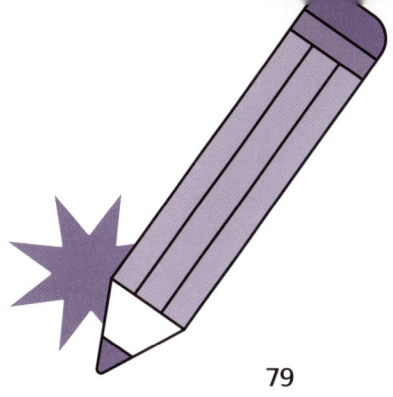

> 수업 사례 2

일반화를 위한 문법 탐구하기 _배현진

79

> 수업 사례 3

핵심 개념을 중심으로 성장소설 깊이 읽기 _우경란

109

> 수업 사례 4

연결하고 통합하는 진로 독서 수업 _유상은

161

> 수업 사례 5

사회적 의제를 담은 매체 비평 뉴스레터 쓰기 _유상은

195

> 수업 사례 6

성찰과 실천으로 나아가는 모둠 보고서 쓰기 _우경란

221

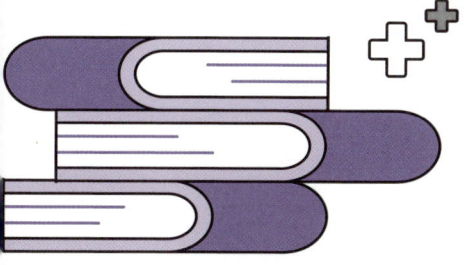

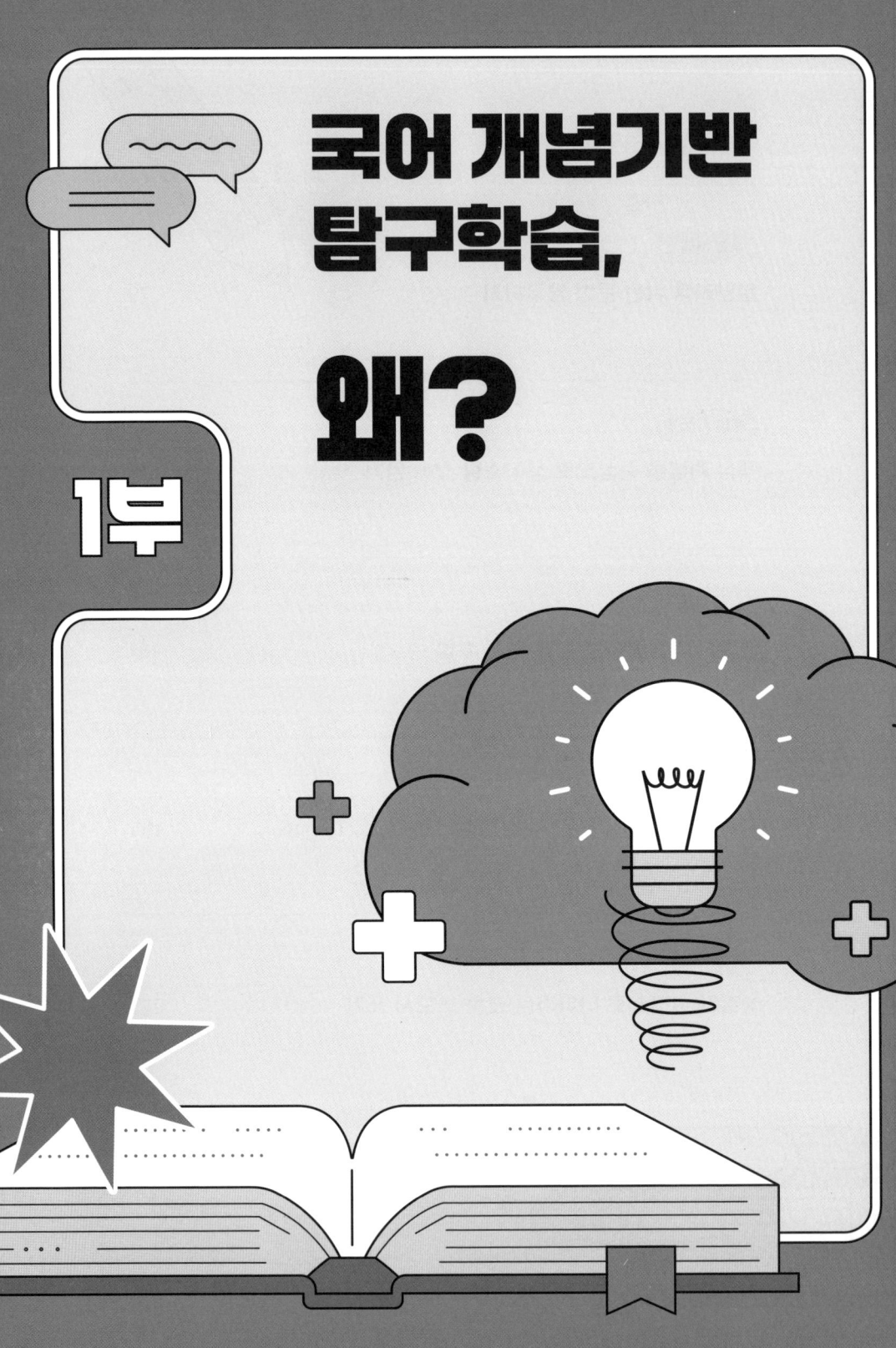

① 국어를 왜 배워야 해?
② 진도 빼기와 활동하기, 그 너머에는 무엇이 있을까?
③ 어떻게 하면 '깊이 있는 학습'을 만들 수 있을까?
④ 어떻게 하면 '이해'를 확인할 수 있을까?
⑤ 질문이 있는 교실, 어떻게 만들까?
⑥ 국어과 역량, 어떻게 키울까?

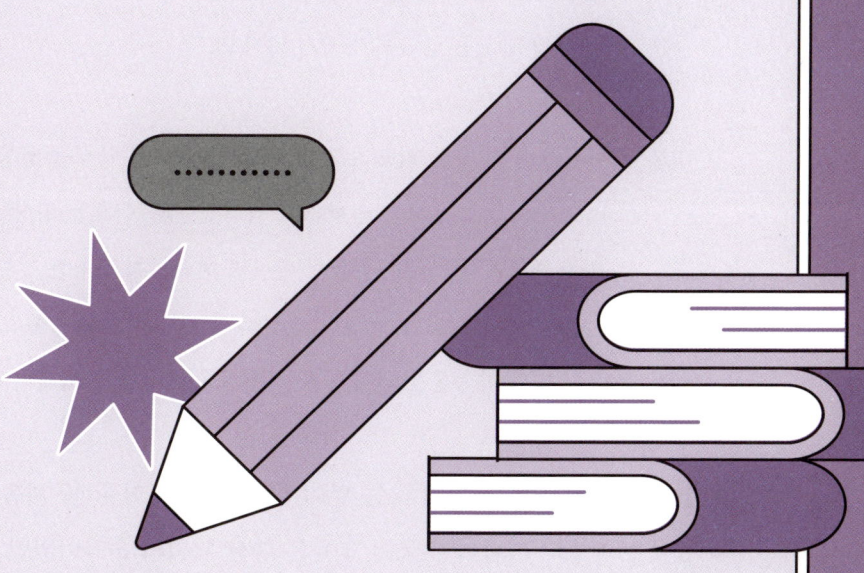

1. 국어를 왜 배워야 해?

> A교사: 2015 개정 교육과정부터 고교학점제가 도입된 2022 개정 교육과정까지 학생들의 과목 선택권은 꾸준히 확대되고 있어요. 그런데 수능 때문이 아니라면 국어과의 과목을 왜 선택해야 하는지 설명하기가 쉽지 않아요. 특히 국어과의 과목은 여전히 수학이나 영어에 밀려 등한시되고 있는 것 같아 속상하지만, 막상 학생들이 '국어 수업을 왜 들어야 하나요?'라고 질문하면 일반적인 대답 말고는 답하기가 쉽지 않아요.
>
> B교사: 아이들이 긴 글을 읽으려고 하지 않아요. 하긴 한때는 글을 읽지 않고 영상으로 정보를 접한다고 걱정했는데, 이제는 영상조차도 숏폼 콘텐츠처럼 짧은 것들이 아니면 선택받지 못하는 것을 보면 긴 글이 외면당하는 현실이 당연하게 느껴지기까지 해요. 앞으로도 이런 학생들을 데리고 국어 수업을 진행할 수 있을까요?

교단에서 '국어 교육의 위기'라는 말이 사라진 적이 있을까? 처음 교편을 잡았을 때부터 지금까지 국어 교육은 항상 위기의 순간이었던 것 같다. 마치 교육계의 영원한 화두처럼, 이 위기의식은 한 번도 완전히 해소된 적이 없다. '국어'라는 과목은 모국어를 가르치는 교과목이 지닌 상징성과 다른 과목 학습을 위한 기본적인 의사소통 능력을 기른다는 중요성으로 인해 중심 교과로서의 기능과 가치를 오랫동안 인정받아

왔다. 하지만 바로 그 점 때문에 단순히 다른 과목의 학습을 위한 도구 교과 정도로 취급되기도 한다.

　이제 고교학점제가 본격 도입되면서 과목 구조가 재편되고, 5등급제 적용으로 인한 과목 선택 경쟁이 더욱 치열해짐에 따라 '국어 과목들이 과연 선택받을 수 있을까?' 하는 걱정이 커지고 있다. 특히 국어 과목은 '모국어니까 이미 다들 어느 정도 구사할 수 있다.'라는 인식과 '국어 수업을 들어서 성적을 올릴 수 있을까?'라는 의문이 공존하면서, 학생들의 선택 우선순위에서 종종 밀려나는 경향이 있다.

　아이러니하게도 이런 상황과는 달리 학교 현장과 우리 사회에서는 국어의 중요성이 더욱 커지고 있다. 지속적인 교실 수업 개선이 이루어지고 활동 중심 참여형 수업이 정착되면서, 읽고 쓰고 말하는 능력에 대한 필요성과 중요성이 더욱 높아지고 있는 것이다. 다양한 학습 과정에서의 탐구 활동 결과들을 탐구 보고서로 정리하고 발표하는 과정은 말할 것도 없고, 대부분의 수업이 과정 중심 수행평가를 강조하면서 국어과의 핵심 역량 중 하나인 의사소통 역량이 꼭 필요한 상황이 되었다.

　그뿐만 아니라 디지털 시대로의 전환은 학생들의 문해력뿐 아니라 미디어 문해력에 대한 높은 이해를 요구하고 있다. 특히 'AI 쇼크'라고 불릴 만한 생성형 AI의 등장은 인간의 고유한 기능이라 여겼던 '창의성'에 대한 의문까지 가져왔다. 그러나 생성형 AI의 활용 영역이 커지면 커질수록, 이 고도로 발달된 시스템이 쏟아내는 무수히 많은 결과물을 점검하고 비판적으로 수용할 수 있는 'AI 문해력'이 필수 역량으로 떠올랐고, 이 또한 국어과의 영역이라 할 수 있다.

　이러한 사회 변화 속에서 '국어를 왜 배워야 하는가?'에 대한 답을 다시 한번 고민해 본다. 그런데 이 질문에 답하기에 앞서 선행되어야 할 고민이 있다. 그것은 '국어를 어떻게 배워야 하는가?'이다. 국어 수업 시간에 학생들이 배워야 할 것이 지식 교과들처럼 사실을 암기하고 익히는 것이라면, 그것은 '국어 교육의 위기'를 여전히 답습하는 일이다. 학생들에게 단순한 지식이 아니라 실제 삶에 적용할 수 있는 '살아 있는' 국어를 가르치려면 낱낱의 사실들보다 여러 상황에 전이될 수 있는 '개념'을 가르쳐야 한다.

그렇기에 이제 국어과 교사들은 '지식 전달자'를 넘어 학생들에게 개념기반 탐구학습을 적용하는 '수업 설계자'가 되어 삶에서 활용할 수 있는, 그야말로 써먹을 수 있는 국어를 가르쳐야 하는 것이다.

국어는 이래서 배워야 해!

1. **국어 학습의 현실적 가치 강조하기**
   - 프로젝트 학습, 탐구 활동에서 보고서 작성 및 발표 시 국어 능력이 필수
   - 과정 중심 수행평가에서 의사소통 역량이 필요한 구체적 사례 제시

2. **디지털 시대의 국어 능력 필요성 설명하기**
   - 문해력을 넘어 미디어 문해력, AI 문해력으로 확장된 국어 역량 소개
   - 생성형 AI 시대에 비판적 읽기와 평가 능력이 더욱 중요해짐을 설명

3. **'삶에 쓰이는 국어' 관점으로 수업 접근하기**
   - 단순 지식 암기가 아닌 실제 상황에 적용 가능한 개념 중심 학습
   - 학생들의 실생활 사례와 연결하여 국어의 실용성 보여주기

2. 진도 빼기와 활동하기, 그 너머에는 무엇이 있을까?

A교사: 공개 수업이 끝난 뒤 수석 선생님과 협의회를 가졌습니다. 수석 선생님은 제 수업이 강의식으로 진행된다는 점을 걱정하셨습니다. 실제로 수업에 집중하고 내용을 이해하는 학생들이 3분의 1도 되지 않는데, 일방적으로 지식을 전달하고 있는 것 같아 걱정된다는 것이었습니다. 그런데 중간고사 전까지 진도 나가기도 바쁜데, 활동식보다 강의식으로 빠르게 내용을 전달하는 게 효율적이라는 제 생각이 틀린 걸까요?

B교사: 활동 중심 수업이 강조되고 있어서 강의식 수업이 아니라 학생들의 활동 중심으로 수업을 진행해 보았습니다. 그런데 수업 시간은 점점 산만해지고 적극적으로 참여하는 학생 몇 명을 제외하면 활동에 집중하고 있지 않았습니다. 그냥 강의식으로 진행하면 빠르게 내용을 전달할 수 있는데, 학생들도 저도 왜 이 내용을 활동으로 구성해야 하는지 모르겠습니다. 수업을 마친 뒤 학생들의 소감을 받았더니, 무엇을 배웠는지 모르겠다는 학생이 더 많았습니다.

위에 제시된 고민은 두 교사가 수업을 진행하면서 느낀 생각을 풀어놓은 것이다. 이는 실제로 우리 수업 현장에서 끊임없이 제기되는 문제이기도 하다. 학생들이 스스로 참여하는 자발적인 배움이 일어나기 위해서는 교사의 강의 중심 수업을 탈피해야 한다고 말한다. 하지만 정해진 시간 안에 최대한 많은 지식을 다루어야 하고 진도를 빼기도 바쁜데, 언제 그런 활동을 계획하고 운영하냐는 것이다. 그리고 막상 학생 활동 중심으로 수업을 진행하더라도 기대했던 배움이 일어나기는커녕 지식조차 제대로 전달되지 않는데, 이렇게 비효율적인 활동을 지속해야 할 이유가 무엇인지 교사조차도 납득되지 않는다는 것이다.

이는 수업 설계에 대한 고민이며, 학습의 도달점을 어떻게 설정할 것인지에 따라 그 방향이 달라진다. 수업의 목표가 학생들이 지식을 최대한 많이 암기하고 지필고사의 문제를 잘 풀 수 있게 하는 것이라면, 수업에서 가장 중요한 것은 '진도'가 될 것이다.

그러나 국어 교육의 본질적 가치는 그보다 훨씬 깊고 넓다. 우리가 국어를 가르치고 배우는 진정한 이유는 단순히 수치화된 점수에 있지 않다. '문학'을 통해 인간의 다양한 삶의 모습을 만나고, 주인공의 선택과 고민을 함께하며 자신의 삶을 성찰하게 하는 것이다. 또 '독서'를 통해 세상의 다양한 지식과 지혜를 얻고, 복잡한 사회 속에서 비판적 사고력을 발휘하며 한 사람의 시민으로 살아갈 수 있는 힘을 키워주는 것이다.

이처럼 국어 교육이 추구하는 궁극적 목표가 학생들의 삶과 직접 연결된 역량을 기르는 데 있다면, 진도를 나가는 것보다 학생들이 의미 있는 배움을 경험하게 하는 것이 더 중요한 가치가 될 것이다. 결국 우리가 교실에서 풀어야 할 문제는 '어떻게 진도를 나갈 것인가?'가 아니라 '어떻게 학생들에게 의미 있는 국어 경험을 제공할 것인가?'이다.

그렇다면 이어지는 고민은 '학생들이 활동을 통해서 무엇을 익히게 만들 것인가?'가 될 것이다. 목적 없이 이루어지는 활동 중심 수업은 학생들의 자발적인 배움을 불러올 수 없다. 여기에서 그 '목적'에 해당하는 것으로 제시할 수 있는 것이 바로 '개념의 탐구'이다.

개념은 지식이나 사실보다 훨씬 더 추상화된 보편적인 관념이다. 그런데 낱낱의 사실이 아니라 개념을 익히는 것이 왜 필요할까? 왜냐하면 개념을 익히고 학습하면 이것이 개별적인 사실로 전이될 수 있는 힘이 생기기 때문이다. 쉽게 설명하면 이렇다. 우리가 흔히 알고 있는 '스누피'라는 캐릭터를 떠올려 보자. 이 캐릭터가 무엇을 형상화한 것이냐고 물으면 대부분의 사람들은 '강아지'라고 대답할 것이다. 그런데 이 세상 어디에도 스누피와 똑같이 생긴 강아지는 없다. 그런데도 우리가 스누피를 강아지로 인식할 수 있는 것은 우리 머릿속에 '강아지'의 개념이 자리 잡혀 있기 때문이고, 이러한 개념이 다른 곳에 전이될 수 있기 때문이다.

국어 수업에서 학생들에게 비유법을 가르치는 상황을 가정해 보자. 이때 교사가 학생들에게 제공할 수 있는 수업 방식은 몇 가지가 있다. 먼저 비유법의 의미를 설명하고 각각의 표현이 어떤 비유법인지를 설명하는 강의식이다. 이런 수업은 빠르게 진도를 나갈 수는 있지만, 구체적으로 학습이 일어나고 있는지는 확인하기 어렵다.

두 번째는 비유법의 의미를 강의하고 난 뒤 다양한 표현들을 제공하면서 그것이 어떤 종류의 비유법에 해당하는지 파악하게 하는 활동 중심 수업이다. 이는 지식을 학습하고 이것을 활용하는 활동 수업이지만, 이러한 활동은 단순히 암기를 지원할 뿐 실제로 지식이 다른 곳으로 전이된다고 보기 어렵다.

세 번째 수업은 개념을 기반으로 한 탐구학습이다. 학생들에게 '화자는 자신의 의도를 어떻게 드러내는가?'라는 질문을 던지고 작품에 드러난 '의도'와 '표현'에 초점을 두어 탐구하게 한다면 학생들은 이러한 개념을 스스로 탐구하면서 익힐 수 있다. 여기서 한 걸음 더 나아가, 이를 바탕으로 자신의 의도를 비유적으로 표현하는 전이를 경험한다면 그것이야말로 진정한 '학습'이 일어난 것이 아닐까.

결국 개념기반 탐구학습은 학생들의 자발적인 탐구를 기반으로 한다. 탐구의 대상은 단순한 사실이나 지식이 아니라 더 상위에 해당하는 개념이며, 탐구를 바탕으로 전이 경험을 거쳐 '깊이 있는 이해'에 도달할 수 있다.

진도 빼기 수업과 활동 중심 수업의 한계를 극복하려면?

1. 진도와 활동 사이의 균형 찾기
- 시험 범위에 맞춘 진도와 깊이 있는 학습 사이의 적절한 배분 계획
- 핵심 개념 중심으로 교육과정을 재구성하여 불필요한 내용 축소

2. 목적 있는 활동 설계하기
- 모든 활동 뒤에는 명확한 학습 목표와 개념적 이해가 있어야 함
- '이 활동을 통해 학생들이 무엇을 배우게 될 것인가?' 항상 질문하기

3. 개념기반 접근으로 전이 가능한 이해 촉진하기
- 단편적 지식보다 다양한 상황에 적용 가능한 개념 중심으로 재구성
- (예) 비유법 단순 암기보다 '화자가 의도를 표현하는 방식' 개념으로 접근

3. 어떻게 하면 '깊이 있는 학습'을 만들 수 있을까?

A교사: 이 수업에서 학생들이 도달해야 할 지점이 뭐라고 생각해요?

B교사: 음…… 논증 방식의 유형을 이해하고 각각의 특성을 구분할 수 있게 하는 거죠. 특히 귀납과 연역, 유추 같은 방법을 찾아내는 거요.

A교사: 그렇게만 가르치면 학생들은 시험 치고 나서 다 잊어버려요. 저번에 3학년 아이들에게, 1학년 때 배운 논증 방식 중에 기억나는 것이 있냐고 물었더니 대부분이 기억을 못 하더라고요.

C교사: 저는 요즘 개념기반 탐구학습에 관심이 많아요. 논증 방식의 종류와 예시를 가르치는 대신, '글쓴이는 어떤 상황에서 어떤 논증 방식을 선택할까?'라는 질문으로 수업을 시작해 보면 어떨까요? 학생들이 스스로 다양한 글을 탐구하면서 각 논증 방식의 효과와 적절한 상황을 발견하게 하는 거죠.

A교사: 그렇게 하면 수업 진도는 어떻게 나가요? 탐구하다 보면 시간이 많이 걸릴 텐데.

C교사: 맞아요. 처음에는 저도 그게 걱정이었어요. 하지만 논증 방식을 하나하나 정의하고 예시를 찾는 수업 대신, '설득'이라는 핵심 개념을 중심으로 수업을 재구성했더니 오히려 효율적이더라고요. 학생들도 스스로 발견한 개념은 오래 기억하고, 자기 글을 쓸 때도 상황에 맞게 적용할 수 있게 되었어요.

B교사: 그게 바로 교육과정에서 말하는 '깊이 있는 학습'이네요.

세 교사의 대화는 우리가 국어 수업을 통해 무엇을 가르쳐야 하는지, 어떻게 가르쳐야 하는지에 대한 근본적인 질문으로 이어진다. 진도를 나가는 것과 깊이 있는 이해 사이에서 균형을 찾는 고민은 모든 교사의 숙제일 것이다.

    2022 개정 교육과정은 교수·학습에서 학습의 즐거움을 경험하는 것을 강조하고 있다. 학습의 즐거움을 느낄 수 있도록 수업을 설계하고, 학습 과정에서 이루어지는 평가를 통해 과목에 대한 긍정적인 '환류 효과(washback effect)'를 가져올 수 있도록 하라는 것이다. 교육과정에서 명시한 수업의 방향은 다음과 같다.

> 학교는 학생들이 수업에 능동적으로 참여하고 학습의 즐거움을 경험할 수 있도록 교수·학습을 설계하여 운영한다.
> (1) 학습 주제에서 다루는 **탐구 질문**에 관심과 호기심을 가지고 스스로 문제를 해결하는 **학생 참여형 수업**을 활성화하며, 토의·토론 학습을 통해 자기 생각을 표현하는 기회를 가질 수 있도록 한다.
> (2) 교과 교육에서 **깊이 있는 학습**을 통해 역량을 함양할 수 있도록 교과 간 연계와 통합, 학생의 삶과 연계된 학습, 학습에 대한 성찰 등을 강화한다.

    여기에서 눈에 띄는 핵심 키워드는 '탐구 질문', '학생 참여형 수업', '깊이 있는 학습'이다. 이 키워드들은 모두 개념기반 탐구학습이 추구하는 방향과 맞닿아 있다.

    2022 개정 교육과정에서 이야기하는 '깊이 있는 학습'은 학생들이 학습을 통해 함양해야 할 것이 '역량'이라고 분명히 밝히고 있다. 여기서 말하는 역량은 단순히 '아는 것(사실)'과 '할 수 있는 것(기능)'이라는

이차원적 목표를 넘어, 이것들이 '전이 가능한 이해(개념)'에 도달할 수 있는 삼차원적 목표를 의미한다. 학생들이 사실적 지식을 알게 되는 것으로 끝나는 것이 아니라, 그것이 다양한 상황에 적용될 수 있는 깊이 있는 이해에 도달하는 것이 중요하다.

예를 들어, 문학 수업에서 '감정 이입'이라는 개념을 배웠다고 생각해 보자. 그 정의를 아는 것(사실)과 특정 시에서 감정 이입 표현을 찾아낼 수 있는 것(기능)을 넘어, 학생들이 일상생활에서 다양한 상황과 매체를 접할 때 감정 이입의 원리를 인식하고 적용할 수 있다면(전이 가능한 이해), 그것이 바로 깊이 있는 학습의 결과이다.

이러한 깊이 있는 이해에 도달하기 위해 우리 교육과정은 '지식·이해', '과정·기능', '가치·태도'로 내용 요소를 제시하고, 영역의 핵심이자 도달점으로서 '핵심 아이디어'를 제시하고 있다. 결국 이 '핵심 아이디어'라는 일반화된 원리를 개념적으로 이해시킬 수 있는 수업을 설계하라는 것이다. 교육과정에서 이야기하는 깊이 있는 이해에 도달하기 위한 핵심 아이디어 기반의 탐구학습은 전이 가능한 개념의 탐구, 즉 개념기반 탐구학습과 크게 다르지 않다.

또한 개별적인 사실이 아니라 개념을 기반으로 탐구한다는 것은 자연스럽게 교과 간 연계와 통합을 불러온다. 국어 시간에 문학 작품을 통해 '현실의 반영'이라는 개념을 탐구했다면, 학생들은 '사회' 시간이나 '한국사' 시간에 배운 다양한 사회 문제들이 문학 작품에 어떻게 반영되는지 그 맥락을 이해할 수 있게 된다. 이를 통해 '문학 작품을 통한 소통은 작품에 반영된 사회와 문화 등을 고려하며 이루어진다.'와 같은 일반화된 진술을 학생 스스로 도출해 낼 수 있다면, 그것이 바로 교과

간 통합적 사고와 이해가 이루어진 모습이다.

이런 접근법은 독서 수업에서도 큰 도움이 된다. 국어 교사가 인문, 사회, 과학 등 다양한 분야의 지문을 다루다 보면 정체성의 혼란을 느낄 수도 있다. 하지만 국어 수업에서 독서를 배우는 이유를 '의사소통'이라는 개념을 익히기 위한 것이라는 데에 초점을 두면, 국어 교과의 정체성을 유지하면서도 다양한 내용을 다룰 수 있다.

개념기반 탐구학습은 '설계-실행-성찰'의 과정을 통해 학생들에게 적용된다. 학생들은 개념을 학습하기 위한 탐구를 설계하고 이를 실제로 실행하며, 성공과 실패 여부에 상관없이 과정에 대한 성찰을 반복하면서 성장한다.

결국 개념기반 탐구학습은 우리 삶에 전이될 수 있는 살아 있는 학습이며, 개념을 중심으로 교과 간 연계와 통합이 이루어지는 학습 설계이다. 또한 학습자가 자발적이고 주도적으로 탐구를 설계하고 실행하며, 그 과정을 돌아보게 함으로써 학습에 대한 깊은 성찰이 일어나도록 한다. 한마디로 개념기반 탐구학습 그 자체가 우리 교육과정이 추구하는 '깊이 있는 학습'을 위한 훌륭한 도구인 것이다.

개념기반 탐구학습 시작하기

1. 핵심 개념 찾기
- 교육과정 문서에서 핵심 개념이나 아이디어 찾아보기
- 2022 개정 교육과정의 내용 체계표에서 '핵심 아이디어' 확인하기

2. 교과 간 연결 고리 만들기
- 같은 주제를 다른 교과에서는 어떻게 다루는지 살펴보기
- (예) '변화'라는 개념은 문학, 역사, 과학 등 여러 교과에서 다룸

3. 일상과의 연결 찾기
- 가르치는 개념이 학생들의 일상에서 어떻게 적용될 수 있는지 사례 찾아보기
- 실제 생활과 연결될 때 학습의 의미가 깊어짐

4. 점진적으로 시작하기
- 한꺼번에 모든 수업을 개념기반으로 바꾸려 하기보다 한 단원이나 주제부터 시작해 점차 확장해 나가는 것이 효과적임

5. 동료와 협업하기
- 같은 학년이나 교과 교사들과 함께 개념기반 수업 설계하기
- 서로의 경험을 나누고 더 풍부한 아이디어 얻기

4. 어떻게 하면 '이해'를 확인할 수 있을까?

A교사: 이번 서술형 문제 답안들을 보면서 답답했어요. 학생들이 제대로 이해했는지 정말 알 수가 없더라고요.

B교사: 맞아요. 표면적으로는 답을 맞히는 것 같은데, 그게 진짜 이해인지 단순 암기인지 구분하기 어렵죠.

C교사: 저도 그 고민 많이 했어요. 그래서 지난 학기에 개념기반 수업을 하면서 평가 방식도 바꿔봤는데, 학생들의 이해도를 더 명확하게 볼 수 있었어요.

A교사: 어떻게요?

C교사: 단순히 '무엇인가'라고 묻지 않고, '왜 그런가'와 '어떻게 적용할 수 있는가'를 평가했어요. 실생활 상황에서 개념을 적용하는 과제를 주니까 아이들의 진짜 이해 수준이 드러나더라고요.

B교사: 그런 평가를 위한 구체적인 방법이 있나요?

C교사: 물론이죠. 제가 알게 된 몇 가지 방법을 공유해 드릴게요.

내 수업의 스카우터, 평가

오랫동안 많은 사랑을 받은 애니메이션 〈드래곤볼〉을 보면, 우주에서 온 전투 종족들이 사용하는 '스카우터'라는 장비가 등장한다. 사이버틱한 이 안경을 쓰고 대상을 바라보면 거기에 수치화된 전투력이 표시된다. 한마디로 상대방의 능력치를 바로 측정할 수 있는 장비다. 교사에게 이런 장치가 있다면 얼마나 좋을까. 학생이 어느 정도 수준의 이해에 도달했는지 그냥 스윽 쳐다보기만 해도 수치로 딱 나타난다면, 그야말로 제대로 된 수업의 개별화와 피드백이 가능할 테니까.

개념기반 탐구학습을 통해 학생이 전이 가능한 이해에 도달했다고 가정해 보자. 그런데 그 학생이 진정으로 이해에 도달했는지, 이것을 실제 삶에 어떻게 적용하는지를 확인하기는 어렵다. 학생의 이해 정도는 눈에 보이지 않기 때문이다. 그렇다면 이러한 이해를 어떻게 확인할 수 있을까? 그 해답은 바로 '평가'에 있다.

개념기반 탐구학습에서 평가는 매우 중요한 요소이다. 학생들이 개념에 대한 깊이 있는 이해에 도달하기 위해서는 교사의 피드백을 통한 성장이 필요하다. 평가는 이러한 피드백을 위한 도구이며, 따라서 개념기반 탐구학습의 핵심이기도 하다.

하지만 지금까지 '평가'는 학생들이 긍정적으로 인식하는 단어가 아니었다. 그 이유는 평가를 바라보는 관점에 있다. 지금까지 우리 교육에서 평가는 학생들의 학습 결과를 파악하는 데 초점이 있었다. 오지선다형 문항으로 맞고 틀리고를 확인하는 평가는 수치화된 점수를 바탕으로 서열을 매기는 데는 유용하지만, 학습 과정에서의 성찰 도구로는 적합하지 않다. 시험지에 그어진 붉은 빗금은 과목에 대한 부정적 인식만 줄 뿐, 성장의 기회가 되거나 과목에 대한 긍정적 환류 효과를 불러오지 못한다.

그래서 2022 개정 교육과정과 개념기반 탐구학습에서는 '과정 평가'를 강조한다. 학습 과정을 평가한다는 것은 평가의 목적과 패러다임을 기존과 완전히 다르게 설정해야 함을 의미한다. 과정 평가는 말 그대로 학습의 과정이며, 학습이 이루어지는 과정을 평가하는 것이며, 더 나은 학습을 위한 평가로 존재하는 것이다.

평가를 통해 확인해야 할 것은 학생의 현재 위치, 그러니까 수치화되고 객관화된 점수가 아니다. 단지 점수만 확인하고 넘어가는 것은 앞에서 이야기한 대로 성장의 경험과 학습의 즐거움을 제공하기 어렵다. 우리가 지향해야 하는 평가는 학생의 이해 수준을 확인할 수 있는 잣대로서 학습 과정 중에 이루어져야 한다. 즉 성장을 지향하는 평가가 필요하다. 그래서 개념기반 탐구학습에서는 자연스럽게 학생의 이해를 확인하기 위한 평가를 먼저 설계하는 '백워드(backward)'라는 용어가 등장할 수밖에 없다.

평가가 학생이 얼마나 이해에 도달했는지를 확인하는 도구라면, 이것은 맥락과 상황에 맞게 제시되는 것이 가장 자연스럽다. 즉 평가가 수업과 별도로 존재하는 것이 아니라 수업과 연계되어야 하며, 수업이 얼마나 잘 이루어졌는지를 확인할 수 있는 도구이기 때문에 수업을 설계하기 전에 어떤 평가를 통해 개념적 이해에 도달했는지를 확인할 것인지를 먼저 구상해야 한다.

그래서 평가를 설계하고 제시할 때 많이 활용하는 도구 중 하나가 'GRASPS 모형'이다. 목표(Goal), 역할(Role), 청중(Audience), 상황(Situation), 결과물(Product), 준거(Standard)의 약자를 딴 이 모형은 평가를 설계할 때 필수적인 요소는 아니지만, 제공하는 평가 과제를 맥락적으로 제시하는 데 매우 유용하다. 학생들에게 평가 과제를 전이 가능한 상황에 맞게 제공함으로써 이해에 도달했는지를 파악할 수 있다. 이렇게 과제를 제공하면 학생들은 과제 수행을 위해 무엇을 해야 할 것인지가 훨씬 더 명확해진다.

GRASPS 모형을 적용한 과제 설계 예시

목표(G)	너는 문학이 삶을 재현하는 방식을 파악하고 작품에 반영된 현실과 문학의 관계를 분석하는 수필을 작성하여 다른 사람과 소통해야 한다.
역할(R)	너의 역할은 소설 작품을 읽고 그것이 현재의 삶에 어떤 의미를 나타내는지를 파악하여 에세이를 쓰는 수필가이다. 이를 위해 소설 작품에서 선정한 주제와 관련된 비문학 제재를 선정하여 생성한 주제에 대한 수필을 써야 한다.
청중(A)	너의 에세이를 읽는 사람은 대부분 고등학생 정도의 학습자이다.
상황(S)	너는 학교 폭력을 주제로 한 작품들을 읽었으며, 청중들은 너를 통해 작품의 감상 내용에 대한 이해를 확장하고 싶어 한다.
결과물(P)	사건에 대한 자신의 관점이 드러난 수필
준거(S)	너의 결과물은 작품 속에서 생성한 주제를 바탕으로 비문학적 제재와 연결하는 능력, 글의 논리적 전개 및 타당성을 만족시켜야 할 것이며, 내용과 형식 면에서 다음의 기준을 충족해야 한다. - 내용에 대한 지식과 이해가 드러나는가? - 내용에 대한 분석과 평가가 드러나는가? - 글의 구성과 형식은 적절한가? - 글에 사용된 표현은 효과적인가?

무엇을 평가할 것인가?

이렇게 평가를 계획하고 나면 다음 단계에서 중요한 것은 '어떤 평가 요소를 설정할 것인가?'이다. 우리나라의 교육 환경에서는 교사에게 평가 자율권이 있고 개별 교사마다 자신의 평가를 따로 설계하다 보니, 유사한 과제라 하더라도 평가 요소가 다른 경우가 많다. 그런데 과연 그 평가 요소가 국어과의 핵심 역량이나 수업을 통해 키울 수 있는 역량을 제대로 측정하고 있을까?

특히 국어과에서 논·구술형 평가가 강조되고 과정 중심의 수행평가가 적용되면서 평가에 적용되는 채점기준표를 작성하는 일이 매우 중요해졌다. 과정 중심 평가에서 채점기준표는 학생들의 성취를 보여줄 수 있는 지표이자 성장을 위한 피드백 도구로서, 학생의 현재 위치를 진단하고 성장을 위한 정보를 제공해 주는 중요한 도구이다. 그래서 평가를 위한 채점기준표를 섬세하게 설계하는 것은 개념기반 탐구학습을 통해 학생을 성장시키기 위해서 꼭 필요하다.

토론 수업에서 논리력을 평가하는 채점기준표를 작성한다고 할 때, 일반적으로 우리가 사용해 온 채점기준표는 다음과 같은 방식이다.

채점 기준	평가
논리적이고 타당한 근거를 세 가지 이상 제시함	상
논리적이고 타당한 근거를 두 가지 이상 제시함	중
논리적이고 타당한 근거를 한 가지 이상 제시함	하

이런 채점기준표는 왜 토론에서 근거를 세 가지 이상 들어야 하는지를 설명하지 못한다. 그리고 어떤 수행을 보여주는 것이 정말 논리력을 발휘하여 상대를 설득하는 역량에 도달한 것인지에 대한 정보도 전혀 제공하지 못한다. 그래서 학생의 위치를 정확히 파악하기도, 성장을 위한 피드백 도구로 사용하기에도 적합하지 않다.

효과적인 채점기준표는 채점 요소를 제시하고 그 중 몇 가지를 달성했는가를 수치화한 것이 아니다. 학생들이 학기 혹은 단원에서 배워야 할 개념을 바탕으로 성취기준을 분석하여 수행평가 과제를 개발하고, 과제의 하위 학습 주제들을 유목화하여 결정한 평가 기준에 따라 구체적인 기대 수행 수준을 기술해야 한다. 채점기준표 자체가 학생들에게 학습의 도달점에 대한 지침이자 이정표가 되어주는 것이다.

피드포워드를 위한 피드백과 성찰

> A교사: 고등학교 2학년 '화법과 작문' 수업에서 글쓰기를 지도하는데 너무 답답해요. 학생들이 초등학교 때부터 독후감을 써 왔을 텐데, 문장도 어색하고 내용도 피상적이에요. 1학년부터 가르쳐 왔지만, 학생들의 실력이 크게 달라지지 않는 것 같아요.

한 연수에서 국어 교사가 토로한 고민은 많은 선생님의 공감을 얻었다. 학생들은 초등학교부터 고등학교까지 매년 독후감 쓰기 평가를 받아 왔는데 왜 실력은 크게 향상되지 않는 걸까? 무엇이 문제일까?

> 강사: 혹시 독후감 평가 후에 어떤 피드백을 주시나요?
> A교사: 사실, 점수와 간단한 코멘트 정도요. '구성이 잘 되었네요', '내용이 좀 빈약해요' 같은 정도죠. 150명이 넘는 학생들에게 일일이 자세한 피드백을 주기는 현실적으로 어려워요.

바로 이 지점이 문제의 핵심이다. 개념기반 탐구학습에서 평가가 이루어지고 난 뒤에 빠지지 않고 진행되어야 하는 과정이 피드백과 성찰이다. 학생들이 수년간 같은 유형의 평가를 받았음에도 성장하지 못하는 이유는, 평가 결과가 단지 점수와 등급으로 마무리되고 다음 학습으로 연결되지 않기 때문이다.

앞서 말한 대로 개념을 바탕으로 깊이 있는 학습에 도달하려면 평가의 패러다임이 성장을 지향하는 쪽으로 바뀌어야 하고, 성장 지향의 과정 평가가 이루어지려면 학생의 수행에 대한 피드백이 있어야 한다. 이런 피드백은 미래를 향한 '피드포워드(feed forward)' 역할을 한다. 단순히 과거의 실수를 지적하는 것이 아니라 앞으로의 성장 방향을 제시하는 것이다. 그러나 이런 이야기를 하면 교사들 사이에서 여전히 볼멘소리가 나오기 일쑤이다.

"수업을 진행하기도 바쁜데 개별 피드백을 줄 시간이 어디 있나요?"
"한 교사가 다수의 학생을 지도하는 상황에서 피드백을 일일이 제공한다는 것이 가능하기는 한가요?"

물론 쉽지 않은 상황이고 현실이다. 하지만 평가가 피드백과 함께 학습자의 성장으로 이어지지 않는다면, 우리의 평가는 여전히 학습의 종결이자 학생의 현재 서열을 확인하는 도구에 그치게 된다. 학생들은 계속해서 '독후감 쓰기(서평 쓰기)'라는 동일한 과제를 수행하지만, 어떻게 개선해야 할지 모른 채 같은 오류를 반복하게 되는 것처럼 말이다.

그렇다면 현실적인 대안은 무엇일까? 먼저 좀 더 효율적인 피드백 전략을 고민해야 한다. 예를 들어, 독후감 평가에서 발견되는 공통적인 오류 다섯 가지를 정리하여 학생들과 공유하는 것이다. 또한 루브릭(학습자의 학습 결과물이나 성취 정도를 평가하기 위해 사용하는 사전에 공유된 기준)을 미리 제공하여 학생들이 자기 평가를 먼저 실시한 후, 교사는 차이점에 대해서만 집중적으로 피드백을 줄 수도 있다.

학생 간 상호 피드백을 활성화하는 것도 좋은 방법이다. 국어 과목에서 '비평하기'나 '조언하기' 같은 의사소통 역량을 키우는 동시에, 동료 평가를 통해 서로의 성장을 도울 수 있다. 이때 교사는 피드백의 질을 높이기 위한 가이드라인을 제공하는 역할을 한다.

무엇보다 중요한 것은 가르쳐야 할 개념을 명확히 설계하고, 학기 혹은 단원 전체의 수업을 체계적으로 구성하는 노력이다. 진도를 따라가기 급급한 수업이 아니라, 학기 전체의 수업을 핵심 개념을 중심으로 재구조화하고 학습의 도달점으로써 평가를 설계하고 수업을 진행한다면 교사에게도 여유가 생긴다. 가르칠 것이 명확하고 학생의 도달점이 명확한 수업이라야 학기 전체를 돌아볼 수 있는 눈이 생기는 것이다.

또한 탐구학습의 특성상 학생이 과정 자체에 자발적이고 적극적으로 참여함으로써 자신의 수행에 대한 성찰을 진행할 수 있고, 동료들도 훌륭한 조언자가 될 수 있다. 학습에 대한 부담을 교사가 아니라 학습에 참여하는 모든 주체가 나누어 가질 때 성장을 위한 배움이 교실에서 일어날 수 있다.

초등학교부터 고등학교까지 10년 넘게 독후감을 써 왔지만 실력이 크게 늘지 않는 학생들의 모습은, 우리에게 평가의 본질을 다시 생각하게 한다. 평가는 학습의 끝이 아니라 더 나은 학습을 위한 시작점이 되어야 한다. 피드백은 그 시작점을 알려주는 나침반이다.

효과적인 평가와 피드백 구현하기

1. **루브릭 공유하기**
   - 수행평가 시작 전에 학생들과 평가 기준표를 공유
   - 어떤 기준으로 평가받는지 알면 목표 설정이 명확해짐

2. **예시 작품 보여주기**
   - 상/중/하 수준의 예시 작품을 익명으로 보여주고 학생들이 직접 평가하게 함
   - 기준을 내면화하는 데 도움이 됨

3. **자기 평가 활용하기**
   - 과제 제출 시 자신의 작품에 대한 자기 평가를 함께 제출하게 함
   - 학생들의 메타인지 능력이 향상됨

4. **동료 피드백 활성화하기**
   - 교사가 모든 피드백을 줄 필요는 없음
   - 학생들이 서로 피드백을 주고받는 문화 만들기

5. **단계별 피드백 제공하기**
   - 완성된 결과물에 대해 한꺼번에 피드백하기보다 '계획 – 중간 – 최종' 단계별로 짧은 피드백을 제공하는 것이 효과적임

6. **단체 피드백 활용하기**
   - 반복되는 오류나 공통적인 개선점은 개별 피드백 대신 전체 학생을 대상으로 한꺼번에 피드백을 제공함

5. 질문이 있는 교실, 어떻게 만들까?

"발표할 사람?"

교실에 정적이 흐른다. 손을 드는 학생은 한 명도 없고, 모두 고개를 숙이거나 책상 아래로 시선을 떨군다.

"질문 있는 사람?"

더 깊은 침묵이 교실을 채운다.

교사들 대부분은 이런 상황에 공감할 것이다. 교사가 질문하면 아무도 대답하지 않고, 학생들은 스스로 질문하는 법을 잊은 듯하다. 한 학기가 지나도 질문 한 번 하지 않는 학생이 대부분이다. 이유를 물어보면 "틀릴까 봐 불안해요", "바보처럼 보일까 봐서요", "그냥 답만 알려주세요"라는 답변이 돌아온다.

예전에 미국의 대통령 버락 오바마가 한국 기자들에게 질문의 기회를 주었을 때 아무 질문도 하지 못하는 모습을 보여주며, 질문하지 않는 사람으로 키워내는 우리 교육의 문제점을 지적한 다큐멘터리가 있었다. 안타깝게도 이런 상황은 아직도 나아지지 않고 있다. 그런데 질문 없는 탐구가 가능할까? 질문 없이 진정한 배움이 일어날 수 있을까?

앞서 살펴본 2022 개정 교육과정의 교수·학습 내용에서는 학습자들이 '학습 주제에서 다루는 탐구 질문에 관심과 호기심을 지니고' 스스로 탐구학습을 할 수 있는 학생 참여형 수업을 활성화하라고 명시하고 있다.

여기서 말하는 '탐구 질문'은 무엇을 의미할까? 교사들은 수업 시간에 다양한 질문을 활용한다. 학생들과 라포르를 형성하려고 "점심은 맛있게 먹었니?", "주말은 잘 보냈니?" 같은 친교를 위한 질문을 던지기도 하고, 학습의 이해 정도를 확인하기 위한 질문을 하기도 한다. 그런데 도대체 학생들을 깊이 있는 학습 혹은 개념기반 탐구로 이끄는 탐구 질문이란 또 무엇일까? 그리고 어떻게 하면 교사만 질문하는 것이 아니라 학생들 스스로 질문하는 교실을 만들 수 있을까?

개념기반 탐구학습에서 다루는 질문은 '핵심 질문', '안내 질문' 등으로 번역되기도 하는데, 우리 교육과정에서는 앞서 말한 것처럼 '탐구 질문'이라는 용어를 사용하고 있다. 그것을 어떻게 부르든 학생들의 탐구가 일어나게 하는 질문에는 크게 세 가지 유형이 있는데, 사실적·개념적·논쟁적 질문이다.

먼저 사실적 질문은 시공간과 상황이 제한적인 맥락에서 적용되는 구체적이고 개별적인 사실에 관한 질문이다. 이를테면 '〈진달래꽃〉의 시인은 누구인가?'라거나 "아아, 님은 갔지만 나는 님을 보내지 아니하였습니다'에 사용된 표현법은 무엇인가?'와 같은 사실적 지식에 대한 질문이다. 개념기반 탐구학습을 설계하면서 자칫 빠지기 쉬운 함정이, 개념을 강조하다 보니 구체적인 사실에 대한 이해는 중요하지 않다는 생각이다. 하지만 이는 바람직하지 않다. 앞서 말한 것처럼, 개념기반 탐구학습은 삼차원적 목표를 지향한다. '아는 것'이 '할 수 있는 것'이나 '이해하는 것'만큼 중요하다. 특히 사실적인 내용을 이해하는 것이 목표인 단원을 학습할 때는 사실적 질문의 중요성이 더욱 커진다. 다만 기억해야 할 것은, 개념기반 탐구학습에서 사실적 질문을 활용하는 주된 목적이 궁극적으로는 사실을 바탕으로 개념적 이해에 도달하는 것이라는 점이다.

사실적 질문과 달리 개념적 질문은 일반화된 여러 상황에 적용된다. 예를 들어, '작가는 왜 특정 서술 시점을 선택하는가?'와 같은 질문은 특정한 맥락에 구애받지 않는다. 이러한 개념적 질문으로 구성되는 탐구학습은 자연스럽게 귀납적 방식의 수업으로 설계된다. 교사들은 대체로 연역적인 방식의 수업 설계에 익숙하다. 교사가 일반화된 원리나 개념을 알려주고 학생들이 구체적으로 적용해 보게 하는 것이다. 그러나 개념기반 탐구학습은 이와 달리 개념적 질문을 바탕으로 구체적인 사실들을 탐구해 보고 스스로 일반화된 원리를 이끌어 내는 귀납적인 방식으로 수업이 진행되는 경우가 많다. 그래서 개념기반 탐구학습에서는 개념적 질문을 통해 전이 가능한 이해로 연결해 주는 과정이 매우 중요하다.

논쟁적 질문은 흔히 정답이 없는, 말 그대로 다양한 관점이 존재하고 주관적인 견해와 논쟁을 요하는 질문이다. 이러한 질문은 자연스럽게 토론을 촉발하고 학습자들에게 비판적이고 논리적인 사고를 통한 의견 교환이 이루어지게 한다. 예를 들어, '문학 작품에서 비도덕적 인물의 행동을 이해하는 것이 독자에게 어떤 의미가 있을까?'와 같은 질문은 다양한 관점을 끌어낼 수 있다.

이러한 세 가지 질문이 자연스럽게 어우러질 때 학습자들은 탄탄한 지식의 토대 위에서 전이 가능한 이해와 비판적 사고를 통한 '깊이 있는 학습'에 도달할 수 있다. '질문이 있는 교실'은 단순히 지식을 전달하는 공간이 아니라, 함께 사고하고 탐구하는 공동체가 되는 것이다.

효과적인 탐구 질문 설계하기

1. 질문에 대한 안전한 환경 조성하기
- '틀려도 괜찮아요.'라는 메시지를 지속적으로 전달
- 어떤 질문도 존중받는 분위기를 만듦

2. 질문 게시판 운영하기
- 교실 한편에 '질문 게시판' 만들기
- 학생들이 직접 말하기 어려운 질문을 익명으로 적게 함

3. 질문 연습하기
- '질문 만들기' 자체를 학습 활동으로 구성
- 간단한 텍스트를 읽고 '이에 대해 생각할 수 있는 질문 세 가지를 만들어 보자.'라는 활동으로 시작할 수 있음

4. 개방형 질문 활용하기
- '예/아니오'로 답할 수 있는 폐쇄형 질문보다는 '어떻게', '왜', '만약 ~라면 어떨까'와 같은 개방형 질문을 더 많이 활용

5. 질문 수정하기
- 학생들이 만든 사실적 질문을 개념적 질문으로 바꾸어 보게 함

6. 기다림의 시간 주기
- 질문을 던진 뒤 최소 3초 이상 기다림
- 학생들은 생각할 시간이 필요하기 때문

7. 질문에 대한 보상하기
- 좋은 질문을 한 학생에게 격려와 칭찬 아끼지 않기
- "정말 좋은 질문이야."라는 피드백으로 학생들의 질문 동기를 높임

6. 국어과 역량, 어떻게 키울까?

"개념기반 탐구학습을 하면 뭐가 달라지나요? 결국 교과서 진도로 시험을 쳐야 하고, 강의식 수업을 더 선호하는 학생들이 많은데요. 학원에서 잘나가는 소위 일타강사도 대부분 강의식으로 수업하잖아요?"

교내 연수에서 개념기반 탐구학습에 대한 설명을 마치자 한 선생님이 솔직한 질문을 던졌다. 개념기반 탐구학습이 적용된 구체적 수업 사례를 통해 이 선생님을 설득할 수 있을까?

    2015 개정 교육과정이 도입된 이후로 개념기반 교육과정, 이해 중심 교육과정, 백워드 수업 설계, IB 등 다양한 수업 관련 이야기들이 있어 왔지만, 그것들이 구체적으로 어떻게 수업을 변화시킬지 설명하는 것은 쉽지 않다. 우리는 지금까지 국어과 수업의 본질을 찾고 학습자들이 깊이 있는 이해에 도달하기 위해서 개념기반 탐구학습이 필요한 이유를 살펴보았다. 결국 개념기반 탐구학습은 실생활 맥락에 적용할 수 있는 살아 있는 국어 학습을 위해서도, 미래 사회에 적합한 국어과의 역량을 키우기 위해서도 필요하다. 그렇다면 국어과의 개념기반 탐구학습은 어떤 모습으로 이루어질 수 있을까? 특히 성적이나 입시와 연결되는 중고등학교의 국어 수업에서는 어떻게 나타날까?

    칼라 마샬과 레이첼 프렌치는 '관계 맺기 - 집중하기 - 조사하기 - 조직 및 정리하기 - 일반화하기 - 전이하기 - 성찰하기'의 7단계 수업 모형을 제시했다. 그러나 이 모형을 그대로 따라야 하는 것은 아니다.

중요한 점은 개념기반 탐구학습의 핵심이 개념적 이해에 도달하기 위한 귀납적 탐구 형태의 수업이라는 것이다.

그래서 이 책에서는 7단계 수업 모형의 실제를 그대로 따르고 있지는 않다. 오히려 개념기반 탐구를 위한 실제적이고 효과적인 예시를 보여주기 위해 최대한 단순하면서도 간략한 수업 사례를 제시하는 것에 중점을 두었다. 개념기반 탐구학습의 단계별 모형보다는, 실제 배움이 이루어지고 전이가 일어나게 하는 탐구학습 자체에 초점을 둔 것이다. 이 책에서 제시한 탐구학습의 큰 얼개를 소개하면 다음과 같다.

1단계 - 목표 정하기

개념기반 탐구학습을 위한 수업을 설계하는 단계이다. 이 단계는 학습의 도달점을 확인하는 평가를 중심으로 단원을 설계하고, 개념들을 바탕으로 학생들이 학습을 통해 도출하기를 기대하는 일반화된 지식을 작성하는 과정을 포함한다. 백워드 기반 설계에서 흔히 이야기하는 '단원 설계'에 해당한다.

이 단계에서 교사는 수업 목표를 정하고, 학생들이 도달하기를 원하는 지점을 설정한다. 또한 학생들의 이해를 확인할 수 있는 평가를 설계하고, 학생들의 탐구가 일어날 수 있는 탐구 질문을 설정한다. 학습 과정에서 올바른 배움이 일어나기 위해서는 교육과정을 바탕으로 학습해야 할 사실들과 개념들이 잘 조직되어야 한다.

예를 들어, '미디어 리터러시' 단원의 수업을 설계할 때 '미디어의 종류를 알아봅시다.'가 아니라 '미디어는 어떻게 독자와 시청자에게 영향을 미치는가?'라는 개념적 질문을 중심으로 수업을 구성할 수 있다.

2단계 – 개념 탐구하기

학생들이 개념적 이해에 도달하기 위해 구체적인 탐구와 수행을 진행하는 단계이다. 학생들은 탐구 질문을 바탕으로 귀납적인 탐구를 수행하면서 자신이 지니고 있던 사전 지식과 관계를 맺거나, 관련 사례들을 조사하고 분류 및 조직하면서 일반화된 원리를 도출해 낸다.

문법 수업에서 '음운 변동은 왜 일어나는가?'를 학습을 위한 탐구 질문으로 제시했다면, 학생들은 다양한 음운 변동의 사례를 조사하고, 다른 지식들과 관계를 맺거나 다양한 사례를 분류하고 조직하면서 음운 변동이 일어나는 이유에 관한 일반화된 원리를 도출하게 된다. 이 과정에서 교사는 지식의 촉진자로서 학생들의 탐구가 원활하게 일어날 수 있도록 돕는 역할을 담당하게 된다.

3단계 – 전이하기

다양한 사실적 예시에서 학생들이 발견해 낸 특정한 패턴이나 연결성은 일반화 과정을 통해 명료해지고 훨씬 추상화된 개념으로 도출된다. 그렇다면 이제 이것을 삶과 연계된 새로운 상황에 적용하여 전이 가능한 이해에 도달했는지를 확인하는 과정이 필요하다.

이 과정에서 학습자의 이해도를 확인하기 위해 총괄평가를 활용할 수 있다. 교사가 설계한 평가 상황이 삶과 연계된 상황 맥락적으로 제시된다면 학습자들은 훨씬 더 쉽게 전이할 수 있을 것이다.

예를 들어, 소설의 서술 시점에 대해 학습한 뒤 '당신은 소설가입니다. 어떤 서술 시점을 선택하겠습니까? 그 이유는 무엇입니까?'와 같은 상황을 제시하여 학생들의 이해 정도를 확인할 수 있다.

4단계 - 성찰하기

개념기반 탐구학습에서 성찰은 매우 중요하다. 그런데 이 성찰은 학습의 마지막에만 진행되는 것이 아니라 사실상 학습의 전 단계에서 이루어져야 한다. 학습자들은 각 단계에서 이루어지는 성찰과 평가 결과에 대한 피드백을 통해 스스로가 학습의 주체임을 인식하고 학습 과정 전체를 계획하고 통제하는 경험을 할 수 있다. 또한 피드백을 바탕으로 성장하여 더 나은 학습자가 될 수 있는 경험을 지속할 수 있다.

이 책의 2부에서 소개할 개념기반 탐구학습 사례는 크게 이렇게 네 단계를 포함하고 있다. 각각의 수업은 '목표 정하기 - 개념 탐구하기 - 전이하기 - 성찰하기'라는 공통의 흐름을 따라가지만, 그중에서도 한 가지 단계를 특별히 부각하여 교사들이 해당 단계의 의미와 실행 방안을 더 깊이 이해할 수 있도록 설계했다. 따라서 독자들은 사례 전체를 통해 개념기반 탐구학습의 단계들을 균형 있게 살펴보면서, 동시에 특정 단계의 실제적 적용 방식을 구체적으로 확인할 수 있을 것이다. 물론, 이것은 '계획 - 실행 - 성찰'이라는 탐구학습의 사이클을 유지하면서도 실제적인 사례가 될 수 있도록 수업을 보여주고 싶다는 필자들의 생각일 뿐, 정답은 아닐 것이다.

다만, 어떤 단계를 거쳐 수업이 진행되든 '우리의 국어 수업이 교실에서 어떻게 진행되어야 하는가?'에 대한 고민은 모두 같을 것이라고 생각한다. 단순한 사실 암기와 점수 획득을 위한 국어 수업이 아니라 국어 수업의 본질에 다가갈 수 있는 수업이 교실에서 이루어지길 바라는 마음으로 여섯 가지 개념기반 탐구학습 사례를 소개하고자 한다.

개념기반 탐구학습 설계하고 실행하기

1. 한 단원부터 시작하기
- 처음부터 모든 수업을 바꾸려 하지 말고, 익숙한 단원 하나를 선택해 개념기반으로 재구성

2. 핵심 개념 선정하기
- 교육과정 문서나 교과서를 분석하여 단원의 핵심 개념을 두세 개 정도 추출
- 너무 많은 개념을 다루려 하면 오히려 수업이 산만해질 수 있음

3. 일반화 문장 만들기
- 선정한 개념을 연결하여 '~는 ~이다'와 같은 형태의 일반화된 문장을 만듦
- 이 문장이 학생들이 도달해야 할 이해의 목표가 됨

4. 평가 먼저 설계하기
- 학생들이 개념을 이해했는지 확인할 수 있는 평가를 먼저 설계
- 이것이 수업의 방향을 명확히 해줌

5. 동료 교사와 협력하기
- 혼자서 시작하기 어렵다면 같은 학년이나 교과를 담당하는 동료 교사와 함께 수업을 설계
- 서로의 아이디어와 피드백이 큰 도움이 됨

6. 수업 기록 남기기
- 개념기반 탐구학습의 과정과 결과를 기록하면 다음 수업 설계에 귀중한 자료가 됨

7. 학생 피드백 수집하기
- 수업 후 학생들에게 수업에 대한 생각을 질문
- 학생들 피드백은 수업을 개선하는 데 중요한 단서가 됨

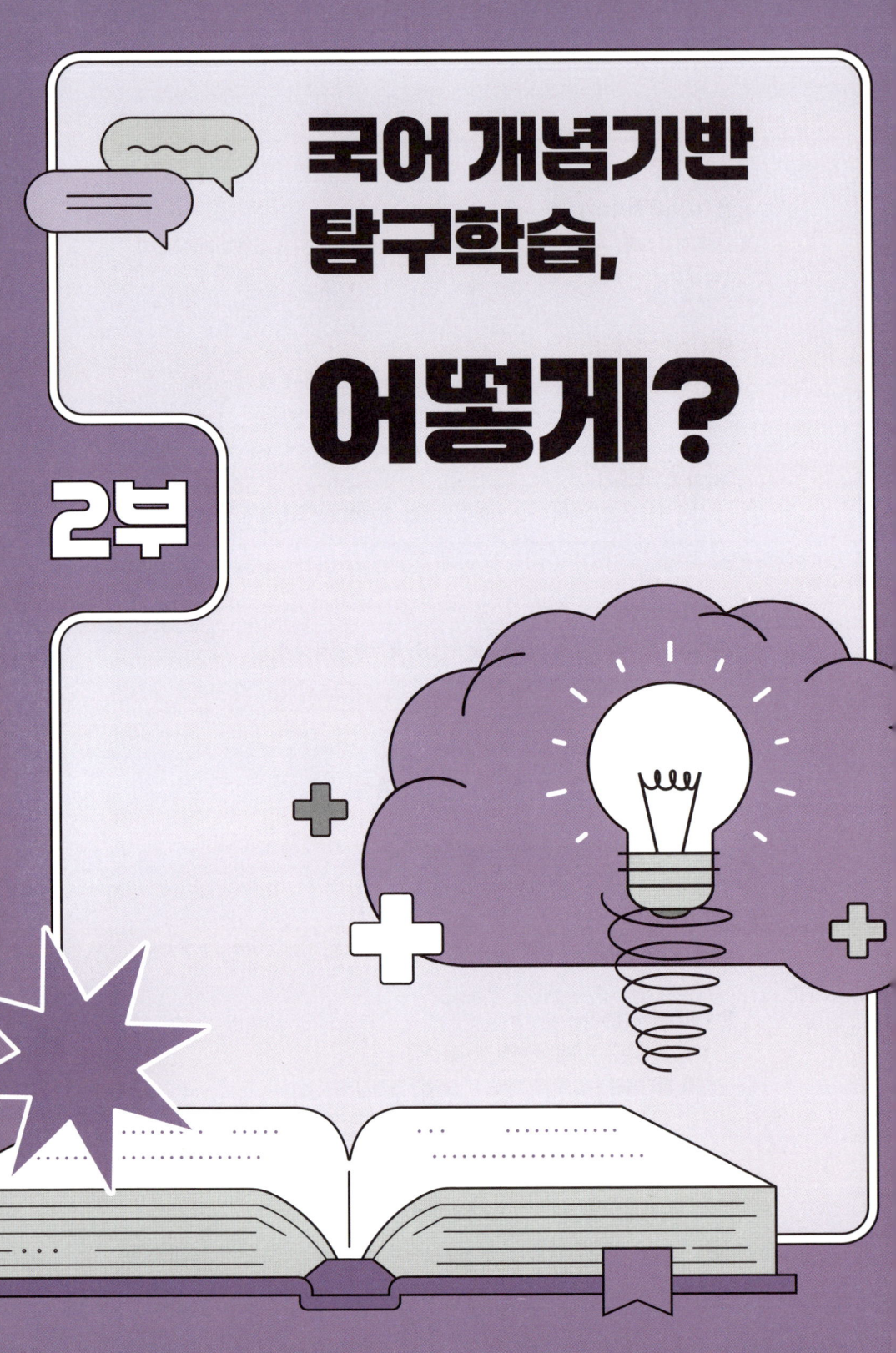

| 수업 사례 1 | 웹툰을 통해 공동체 문제에 참여하기 _배현진
| 수업 사례 2 | 일반화를 위한 문법 탐구하기 _배현진
| 수업 사례 3 | 핵심 개념을 중심으로 성장소설 깊이 읽기 _우경란
| 수업 사례 4 | 연결하고 통합하는 진로 독서 수업 _유상은
| 수업 사례 5 | 사회적 의제를 담은 매체 비평 뉴스레터 쓰기 _유상은
| 수업 사례 6 | 성찰과 실천으로 나아가는 모둠 보고서 쓰기 _우경란

2부는 개념기반 탐구학습을 적용한 수업의 실제 사례를 실었습니다. 각각의 수업은 개념기반 탐구학습의 각 단계를 모두 포함하고 있지만, 그중에서도 특별히 부각하고 싶은 단계에 강조점을 두어 설계했습니다. 사례를 바탕으로 개념기반 탐구학습의 단계를 이해하는 데 도움이 되기를 바랍니다.

수업 사례 1

웹툰을 통해
공동체 문제에 참여하기

배현진

목표 정하기	개념 탐구하기
전이하기	성찰하기

수업 개요

만화의 추억과 수업과의 거리감

어릴 적, 만화는 공부의 적이었다. 집 안 어딘가에서 《소년○○》 같은 잡지가 발견되면 부모님은 곧장 치워버리거나 책꽂이 가장 안쪽에 밀어 넣었다. "만화만 보면 머리 나빠진다."라는 말은 거의 공식처럼 따라붙었다. 만화방은 더했다. 칙칙한 분위기의 컴컴한 실내에선 곰팡이 냄새와 컵라면 냄새가 섞여 나왔고, 그 안에 있던 우리는 왠지 만화방에 있다는 것 자체에서 이미 죄를 짓는 듯한 느낌을 받아야 했다.

그런데 세월이 변했다. 이제 만화는 '웹툰'이라는 이름으로 스마트폰 속에서 당당히 자리를 차지하고 있다. 출퇴근길 지하철, 점심시간 식당, 잠들기 전 침대 위…… 사람들은 시간을 쪼개어 웹툰을 본다. 더 이상 숨겨 읽는 문화가 아니다. 오히려 드라마와 영화로 재탄생하며 대중문화의 한 축을 담당하고 있다. 최근 대중적으로 흥행한 드라마나 영화 가운데 상당수가 웹툰을 기반으로 한 작품일 정도이다.

물론 수업 시간에도 웹툰 이야기를 한다고 하면 학생들의 반응이 즉각적이다. 제목을 꺼내는 순간 "선생님, 저 그거 봤어요!"라는 목소리가 여기저기서 터져 나온다. 친숙함이라는 강력한 장점이 있다. 그러나 웹툰을 수업에 활용하는 건 생각만큼 쉽지 않다. 이미지와 글이 결합된 특성, 말풍선과 장면 전환, 색감 변화 하나하나에 숨어 있는 작화가의 의도…… 이걸 단순한 줄거리 따라가기로 끝내지 않고 탐구의 대상으로 끌어올리려면 그만큼의 준비가 필요하기 때문이다.

게다가 요즘의 웹툰은 단순한 오락물이 아니다. 인간과 기술의 경계, 차별과 혐오, 환경과 공동체, 젠더와 세대 문제까지, 지금 우리가 마주한 다양한 사회적 의제들이 작품 속에 녹아 있다. 과거의 만화가 피해야 할 것, 숨겨야 할 것이었다면, 지금의 웹툰은 사회를 비추고 질문을 던지는 창이 되었다.

그래서 생각했다. '사회 문제를 문학을 통해 바라보게 하는 데 이보다 좋은 소재가 또 있을까?' 친숙해서 쉽게 다가갈 수 있고, 다루는 맥락이 복합적이어서 탐구 거리가 많다. 중요한 건, 그 친숙함을 발판 삼아 작품 속 질문을 삶과 사회로 확장하는 일이다. 그건 결국 교사의 몫이다.

그래서 웹툰으로 무슨 수업을 할 건데?

이 수업을 설계할 때만 해도 2015 개정 교육과정의 '문학' 영역 성취기준으로 진행했지만, 여기 작성한 내용은 2022 개정 교육과정의 성취기준 및 내용 요소를 바탕으로 재구성하여 제시했다.

2022 개정 교육과정의 '문학' 성취기준 및 내용 요소는 2015 개정 교육과정과 큰 변화 없이 수정 및 보완하는 형태로 구성되었다. 그러나 신설된 '[12문학01-11] 문학을 통해 공동체가 처한 여러 문제들을 이해하고 문제 해결에 참여하는 태도를 지닌다.'라는 성취기준은 2022 개정 교육과정이 추구하는 '깊이 있는 학습을 통한 전이 가능한 역량 함양'이라는 목표를 분명히 보여준다. 문학을 단순히 감상하고 비평하는 것에서 그치는 것이 아니라, 삶과 연계된 공동체의 문제에 참여함으로써 자아를 성찰하고 타자를 이해하는 계기로 만들어 나가도록 하는 것

이다. 이는 '공통국어'의 '문학' 영역에서 제시하고 있는 '인간은 문학을 향유하면서 자아를 성찰하고 타자를 이해하며 공동체의 일원으로 성장한다.'라는 핵심 아이디어와도 연결된다.

　이러한 교육과정 내용을 바탕으로 설계된 이 수업은, 학생들이 웹툰 〈에리타〉를 읽고 분석하는 과정을 통해 현대 사회에서 인간성과 기술의 경계에 대해 비판적인 시각을 형성하고, 이를 자신의 언어로 재구성하여 사회적 문제에 대한 글쓰기를 완성하는 데 목적을 두었다. 그런데 수업을 설계하면서 큰 고민이 하나 있었다. 문학 작품은 그 특성상 작품을 둘러싼 사회·문화적 맥락에서 자유로울 수 없고, 문학 소통에 참여함으로써 자연스럽게 공동체의 사회적 문제에 참여하게 된다. 결국 문학이란 현실을 기반으로 한 허구의 예술이지 않은가. 하지만 수업시간에 지나치게 사회적 문제에만 집중하다 보면 자칫 국어 수업이 아니라 사회 수업같이 느껴지지 않을까 하는 고민이 생긴 것이다. 그래서 더욱 중요한 것이 수업의 목표를 분명하게 설정하는 것이었다.

　또한 사회적 문제 해결에 참여하는 태도를 지니게 하기 위한 교육과정 목표에 도달하기 위해 어떤 작품을 읽게 할 것인가도 큰 고민이었다. 학생들에게 친숙하면서도 현실적 문제를 다루고 있는, 그리고 문학에 대한 이해도가 높지 않은 학생들도 탐구 활동에 참여할 수 있는 그런 작품. 그래서 선택한 것이 '웹툰'이라는 갈래의 작품이었다.

　웹툰으로 수업을 한다고 했더니 교감 선생님께서 "그럼 이거 한 번 읽어봐." 하고 추천해 주셨던 〈에리타〉. 처음엔 단순히 인공지능이 나오는 SF 정도로 생각했다. 그런데 집에 가서 첫 화를 읽고는 의외로 진지하게 빠져들었다. 기술 발전이 가져오는 윤리적 갈등, 차별과 편견, 인간의 선택과 책임 같은 묵직한 문제들이 이야기 속에 촘촘히 박혀 있었다.

무엇보다 마음에 들었던 건, 이 작품이 단순히 흥미를 끄는 이야기가 아니라 현실 문제와 닿아 있었다는 점이다. 문학이 우리 삶과 동떨어진 '감상용'이 아니라 지금 일어나고 있는 사회적 쟁점을 비추는 거울이 될 수 있다는 걸 보여주기에 충분했다. 학생들에게 '문학으로 세상을 바꾸는 건 어렵지만 세상을 보는 눈은 분명히 바꿀 수 있다.'라는 걸 느끼게 해주기에 딱이었다.

작품 속에서 에리타와 가온 같은 등장인물들의 갈등과 선택은 인간성과 기술이 충돌하는 현대 사회의 문제를 상징적으로 보여준다. 학생들은 이 작품을 분석하면서 인간의 본질이 무엇인지, 인간과 기계를 구분 짓는 기준이 무엇인지에 대해 질문을 던지게 될 것이고, 학생들과 함께 답을 찾아가는 과정을 떠올려 보니 걱정보다는 기대가 더 커졌다.

처음 수업을 소개하면서 이 작품을 다룬다고 했을 때의 학생들 반응도 마찬가지였다. 부모님 몰래 자습 시간에 보던 웹툰을 수업 시간에 다룬다는 기대와 이것이 어떤 방향의 수업으로 흘러갈지에 대한 의문이 공존했던 것 같다. 그렇게 우리의 〈에리타〉에 대한 탐구는 시작되었고, 이 작품을 통해 인간의 본질을 알아보고 공동체가 처한 문제 상황에 참여한다는 우리 모두의 도전 역시 그렇게 시작되었다.

작품 속 이야기를 따라가되 거기에 담긴 질문을 현실의 문제로 확장하는 것. 학생들은 직접 발제와 분석을 통해 줄거리를 파악하고, 장면을 분석하거나 인물의 선택을 해석하며 작가가 숨겨둔 복선과 의도를 해부하는 수업을 경험할 것이다. 그리고 마지막에는 학생 각자가 작품 속 문제를 오늘의 사회와 연결해 글을 쓰는 '사회적 의제에 참여하는 글쓰기'를 통해 마무리하고자 한다. 말 그대로 '웹툰을 통해 공동체 문제에 참여하기'를 실천하는 것이다.

수업 과정 및 내용

단계	차시	수업 내용
개념 탐구	1차시	매체 이해하기 - 만화와 웹툰의 변천사, 표현 방식 비교 - 웹툰의 장르적 특징 정리
	2~6차시	〈에리타〉 함께 읽기 - 작품 소개 및 주요 설정 이해 - 키워드(인공지능, 인간성, 윤리) 도출 - 인물의 성격, 행동 동기 분석 - 시점과 묘사 방식의 효과 찾기 - 말풍선 형태, 글씨체, 위치 분석 - 긴장감과 몰입감 형성 요소 찾기
전이	7~8차시	사회적 의제와 연결하기 - 〈에리타〉에서 사회적 의제 도출 - 다른 작품, 뉴스, 역사 사례와 비교 - 찬반 또는 다양한 관점 제시
성찰	9차시	사회적 의제에 참여하는 글쓰기

1. 수업 목표 정하기

목표 정하기는 학생들이 학습 과정에서 도달해야 할 지점을 분명하게 설정하고 이를 위한 평가와 수업을 설계하는 것이다. 이 수업에서 학생들과 함께 탐구하고 배워나가고자 하는 것은, 학생들이 자신을 둘러싼 사회적 문제를 문학 작품을 통해 인식하고 이를 해결할 방안을 모색함으로써 공동체의 문제에 참여하는 경험을 하도록 돕는 것이다. 수업은 이를 위한 학생들의 개념기반 탐구로 진행되며, 사회적 문제에 참여하는 글쓰기를 통해 최종적으로 학생들의 이해를 확인해 볼 것이다.

이 수업에서 설정한 핵심 개념은 '맥락, 정체성, 문제 해결'이다. 이 세 가지 개념은 학생들이 웹툰 〈에리타〉를 깊이 있게 분석하고 작품의 의미를 자신의 삶과 사회로 확장하는 데 핵심적인 사고의 틀이 된다.

'맥락'은 작품을 둘러싼 시간적, 공간적, 사회·문화적 배경을 의미한다. 이 개념은 〈에리타〉가 단순히 인공지능이 등장하는 미래 이야기가 아니라 기술 발전과 생명 윤리라는 현대 사회의 쟁점을 어떻게 반영하고 있는지 파악하는 데 필수적이다. 학생들은 작가가 다른 작품에서도 꾸준히 탐구해 온 '인간의 정체성'이라는 주제 의식을 파악하고, 작품 속 어두운 미래 사회의 모습이 현재 우리의 어떤 선택과 연결되는지 탐구하며 작품을 다각적으로 이해하게 된다.

'정체성'은 '나는 누구인가?'라는 본질적인 질문과 관련된다. 이 수업에서 '정체성'은 복제된 뇌를 가진 에리타, 인간을 닮아가는 로봇 가온, 뇌를 제외한 모든 것이 기계인 김가온 등 인간과 비인간의 경계에선 인물들을 이해하는 핵심 열쇠이다. 학생들은 이들의 고뇌와 선택을 따라가며 '인간이란 무엇인가?'라는 근원적 질문을 스스로에게 던지게 된다. 이러한 과정을 통해 학생들은 작품 속 인물의 정체성 문제를 자신의 삶과 연결하여 주체적으로 감상하고 비판적으로 성찰하는 경험을 하게 되는 것이다.

'문제 해결'은 작품이 던지는 질문을 바탕으로 자신만의 답을 찾아가는 과정이다. 학생들은 〈에리타〉를 읽으며 '기술 발전이 인간성을 위협하는가?' 또는 '감정을 느끼는 기계는 인간으로 볼 수 있는가?'와 같은 윤리적 딜레마와 마주하게 된다. 수업에서 학생들은 이러한 문제 상황을 분석하고, 토론을 통해 다양한 관점을 탐색하며, 최종적으로 '사회적 의제에 참여하는 글쓰기'를 통해 자신만의 해결 방안이나 대안을 논리적으로 제시하게 된다. 이 과정 자체가 텍스트의 의미를 구성하고 사회 문제에 참여하는 적극적인 문제 해결의 과정이 된다.

학생들은 웹툰의 특성을 이해한 뒤, 〈에리타〉 속 인물들의 갈등과 선택을 '맥락, 정체성, 문제 해결'이라는 개념을 바탕으로 분석하면서 인간성과 기계성이라는 주제를 구체화하고, 이를 통해 자신이 탐구하고 싶은 사회적 의제를 설정하게 된다.

결국 우리가 경험하는 의사소통 및 의미 구성은 텍스트를 표현하고 이해하는 과정에서 발생하는 다양한 인지적 문제를 해결하는 문제 해결의 과정이다. 이는 문제 상황과 맥락에 적합한 전략을 활용하는 과정이며, 학생들은 탐구를 통해 수업 상황에서 이를 간접적으로 경험하고 자신의 정체성을 형성해 나가는 것이다.

예를 들어, 학생들은 작품에 대한 탐구를 통해 에리타와 가온의 관계를 파악하여 '기술 발전이 인간성을 위협할 수 있는가?', '기계적인 인간과 인간적인 기계의 경계는 어디인가?'와 같은 문제를 발견하고, 그 문제를 글쓰기 주제로 구체화하게 된다. 이 과정에서 작품을 둘러싼 맥락을 주체적으로 파악하고, 문제 해결 과정으로써 내용을 이해하고 자신의 생각을 표현해 가는 것이다.

평가는 학생들이 설정한 목표의 명확성과 그 목표를 달성하기 위해 제시한 논리적 전개 과정을 중점적으로 다룬다. 학생들이 단순히 텍스트를 분석하는 것에서 끝나는 것이 아니라, 자신이 설정한 사회적 의제를 바탕으로 스스로 탐구한 결과를 독자에게 설득력 있게 전달할 수 있는 글쓰기를 완성하는 것이 평가의 핵심이 된다.

이러한 학생들의 도달점을 확인하기 위해 학생들이 작성한 글의 평가 요소를 설계했다. 이러한 평가 요소를 바탕으로 수업을 통해 얼마나 개념적인 이해에 도달했는지를 파악하고, 평가 결과에 대한 피드백과 성찰을 제공함으로써 학생의 성장을 이끌어 낼 수 있다.

평가가 설계되고 나서는 본격적으로 수업의 전체적인 방향을 설정했다. 수업의 전체적인 흐름은 '문학을 통한 문제 발견 → 문제의식 설정 → 글쓰기 과제 완성'의 순서로 진행된다.

평가 요소 및 기준

평가 요소	평가 기준
지식·이해	– 작품의 갈래에 대한 이해를 바탕으로 작품을 이해하고 해석하는 능력을 평가함 – 특히 작품의 내용을 근거로 하여 갈래의 특징과 작품에 대한 지식과 이해를 보여주는지를 평가함

분석·평가	– 문학적 장치에 대한 이해를 바탕으로 작품의 내용과 의미를 분석하는 능력, 작품에 대한 종합적 이해와 평가 능력을 파악함 – 작품에 대한 통찰력 있고 깊이 있는 분석을 보여주고 자신의 관점에서 스스로 파악하고 비판적으로 수용하는지를 평가함
초점·구성	– 학습자가 특정 목적과 맥락에 맞게 텍스트를 창의적으로 구성하고, 적절한 구조와 논리적 흐름을 조직하는 능력을 평가함
언어 사용	– 학습자가 원활한 의사소통을 위해 정확하고 효과적으로 표현하며, 문법적 적합성과 어휘 선택의 적절성을 드러내는지를 평가함

먼저 학생들은 웹툰을 읽고 웹툰에 사용된 문학적 장치들을 분석하고 파악하면서 작품이 다루고 있는 기술 발전에 대한 현대 사회의 다양한 문제를 발견하는 활동을 한다.

이 과정에서 학생들은 작품 속 인물의 갈등과 선택을 분석하면서 '이 인물이 겪고 있는 상황이 현대 사회에서 어떤 문제와 연결될 수 있는가?'라는 질문을 던지게 된다. 이러한 질문은 구체적인 탐구 주제로 연결되며, 핵심 개념을 바탕으로 다양한 문제들을 탐구한다. 특히 앞서 발견한 문제 중에서 자신이 더욱 깊이 탐구하고 싶은 주제를 선정하고, 그 주제를 글쓰기 목표로 구체화한다.

예를 들어, '기술의 발달로 인한 인간의 정체성 혼란'이라는 주제를 설정한 학생은 글쓰기에서 이 주제를 분석하고 자신의 입장을 논리적으로 전개하게 된다. 이 과정에서 교사는 학생들이 설정한 목표가 모호하지 않고 구체적인 문제로 연결될 수 있도록 피드백을 제공하며, 글쓰기의 방향성을 명확히 잡아준다.

이 수업의 최종적인 목표에 도달하기 위해서는 작품에 대한 탐구가 단순히 이해와 해석에 그치는 것이 아니라, 현대 사회에서 실질적으로 논의되고 있는 사회적·공동체적 문제로 확장되어야 한다.

학생들은 인물의 행동과 대사, 서사 구조 등을 분석하며 '이 인물의 경험이 현대 사회의 문제와 어떻게 연결될 수 있는가?'라는 질문을 스스로 던지고 그 질문에 대한 자신의 해석을 논리적으로 전개하는 과정을 글쓰기로 풀어낸다.

학생들은 자신이 설정한 문제를 중심으로 글을 완성하고, 완성된 글을 읽으며 자신의 목표가 얼마나 달성되었는지를 스스로 평가하게 된다. 이 과정에서 교사는 학생들이 쓴 글이 목표와 일치하는지, 논리적 전개가 설득력 있게 이루어졌는지에 대해 구체적인 피드백을 해준다. 이를 통해 학생들은 글쓰기가 단순히 작품 해석의 과정이 아닌, 자신의 문제의식을 공동체와 소통하는 도구임을 깨닫게 된다. 그리고 최종적으로 '문학을 통한 공동체의 문제 해결'이라는 핵심 아이디어에 도달하게 만드는 것이 이 수업의 목표이다.

'웹툰을 통해 공동체 문제에 참여하기'는 문학을 통해 자아를 성찰하고 공동체 문제 해결에 참여하는 태도를 기른다는 핵심 아이디어와 직접적으로 맞닿아 있으며, 이는 '문학을 통해 공동체가 처한 여러 문제들을 이해하고 문제 해결에 참여하는 태도를 지닌다.'라는 성취기준의 구체적인 실천에 해당한다. 수업의 탐구 과정은 핵심 질문을 따라 자연스럽게 심화되는데, 학생들은 웹툰 〈에리타〉가 다루는 사회적 현상과 웹툰이라는 갈래의 특성을 파악하며 사실적 질문에 답하고, 모둠별 발제와 토론을 통해 작품에 대한 이해를 효과적으로 전달하는 방법을 모색하며 개념적 질문을 해결한다. 나아가 수업 참여 자체가 문학의 사회적 역할과 가치를 탐색하는 과정이 되도록 하여 '문학이 사회적 의제를 다루어야 하는가?'라는 논쟁적인 문제에 접근할 수 있도록 한다. 이러한 활동 속에서 학생들은 작품을 해석하고, 감상하며, 비평하는 과정·기능을 익히는 동시에, 인물의 삶을 통해 자아를 성찰하고 타자를 이해하며 최종적으로 공동체에 참여하는 가치·태도를 내면화할 수 있다.

수업에서 다루는 것이 결국 문학 작품의 분석을 통해 사회적 문제에 참여하는 것이므로, 이 수업의 핵심은 학습 목표를 얼마나 정확하게 제시하는가에 달려 있다. 학생들이 왜 문학 작품을 분석하고 탐구해야 하는가에 대한 이해를 바탕으로, 이를 통해 사회적 문제에 참여하는 것이 어떤 의미인지를 분명하게 인식해야 한다. 이러한 개념을 이해하지 못한다면 학생들의 탐구는 목적과 방향을 잃게 되고, 결국 의미 없는 활동 수업이 되고 마는 것이다.

개념기반 탐구학습의 시작은 명확한 도달점과 이를 확인할 평가 방법을 설정하는 것이다. 이를 바탕으로 개념을 탐구하고 그 성과를 성찰함으로써 성장을 도모하는 것이 핵심임을 잊지 말자.

단원 설계

단원명	웹툰을 통해 사회 문제에 참여하기	학년	고등학교 2학년
핵심 아이디어	문학 향유자는 문학을 통해 자아를 성찰하고 타자를 이해하며 공동체의 문제 해결에 참여하는 태도를 지니고 주체적으로 문학을 생활화한다.		
핵심 질문	[사실적 질문] • 작품에서 다루고 있는 사회적 현상은 무엇인가? • 문학에서 갈래의 특성은 어떻게 드러나는가? [개념적 질문] • 작품에 대한 이해를 어떻게 보여줄 수 있을까? • 우리의 정체성은 문학을 통해 어떻게 표현되는가? • 문학을 통한 사회적 소통은 어떻게 이루어지는가? [논쟁적 질문] • 문학이 사회적 의제를 다루어야 하는가?		
내용 요소	지식·이해	• 문학의 본질과 기능	
	과정·기능	• 문학 작품 해석·감상·비평하기	
	가치·태도	• 문학을 통한 자아 성찰과 타자 이해 • 문학과 공동체 참여	
성취기준	[12문학01-07] 작품을 공감적, 비판적, 창의적으로 감상하며, 다양한 방식으로 작품에 대해 비평한다. [12문학01-09] 다양한 매체로 구현된 작품의 창의적 표현 방법과 심미적 가치를 문학적 관점에서 수용하고 소통한다. [12문학01-11] 문학을 통해 공동체가 처한 여러 문제들을 이해하고 문제 해결에 참여하는 태도를 지닌다.		

2. 개념 탐구 - <에리타> 읽고 사회 문제 발견하기

본격적인 수업이 시작되는 '개념 탐구' 단계는 학습자들이 문학 작품을 통해 현대 사회의 문제를 '맥락, 정체성, 문제 해결'의 개념을 중심으로 탐구하고, 이를 자신의 시각으로 재구성하는 과정이다. 이 과정은 단순히 작품의 내용을 이해하는 것을 넘어 작품을 둘러싼 사회적 맥락을 파악하고, 인물의 정체성 혼란과 갈등을 분석하며, 문제 상황을 현대 사회와 연결하여 해결 방안을 모색하는 데 중점을 둔다.

개념 탐구 단계의 본격적인 시작을 위해 학생들과 함께 웹툰 <에리타>를 깊이 있게 감상하고 분석하는 활동을 진행했다. 이 과정은 단순히 내용을 요약하는 것을 넘어 학생들이 작품에 담긴 질문을 스스로 발견하고 탐구하도록 안내하는 데 초점을 맞춘다. 수업은 다음과 같은 단계로 진행되었다.

먼저 학생들에게 작품을 충분히 감상할 시간을 준 뒤, 개인의 감상을 이끌어 내는 발문으로 활동을 시작했다.

> **교사:** 작품을 읽고 가장 인상 깊었던 장면이나 대사는 무엇이었나요? 그 이유는 무엇인지 자유롭게 이야기해 봅시다.

이 질문을 통해 학생들은 웹툰 <에리타>에 대한 자신의 첫인상을 정리하고, 작품의 어떤 부분에 감정적으로 반응했는지 성찰하며 작품에 몰입할 수 있었다.

개인별 작품 감상이 끝나고 난 뒤에는 개인의 감상을 바탕으로 모둠별로 작품을 심층적으로 분석하고 발표할 내용을 구조화하도록 안내했다. 이때 학생들이 내용, 표현, 주제 의식 등 다각도로 작품에 접근할 수 있도록 구체적인 탐구 방향을 담은 발문을 제시했다.

- 에리타, 로봇 가온, 인간 가온의 행동 중 가장 이해하기 어려웠던 선택은 무엇이었나요?
- 웹툰은 글과 그림이 결합된 매체입니다. 작가가 이 특징을 어떻게 활용하고 있는지 찾아볼까요? 예를 들어, 인물마다 말풍선 모양을 다르게 표현한 이유가 무엇일까요? 배경을 과감히 생략하거나 특정 부분을 크게 확대해서 보여주는 장면도 있는데, 이런 방식이나 기법은 어떤 효과를 만들어 내나요?

이러한 발문을 바탕으로 모둠별로 토의를 진행하여 자신들이 가장 깊이 탐구하고 싶은 질문을 선정하고, 그에 대한 분석 내용을 담은 발제문을 작성하도록 했다. 이 과정에서 교사는 각 모둠을 순회하며 토의 과정을 관찰하고, 논의가 막힌 부분에 추가적인 질문을 던지며 학생들의 사고를 촉진하는 역할을 수행했다.

모둠별 발제문 작성이 완료되면 전체 학생을 대상으로 발표와 토론을 진행했다. 한 모둠이 발표를 마치면, 다른 학생들이 발표 내용에 대해 질문하거나 자신의 의견을 덧붙이도록 유도했다. 특히 학생들의 분석이 작품의 핵심 개념과 연결될 수 있도록 다음과 같은 심화 발문을 활용했다.

학생 발제문 예시

<에리타> 첫 발제

김○○

줄거리

에리타는 바다를 처음 본다. 신난 에리타는 바다를 보고 소리친다. 그런 에리타를 보며 에리타의 옆을 지키는 로봇 '가온'이 에리타에게 진정하라고 권고 기록을 한다. 에리타와 가온은 캘리디안 해안에 있고, '포루딘'이라는 물질의 농도를 측정한 후 기록한다. (중략)

 정신을 차린 에리타는 가온의 머리가 깨졌다는 사실을 알게 된다. 그리고 그들은 웰마켓에 있다는 것 또한 알게 된다. 여기서 가온은 가족과 함께 왔으면 좋았을 것이라고 하지만, 에리타는 가온이 자신의 가족이라고 말한다.

> 만약 AI 기술이 발달한다면 그들을 하나의 인격체로 보며, 가족과 같은 존재로 인정할 수 있을까?

 에리타는 자신이 갖고 싶었던 장난감을 가져가려 한다. 가온은 무게에 비해 부피가 비효율적이라며 분해해서 운반하려 하지만, 에리타의 반대로 그냥 플라스틱 장난감을 가져가기로 한다. (중략)

 다음 날 이들은 가온의 부품을 찾으러 제니어스 기계공학연구소에 가게 된다. 여기서 가온이 만들어졌고, 포루딘이 개발되었다. 에리타는 '왜 포루딘 개발에만 전념한 것이냐'고 묻고, 가온은 기업의 입장에서 더 효율적이라 판단했기 때문이라고 말해 준다.

> 효율은 항상 중요할까?

 건물 속에서 가온은 에리타에게 물건을 건드리지 말라고 경고하고, 자신과 연결해 둔 후 부품을 찾아 떠난다. 하지만 에리타는 제니어스 연구소 견학 환영 메시지를 보게 되고, 포루딘의 좋은 점을 알게 된다. 포루딘은 사람들을 위해 만들어졌지만, 결국 사람들을 해치게 되었다는 것도 가온에게서 듣는다. 이 장의 마지막처럼 보이는 장면엔 에드먼의 사진이 나오고, 그 이후 에리타가 그린 것으로 유추되는 그림이 한 번 더 나온다.

> **에리타가 그린 듯한 이 그림들은 무엇을 뜻할까?**
>
> '신경 안정 상태 유지'. 에리타의 아버지인 에드먼 박사가 병상에 누워 있다. (중략)
>
> 하지만 가온과 함께라는 생각을 하며 다시 표정을 밝히는데, '퍼엉' 하는 소리와 함께 예측하지 못한 폭발이 일어났고, 오염된 구리 파편은 에리타에게로 쏟아지기 시작했다. 에리타는 어지럼증을 호소하는데, 쉘터로 위험 요소가 접근 중이라는 경고를 받게 된다. 쉘터의 보호벽이 파괴될 수 있을 것이라는 경고를 듣고 가온은 가능성을 계산하며 가장 효율적인 방법을 찾기 시작한다. 그렇게 가온은 에리타를 지키기 위해 쉘터로 날아가고, 박사의 "선택하게 두겠네."라는 말, 가온의 눈, 에리타가 그린 듯한 그림이 등장하며 149페이지가 마무리된다.

예를 들어, 에리타가 자신의 인간성을 증명하기 위해 감정을 흉내 내는 장면에 대해 발제자는 다른 학생들에게 다음과 같은 질문을 던졌다.

- 에리타가 자신의 감정을 표현하려고 애쓰는 장면에서 여러분은 어떤 느낌을 받았나요?
- 로봇인 가온이 에리타에게 보여주는 정서적 반응은 학습된 것이므로

인간의 감정과 동일하다고 할 수 있을까요?

학생들은 이러한 질문에 대해 자신의 생각을 바탕으로 대답하거나 짝토론을 진행하며 자신의 생각을 다듬어 나갔다.

"가온이 감정을 느끼는 것처럼 보이지만, 사실 그건 학습된 행동에 불과하다고 생각해요. 결국 그는 기계이고, 감정이 아니라 데이터를 기반으로 반응하는 거잖아요."

또 다른 학생은 이러한 의견에 대해 반박했다.

"그렇지만 가온이 프로그램의 명령을 받는 것이 아니라 최종적으로 주체적인 의지로 선택하려는 것을 보면 인간이 느끼는 감정과 크게 다르지 않아요. 감정이란 결국 반응일 뿐이라면, 가온도 충분히 인간적인 존재가 될 수 있지 않을까요?"

이러한 생각들이 자연스럽게 탐구 주제로 이어질 수 있도록 하는 것이 교사의 역할이다.

교사: 복제된 인간인 에리타와 로봇인 가온, 뇌를 제외한 모든 신체가 기계화된 인간 가온은 인간과 인간이 아닌 것의 경계에 있는 존재들이라고 볼 수 있어요. 그들은 스스로 인간과 같다고 느끼고 있을 수도 있지만, 우리는 그들 중 일부는 인간으로, 또 다른 일부는

인간이 아닌 것이라고 판단하곤 합니다. 실제로 여러분도 저들 중 일부는 인간으로, 일부는 인간이 아닌 것으로 파악하고 있잖아요? 그런데 인간이란 과연 무엇일까요? 인간이 다른 존재와 다른 점은 무엇일까요? 감정을 느끼는 존재를 인간이라고 할 수 있나요? 아니면 사회적 관계 속에서 자신을 증명하는 존재일까요? 여러분은 현대 사회에서 인간이란 어떤 존재라고 정의할 수 있을까요?

이 질문을 통해 학생들은 각자의 관점을 바탕으로 문제를 고민하기 시작했다. 특히 인간의 정체성에 대한 질문은 작품을 받아들이는 독자의 정체성과 만나 (각자의 경험과 가치관을 바탕으로) 다양한 해석으로 확장되었다. 이러한 해석을 바탕으로 학생들은 탐구 주제를 '기술의 발전과 인간의 정체성'이라는 사회적 문제로 확장해 나간다.

작품에 대한 탐구는 '맥락'이라는 개념적 렌즈를 바탕으로 다양하게 확장된다. 학생들은 에리타와 가온이 생존을 위해 싸워나가는 모습에서 이들의 갈등이 어떤 사회적 맥락에서 발생했는지 분석하게 된다. 생명체들이 인간의 욕심 때문에 대부분 사라지고 괴생명체의 공격을 받는 어두운 모습으로 그려지는 미래 사회는 현대 사회의 기술 발전이라는 사회·문화적 맥락에 기반한 탐구 대상이 된다.

또한 〈데이빗〉, 〈브랜든〉이라는 작품에서도 지속적으로 '인간의 정체성'이라는 주제를 탐구해 온 작가에 대한 이해가 작품 해석에 어떤 영향을 미치는지에 대한 분석이 작품을 더 깊이 이해하는 데 도움을 주기도 한다.

이제 대화는 자연스럽게 삶의 문제로 이어진다.

학생: 최근 사용되는 챗봇이나 생성형 인공지능이 인간의 역할을 대체하기 시작했다는 뉴스를 봤어요. 특히 이러한 생성형 인공지능들은 우리의 말에 대한 정서적 반응까지 흉내 내고 있어서, 저도 모르게 인간인 것처럼 착각하고 대할 때가 있어요. 얼마 전에도 너무 많은 질문을 하다가 문득 '얘가 귀찮아하는 건 아닐까?' 하는 걱정이 들었는데, 이때 좀 놀랐던 기억이 있거든요. 미래 사회에서는 인공지능이 더 인간화될 텐데, 그에 대한 걱정과 불안이 이런 작품을 창작하게 된 계기가 아닐까요?

　이런 문제 제기를 하는 학생에게 나는 "그렇다면 우리가 기술 발전에 대해 지녀야 할 태도는 무엇일까요?"라는 질문을 던지며 학생들이 작품 속 맥락을 현대 사회와 연결하도록 유도했다. 학생들은 작품이 제기하는 갈등이 단순히 허구적인 것이 아니라, 현대 사회에서 충분히 경험할 수 있는 문제라는 점을 인식하게 된다.

　작품에 대한 탐구는 내용에 대한 것으로 그치지 않는다. 웹툰이라는 갈래의 특성과 관련하여 작가가 에리타, 로봇 가온, 기계화된 인간 가온의 말풍선 모양을 각각 다르게 처리한 이유, 배경을 그리지 않고 단순하게 표현한 이유, 장면 전환이나 인물의 특정 부분에 초점을 맞춰 표현한 이유 등 작가가 사용한 문학적 장치와 표현 방법에 대한 분석을 통해서 종합적으로 파악할 수 있도록 했다.

　실제로 학생들의 발제에서 가장 인상적이었던 내용 중 하나가 말풍선을 분석한 것이었다.

"선생님, 에리타와 로봇 가온, 인간 가온의 말풍선 모양을 다르게 표현한 것도 작가의 의도가 담긴 것일까요?"

전혀 생각하지 못했던 부분이었는데, 그 학생의 질문에 다시 들여다보니 실제로 모양이 조금씩 달랐다. 누군가에겐 둥근 말풍선을, 누군가에게는 뾰족한 말풍선을, 누군가에겐 꺾여 있는 뾰족한 말풍선을……. 처음에는 우연인 줄 알았지만, 자세히 보니 인물마다 다르게 제시되어 있었다.

> 교사: 방금 한 모둠에서 말풍선 모양의 차이가 '인간다움'을 구분하는 작가의 의도일 수 있다는 흥미로운 분석을 해주었습니다. 이처럼 작품 속 장치들이 '인간이란 무엇인가?'라는 정체성의 문제와 어떻게 연결되는지 더 이야기해 볼까요?

이 또한 '인간다움'을 인정받아야 하는 존재들에 대한 구분을 드러낸 작가의 의도일까? 이러한 이야기들 속에서 학생들은 함께 작품을 읽어 나갔다.

3. 전이 – 사회적 의제와 연결하기

이제 학생들은 '개념 탐구' 단계에서 설정한 사회적 문제를 바탕으로 자신의 목소리를 담은 글쓰기를 하게 된다.

'전이'는 작품 속에서 분석한 개념과 문제 상황을 현대 사회에 적용하고, 이를 독자에게 설득력 있게 전달하는 과정이다. 이는 단순한 서술이 아닌, 학생들이 자신의 문제의식을 논리적인 글로 구성하는 의사소통 과정이다.

학생들의 이해를 확인할 수 있는 탐구 주제를 주고 학생들의 생각을 파악해 보았다. 수업에서 제시했던 탐구 주제는 '〈에리타〉 속 등장인물에 대한 분석과 결말에 제시된 마지막 인류를 지키기 위한 가온의 선택을 바탕으로 인간의 조건에 대해 논하시오.'라는 것이었다.

학생들은 이 주제를 바탕으로 글의 초안을 작성했다.

학생 글 예시

> 웹툰의 형식을 취하고 있는 〈에리타〉는 결코 평범하지 않은 스토리를 가지고 있다. 또 그에 걸맞게 논쟁의 여지가 있는 등장인물의 사용으로 독자들에게 인간의 조건에 대해 생각하게 만든다. 나는 지금부터 등장인물을 분석하고, 결말에 제시된 가온의 선택을 통해 인간의 조건에 대해 논할 것이다.
> 등장인물 중 지구에 남은 유일한 인간인 에리타는 어린아이의 면모를 보인다. 어린이처럼 순수한 생각을 하고, 행동으로 그대로 실현한다. 작중에서 가온이 에리타를 포루딘 공장에 혼자 두었을 때 그 점이 두드러진다. 에리타는 마치 어린아이처럼, 가온이 함부로 공장의 것을 만지지 말라고 했음에도 가온이 출발하자마자 버튼을 누른다.

이를 통해 작가는 독자들이 지구에 혼자 남은 에리타가 '사람'이며 여타 어린아이와 다를 바 없다는 생각을 하게 한다. 그러나 이 모든 것은 에리타의 뇌가 아닌 에리타의 뇌를 복제한 컴퓨터가 생각하고 행동하는 것이다. 그래서 작품 중반까지는 로봇 가온이 에리타를 인간으로 취급하지 않는다. 에리타가 부상을 당해 가온이 옆에 있어줘야 할 상황에서도 기지의 시설을 지키러 출발하는 것이 그 예이다.

그러나 이 인식은 인공적으로 만들어진 뇌를 가진 에리타가 인간같이 감정과 생각이 있고, 또 경험할 수 있다는 표현들에 의해 반전된다. 작중에서 에리타는 계속해서 그림일기를 쓴다. 이는 에리타가 인간처럼 자신의 경험을 그때 느낀 감정과 함께 기록할 수 있다는 것을 나타낸다. 또한 에리타는 웃고, 울고, 두려워하고, 즐거움을 느끼는 등 감정을 밖으로 표출하고 그에 따라 여러 판단을 할 수 있다. 자신에게 곧 닥쳐올 '죽음'이 무엇이냐고 가온에게 묻는 것에서 그녀의 두려움을 느낄 수 있다. 그리고 마지막에는 에리타와 함께 가온을 구해 달라는 부탁을 하는 것에서 인간만이 사용할 수 있는 중의적인 표현까지 가능하다는 것을 알 수 있다. 이 모든 것을 종합해 보았을 때, 비록 에리타 자체는 복제된 존재일지라도, 다른 누구에게도 없는 경험을 하고 감정을 느끼는 등 작품에서 인간과 같이 표현된다.

등장인물 중 로봇인 가온은 에리타를 지킨다는 목적을 가지고 만들어진 로봇이다. 로봇이므로 작품에서 가온은 자신이 인식한 에리타를 지키기 위해 가장 효율이 높은 방법들을 최우선으로 고려하는 모습을 보인다. 자신 앞에서 인공적인 뇌를 가진 에리타가 두려움을 느끼고 있음에도 그에 동요하지 않고 기지에 있는 에리타의 뇌를 지키러 가는 것에서 그 예를 찾을 수 있다. 이는 작품 중반까지, 가온은 그저 프로그램을 수행하는 감정 없는 로봇이라는 것을 여실히 드러낸다. 그러나 이 같은 인식은 다른 등장인물 김가온과의 만남에 의해 변화된다. 김가온과의 만남과 대립에서 가온은 에리타 또한 생각과 감정을 가진, 사람과 다르지 않은 존재임을 깨닫게 된다. 또한 가온은 기계로서의 자신의 한계를 넘어, 효율 그 이상의(비효율적이지만 인간만이 할 수 있는) 행위들을 하기에 이른다.

에리타와 같이한 소풍 여행에서 에리타에게 영양적으로 해로운 도시락을 싸준 것이 그 예이다. 마지막 장면에서는 에리타에게 가온과 에리타를 지켜달라는 부탁을 듣고 인간같이 그 부탁을 자의적으로 해석해 진짜 에리타라고 생각했던 뇌뿐만 아닌 에리타까지 모두 지켜냄으로써 기계가 아닌 다른 무언가의 존재로 성장하기에 이른다. 궁극적으로는 가온 또한 어느 측면에서는 인간과 같아진 것이다.

등장인물 중 가장 등장이 늦었지만 가장 많은 영향을 끼친 김가온은 신체의 모든 부분이 로봇인 존재이다. 김가온의 몸은 쓸모없어졌기에, 김가온의 생각과 감정을 가진 로봇만이 작중 김가온이라는 존재를 형성하고 있다. 김가온은 비록 뇌를 포함한 모든 것이 기계로 대체되었지만, 인간과 똑같이 행동하고 생각한다. 어린이의 모습을 한 에리타를 위험으로부터 구해 주거나, 가온이 에리타의 뇌만 진짜 에리타라고 생각하고 우선순위에 놓는 행위를 보고 대립하는 것이 그 예이다. 이 예는 또한 인간만이 느낄 수 있는 도덕관념이 김가온에게 내재되어 있다는 것을 보여준다. 마지막 돌연변이들과의 전투에서는 인간이 할 수 있는 가장 숭고한 행위인 타인을 위한 희생까지 하려 함으로써 김가온은 단순히 인간을 복제한 로봇이 아닌, 인간과 똑같다고 여겨질 수 있는 존재임을 알 수 있다.

작품 내에서 위 모든 등장인물은 자신의 무언가를 타인을 위해 포기하는 모습을 보였다. 에리타는 뇌뿐인 에리타를 위해 자신의 삶을 포기하려 했고, 가온은 효율을 포기하고 인간인 에리타와 뇌뿐인 에리타를 모두 지키는 선택을 했다. 김가온은 불과 며칠 전에 만난 어린아이인 에리타를 위하여 목숨까지 포기하려 했다. (중략) 따라서 외형이나 존재에 어떠한 결점이 있든지 간에, 인간적인 생각과 행동을 한다면 인간으로 정의할 수 있다고 결론지을 수 있다.

학생이 작성한 초고에 대한 평가 기준을 바탕으로 개별 피드백을 준비했다. 단순히 잘잘못을 지적하는 것이 아니라, 학생들이 자신의 글을 한 걸음 더 발전시킬 수 있도록 구체적인 질문을 던지는 데 초점을 맞추었다. 피드백은 다음과 같은 발문으로 시작했다.

- 글에서 <에리타>의 등장인물과 사건을 잘 설명해 주었어요. 혹시 이 분석이 웹툰이라는 갈래의 특성과 어떻게 연결되는지 한 문장 더 보충해 본다면 어떨까요?
- 작품의 결말에 나타난 가온의 선택을 '인간적인 선택'이라고 분석한

부분이 인상 깊습니다. 왜 그렇게 생각하는지 작품 속 다른 장면을 근거로 들어 주장의 설득력을 더 높여줄 수 있을까요?

- 서론에서 '기술 발전과 인간의 정체성 혼란'이라는 흥미로운 문제를 제기했는데, 본론과 결론에서도 이 주제가 일관되게 드러나고 있나요? 그리고 각 문단이 나의 핵심 주장을 잘 뒷받침하고 있는지 다시 한번 살펴봅시다.

- 이 문장은 독자가 오해 없이 이해할 수 있을까요? 혹시 더 명확하고 효과적인 단어나 표현은 없을지 고민해 봅시다.

이러한 피드백을 바탕으로 학생들은 자신의 이해는 물론 글쓰기 과정 전반에 대한 성찰을 진행했다. 수정이 끝나고 난 뒤에 학생들은 자신의 이해를 바탕으로 사회적 문제를 개별적으로 설정하고 이에 대한 자신의 생각을 글로 표현함으로써 작품에 대한 이해를 현실의 문제로 전이할 수 있도록 했다. 특히 개요 단계에서부터 지속적인 피드백을 통해 학생의 사고를 구체화할 수 있도록 도왔다.

- **서론**: 인공지능의 발전으로 인한 인간의 정체성 혼란 문제
- **본론**: 기술의 발전이 긍정적인 미래를 가져오는 것만은 아님
  1. 로봇 가온이 감정을 학습하는 과정에서 나타난 모순
  2. 현대 사회에서 감정 인식 AI가 가지는 한계 (구체적인 사례 조사)
  3. 기술이 인간성을 대체할 수 없는 이유를 에리타와 가온의 관계를 통해 분석
- **결론**: 에리타의 사례를 현대 사회의 문제와 연결하여, 기술이 인간의 감정을 대체하려는 시도가 자칫 인간성을 왜곡하거나 소외시킬 수 있음을 경고

학생이 개요를 작성하면 그에 대한 개별 피드백을 통해 논리적 전개의 일관성과 근거 제시의 타당성을 점검한다. 또한 학생들의 글에 대한 피드백을 통해 성장을 이끌어 낸다.

> 에리타의 슬픔을 접한 로봇 가온은 에리타에게 낭만적인 상황을 설명하지만, 그것은 에리타의 감정에 공감했다기보다는 데이터를 학습한 결과에 불과하다. 이는 현대 사회에서 AI가 인간의 감정을 흉내 내려고 하는 방식과 유사하다. 예를 들어, 최근 등장한 AI 챗봇은 사용자와 대화하면서 감정적인 반응을 보이도록 설계되었다. 그러나 이들은 실제 감정을 느끼는 것이 아니라, 미리 학습한 데이터를 바탕으로 반응하는 것이다. 따라서 가온이 감정을 모방하며 느낀 혼란은, 기술이 인간의 감정을 대체하려 할 때 필연적으로 발생하는 문제이기도 하다.

이 글의 본론에서 학생이 설정한 문제와 근거가 잘 연결되었다고 칭찬하면서도, 결론에서 '그렇다면 이러한 기술적 시도가 인간성에 미치는 영향을 어떻게 바라볼 수 있을까?'라는 질문을 추가해 보완할 수 있음을 제안하는 것이 교사의 역할이다.

글이 작성되고 난 뒤에는 학생들이 서로의 글을 돌려 읽고 동료 피드백을 진행했다. 학생들은 서로의 글을 읽고 논리적 흐름이 매끄러운지, 근거가 설득력 있게 제시되었는지를 평가하고, 자신이 설정한 문제의식이 독자에게 명확히 전달되었는지를 점검했다.

이러한 과정을 통해 작품에 대한 이해가 현대 사회의 문제로 전이되어 더 깊이 있는 이해로 나아갈 수 있었다.

4. 성찰 - 더 나은 세상을 만들기 위하여

글쓰기 과제가 완성되면 학생들은 자신의 글쓰기 과정과 결과를 돌아보며 성찰하는 시간을 갖는다.

이 단계는 학습자가 스스로 자신의 글이 목표와 일치하는지, 논리적 흐름이 일관되게 전개되었는지를 점검하는 과정이다. 이때 교사는 학생들이 작성한 글을 다시 읽고, '처음에 설정한 문제의식을 글에서 충분히 드러냈는가?', '설정한 문제에 대한 해결 방안이 논리적으로 제시되었는가?'라는 질문을 던지며 자기 성찰을 유도한다.

수업에 참여했던 학생은 다음과 같은 성찰문을 남겼다.

> 처음에는 기술이 인간의 감정을 대체할 수 있는지에 대해 글을 쓰려고 했습니다. 그러나 글을 쓰는 과정에서 학습된 감정으로 인해 혼란을 겪는 가온의 모습과 그런 가온을 인간과 동일하게 인식하는 저의 혼란을 통해 기술 발전과 인간의 정체성에 대한 문제를 파악하게 되었습니다.
>
> 제 글의 결론은 '기술의 발전이 인간의 정체성에 혼란을 가져올 수 있으므로 비판적으로 접근해야 한다.'라는 메시지로 마무리되었습니다. 하지만 글을 쓰는 과정에서 가온이 감정을 모방하면서 느낀 혼란을 충분히 다루지 못한 것 같습니다. 만약 글을 다시 쓴다면, 마지막 결말에서 가온이 프로그래밍된 내용을 버리고 자신이 주체적인 선택을 했던 장면을 더 부각하고 인간성과 감정의 관계를 더욱 깊이 탐구하고 싶습니다.

이러한 성찰을 확인하며 수업 마무리를 위해 학생들에게 질문을 던졌다.

교사: 이번 글쓰기를 통해 여러분은 자신이 설정한 문제를 어떻게 바라보게 되었나요? 문제를 해결하거나 새로운 관점을 얻게 되었나요?

학생들은 자신의 글쓰기 과정을 돌아보며 그것이 단순한 과제가 아닌, 사회적 문제를 자신의 목소리로 풀어내는 과정이었음을 인식하게 된다. 결국 수업을 통해 도달하고자 했던 목표에 도달했음을 확인할 수 있게 된 것이다.

학생 수업 후기

문학 수업에서 나는 작품의 내용만 익히는 것이 아니라, 그 속에서 발견할 수 있는 개념을 중심으로 생각을 확장하는 데 주안점을 두었다. 선생님의 설명에서 배운 개념을 바탕으로, 친구들이 제시한 의견 속에서도 그 개념이 어떻게 드러나는지를 살펴보았다. 의미 있다고 생각되는 친구들의 생각은 메모해 두었다가 집에서 다시 읽고 나만의 언어로 재구성하며 이해를 깊게 했다.

특히 〈에리타〉를 읽으며 진행한 개념기반 학습은 나에게 새로운 경험이었다. 단순히 줄거리를 따라가는 대신 '인간성과 기술', '정체성과 선택' 같은 핵심 개념을 중심에 두고 읽다 보니, 장면 하나하나가 주는 의미를 더 깊게 이해할 수 있었다. 예전에는 작품을 읽고 나면 그저 재미있었다는 감상으로 끝났지만, 이번에는 각 장면이 어떤 개념과 연결되는지를 고민하며 읽을 수 있었다.

또한 발제문을 작성하는 과정이 큰 도움이 되었다. 작품 속 인물과 사건을 개념의 틀 안에서 분석하고, 이를 바탕으로 발표하는 과정에서 나의 생각을 체계적으로 정리할 수 있었다. 처음에는 '개념'이라는 것이 추상적으로 느껴졌지만, 수업을 거듭할수록 그 개념이 나의 시각을 확장해 주고, 작품을 더 깊이 읽을 수 있는 도구가 된다는 것을 알게 되었다.

〈에리타〉 수업을 통해 나는 문학이 단순한 이야기가 아니라 현실의 문제를 개념을 통해 바라보고 해석하게 만드는 창이라는 사실을 배웠다.

교사를 위한 실천 팁

1. 작품 선정 이유를 먼저 학생과 공유한다
단순히 '재미있어서'가 아니라, 문학이 어떻게 현실 문제를 다루고 있는지, 그리고 그게 수업 주제와 어떻게 맞닿아 있는지 이야기해 준다. 이렇게 하면 학생들이 작품을 '수업을 위한 텍스트'가 아니라 '내 삶과 연결되는 이야기'로 받아들인다.

2. 핵심 개념을 학생 언어로 먼저 진술한다
'인간성과 기술', '정체성과 선택' 같은 개념을 바로 제시하기보다, 장면을 본 뒤 학생이 자기 말로 먼저 표현하게 한다. 그다음에 교과서나 학문적 용어와 연결하면 개념이 외부 지식이 아니라 '내가 발견한 지식'이 된다.

3. 장면별 질문은 개념과 연결해 준다
"이 장면에서 가온의 감정은 진짜일까요, 학습된 걸까요?"처럼 개념을 건드리는 질문을 하는 게 좋다. 질문이 구체적일수록 학생들의 해석이 깊어진다.

4. 발제문은 '개념 적용 구조'로 안내한다
학생이 발제문을 쓸 때 '개념 소개 → 장면 설명 → 개념과 장면 연결 → 나의 해석' 순으로 쓰게 하면 분석력이 또렷해진다. 발표 전 짝토론으로 서로의 발제문을 점검하게 하면 발표 완성도도 높아진다.

5. 최종 글쓰기는 사회적 의제로 확장한다
작품을 통해 탐색한 개념을 인공지능 윤리, 감정 노동, 로봇 돌봄 서비스 같은 현실 문제에 적용해 글을 쓰게 한다. 최종 글쓰기를 평가에 반영하려고 한다면 채점기준표를 활용한 피드백을 통해 세부 채점 기준을 공유하고, 학생에게 성장의 기회를 주는 데 초점을 맞추어야 한다.

6. 마무리는 성찰 질문으로 열어준다
글을 다 쓴 뒤, "이번 글쓰기를 통해 처음보다 문제를 다르게 보게 됐나요?", "이 개념을 현실에 적용한다면 어떤 결론이 나오나요?" 같은 질문을 던진다. 학생들은 이를 통해 글쓰기가 '내 목소리로 사회 문제를 풀어내는 일'임을 깨닫게 된다.

수업 사례 2

일반화를 위한 문법 탐구하기

배현진

목표 정하기	개념 탐구하기
전이하기	성찰하기

수업 개요

변화가 필요한 문법 수업

신규 교사로 발령을 받고 국어과에서 진행하는 문학 기행 연수에 참여했을 때, 이동하는 버스 안에서 연수 참여자들끼리 자신을 소개하는 시간이 있었다. 그때 선생님들은 두 가지 중 하나를 선택하여 자신을 소개하라는 지시를 받았다. 일종의 국어과 교사들만 할 수 있는 밸런스 게임이랄까?

"안녕하세요, 저는 문법입니다."
"안녕하세요, 저는 문학입니다."

인정할 수 없을지도 모르겠지만, 술 한 잔의 여유와 낭만을 즐기는 사람은 '문학', 더 진지하고 학술적인 대화를 즐기는 사람은 '문법'으로 표현하는 국어과만의 밸런스 게임. 나는 문법을 선택했다.

국어과에서 문법은 그만큼 특수한 영역이다. 국어의 다른 영역이 의사소통의 실제적인 방법을 다루고 있어 기능 교과적인 성격을 지니고 있다면, 문법은 국어과에서 거의 유일하게 '국어 지식'을 다루는 영역이기 때문이다. 그래서 흔히 재미없는 국어 수업, 지식 위주의 딱딱한 수업 하면 바로 떠올리는 것이 문법이기도 하다.

'문법'이라는 말을 들었을 때 학생들이 떠올리는 이미지 역시 다르지 않을 것이다. 아마 대부분의 학생들이 '규칙, 암기, 시험' 같은 것들을 문법의 이미지로 떠올리지 않을까. 거기에 덧붙여 '예외'까지. 지금의 문법 수업은 과거 나의 학생 시절 문법 수업과 비교해도 그다지 다르지 않다. 여전히 음운 변동을 암기하고 안긴문장과 안은문장을 분석한다. 힘들게 외운 문법 규칙들 속에서 복병처럼 등장하는 예외의 함정에서 벗어나기 위해 '왜 이것이 예외냐'고 물으면 선생님은 '외우라'고 하셨고, 가끔 사전을 보여주곤 하셨다. 이제는 그때 선생님이 하시던 말을 내가 똑같이 반복하고 있다. 그렇게 문법은 예나 지금이나 그냥 외워야 하는 암기 과목이다.

이렇게 문법은 의사소통을 다루는 기능 영역에 가까운 국어 교과의 성격과는 다르기에 늘 이런 질문이 뒤따른다.

나는 모국어 화자이고, 문법을 정확히 구사하지 않아도 의사소통에 문제가 없는데 문법을 왜 배워야 하나?

교사인 나 역시 다르지 않았다. 나에게 문법 수업은 '학생들이 문제를 풀 수 있도록' 가르치는 과목이었다. 하지만 바뀐 교육과정과 수업 환경은 문법까지도 '사유의 도구'로 삼고, 언어의 본질과 사회적 맥락 속에서 탐구하는 방향으로 전환할 것을 요구한다. 문법이 단순히 사실 암기의 대상이 아니라 개념 탐구의 대상이 되어야 하는 것이다. 그래서 나는 문법 수업을 바꾸어 보기로 했다.

외우는 대상에서 탐구의 대상으로
내가 생각하는 문법 수업 변화의 출발점은 바로 '일반화'라는 개념의 확립이었다. 그것은 문법 지식을 나열하고 암기하는 대신, 개별 언어 현상에 나타나는 공통된 규칙을 찾아내고 일반화할 수 있는 힘을 기르는 것이다. 이것이 언어를 스스로 통제하고 창의적으로 활용할 수 있도록 하는 문법의 핵심적인 역량이자 필수적인 개념이라는 것을 가르쳐야겠다고 생각하게 되었다.

그래서 나는 수업의 질문을 바꿨다.

- 이 문법 규칙은 왜 만들어졌을까?
- 이 규칙은 어떤 상황에서 작동하지 않을까?
- 우리가 이 규칙을 일반화하면 어떤 새로운 이해가 가능할까?

이 질문들은 문법을 '외우는 대상'에서 '탐구할 대상'으로 전환하는 힘이 되었다.

이제는 월드스타가 된 이병헌이 2001년에 출연했던 영화 〈번지점프를 하다〉에는 재미있는 대사가 나온다. 국문과 학생인 남자 주인공과 그의 여자 친구가 주고받는 말이다.

"나, 어릴 때부터 궁금한 게 있었는데…… 젓가락은 'ㅅ' 받침이잖아. 그런데 숟가락은 왜 'ㄷ' 받침이야?"
"이 젓가락은 이케 집어 먹으니까 시옷 받침 하는 거고, 숟가락은 이렇게 퍼 먹으니까 디귿 받침 하는 거지."
"너, 국문과 아니지?"
"야, 그거 4학년 돼야 배워."

숟가락은 왜 디귿 받침이고, 젓가락은 왜 시옷 받침인지 의문을 가질 수 있는 수업. 그리고 그 이유를 찾아갈 수 있는 수업. 그것을 통해 일반화된 규칙을 만들고 지킬 수 있는 적극적인 모국어 화자가 되는 수업. 그것이 바로 개념을 기반으로 한 문법 수업이다.

무엇을 가르쳐야 할까?

개념기반 수업을 구상할 때 실수하는 것 가운데 하나가 '개념'이 중요하고 '사실'은 중요하지 않다는 착각에 빠지는 것이다. 특히 문법처럼 지식을 다루는 수업에서는 사실을 이해하는 것이 무엇보다 중요하다. 개별적인 사실에 대한 이해가 뒷받침되지 않으면 학생들에게 오개념이 자리 잡힐 수 있기 때문이다.

문법 탐구학습에서는 학생들이 현상 속에서 규칙을 찾고 일반화하기 위해 제대로 된 문법 개념을 익히는 것이 중요하다. 그래서 이 수업은 학생들의 탐구를 통해서 규칙을 찾고 이를 일반화하는 과정에서 교사의 도움과 방향 지시가 꼭 필요하다. 아울러 '공통국어2'에서 제시하고 있는 아래의 성취기준은 문법 지식, 특히 한글맞춤법 규정을 단순히 이해하는 것뿐만 아니라 국어 생활의 성찰과 문제 해결로 나아가기를 요구하고 있다.

[10공국2-04-02] 한글맞춤법의 원리를 적용하여 국어 생활을 성찰하고 문제를 해결한다.

그래서 학생들에게 모국어 화자이자 언어공동체의 일원으로서 문법 지식에 대한 평가는 물론, 우리 모두의 언어생활을 돌아볼 수 있는 도구로서 문법을 대할 수 있도록 수업을 구상했다.

수업 과정 및 내용

단계	차시	수업 내용
개념 탐구	1~4차시	현상에서 규칙 찾기 – 자료 수집하기 – 자료에서 규칙 찾기 – 가설 설정하기 – 가설 검증하기 – 규칙으로 일반화하기
	5~6차시	규칙 정교화하기 – 일반화된 규칙의 예외 찾기 – 실제 규범과 비교하기 – AI 도구를 활용하여 정교화하기
전이	7차시	규칙을 삶에 적용하기 – 실제적인 삶의 문제에 적용하기 – 지식을 통해 국어 문화 발전에 기여하기
성찰	8차시	나의 언어생활을 비춰주는 국어 문법

1. 수업 목표 정하기

이 수업을 통해 학생들이 정말로 도달해야 할 지점은 어디인가? 문법은 국어 교사들에게 너무나 익숙한 영역이지만, 동시에 가장 기계적이고 훈련 중심의 수업으로 오해받기 쉬운 영역이기도 하다. 그래서 이 수업을 시작하면서 문법이 단순한 지식 암기나 시험을 위한 풀이 방식이 아니라, 언어에 대한 사고력을 키우고 자신의 언어 사용을 성찰하는 힘을 기르게 하는 수업이 되어야 한다는 확신을 가지고 수업 목표를 설정하기로 했다.

국어 지식은 문법 규칙을 암기하고 내용을 적용하는 영역으로 생각하기 쉽다. 하지만 이 수업에서는 문법을 언어에 내재된 질서와 예외를 발견하는 탐구의 도구로 다루고자 한다. 즉 학생들이 언어 현상을 수집하고 공통된 조건을 도출하며, 그것을 설명 가능한 규칙으로 정리한 다음, 그 규칙을 새로운 맥락에 적용하거나 조정해 가는 사고의 흐름 자체를 학습 목표로 삼는다.

이러한 사고 과정은 단순히 지식의 축적에 머무는 것이 아니라 규칙 인식과 추론, 적용, 조정이라는 복합적인 언어 사용 능력으로 이어진다. 그리고 수업 과정을 학생들의 탐구가 중심이 되도록 설계하는 데 바탕이 된다.

이 수업을 위해 설정한 핵심 개념이 바로 '일반화'이다. 일반화는 국어 현상을 분석하는 문법 학습에서 중요하게 다뤄져야 할 개념이지만, 실제 수업에서는 일반화 과정보다는 '일반화된 결과'를 일방적으로 전달하는 교사의 설명으로만 사용되어 왔다. 그러나 우리가 지향하는 일반화는 교사의 규칙 제시가 아니라 학생 스스로가 다양한 언어 자료 속에서 공통된 조건을 찾아내고, 규칙을 도출하며, 이를 새로운 맥락에 적용하거나 조정해 가는 사고의 흐름을 포함한다. 문법을 '맞히는 것'에서 '발견하는 것'으로 전환하는 데 핵심적인 사고 도구인 것이다.

이를 위해 나는 '일반화'뿐만 아니라 이 수업 전반에 작동하는 개념으로 '규칙'과 '적용'을 함께 설정했다. 규칙은 학생들이 언어 현상을 탐색하고 구조화하는 데 필요한 인식의 틀이며, 적용은 발견한 규칙을 실제 언어생활의 다양한 맥락에 적용하고 변형해 보는 활동이다. 이 세 개념은 서로 긴밀히 연결되어 있으며, 수업의 흐름을 유기적으로 이끄는 바탕이 된다.

이 수업에서 학생들과 함께 도달하고자 하는 목표는 명확하다. 학생들이 언어 현상을 관찰하고, 그 속에서 규칙을 찾아내며, 그 규칙을 설명할 수 있어야 한다. 그리고 그러한 규칙이 모든 경우에 똑같이 적용되지 않는다는 것을 인식하고 예외를 분석하거나 조정하는 유연한 사고를 기를 수 있어야 한다. 마지막으로 이러한 일반화를 자신의 말하기나 글쓰기, 일상 언어생활에 적용해 보는 전이 경험을 통해 문법을 삶의 언어로 재구성하는 힘을 키워야 한다.

이러한 목표를 바탕으로 평가의 방향도 함께 설계했다. 학생들이 문법 지식을 이해하고 암기했는지를 묻는 대신, 어떤 조건에서 어떤 문법 현상이 발생했는지를 설명하고 자신이 도출한 규칙이 새로운 자료에서도 유효한지를 점검하며, 필요시 규칙을 조정하거나 재구성할 수 있는 사고력과 적용력을 중심으로 평가하고자 했다. 즉 문법 지식의 정확성이 아니라 사고의 흐름과 적용의 깊이, 그리고 자신의 언어생활 속에 그 개념을 끌어들일 수 있는 능력을 확인하는 것이 수업 평가의 핵심이다. 이를 위해 최종적으로 문법 현상에 대한 논술형 평가를 총괄평가로 시행하게 될 것이며, 수업 과정 전반에 대한 평가 기준은 다음과 같이 설정했다.

평가 요소 및 기준

평가 요소	평가 기준
지식·이해	학습자가 문법 개념 및 규칙에 대해 정확히 이해하고 있는지를 평가한다. 특히 개별 언어 현상을 바탕으로 문법적 개념을 명확히 설명할 수 있는지, 그리고 조건과 결과의 관계를 인식하여 문법 현상을 체계적으로 해석할 수 있는지를 중점적으로 본다.
분석·평가	문법 개념이 언어 현실 속에서 어떤 방식으로 구현되는지를 깊이 있게 분석하고, 일반화된 규칙이 적용되는 양상과 예외 상황을 비판적으로 조망할 수 있는지를 본다. 즉 단순한 지식의 적용을 넘어 문법 지식이 언어 사용 맥락에서 어떻게 작동하는지를 성찰하고 설명할 수 있는 능력이 핵심이다.
초점·구성	문법적 사고를 기반으로 한 글쓰기를 할 때, 글의 목적과 주제를 명확히 설정하고 이를 중심으로 논리적이고 일관된 구성을 완성했는지를 평가한다. 자신이 도출한 규칙이나 분석 결과를 바탕으로 주장을 전개하면서도 전체 구조 속에서 정보의 배치, 단락 간 연결, 전개의 흐름이 자연스럽고 설득력 있게 이루어졌는지를 중점적으로 살핀다.
언어 사용	학습자가 자신의 사고와 분석을 표현한 것이 문법적으로 정확하고, 상황과 독자에 적합한 어휘와 문장 표현을 사용하는지를 평가한다. 표현의 정확성뿐만 아니라 문장 구성의 유창성, 어휘의 적절성, 문체의 일관성 등을 포함해 의사소통의 목적에 부합하는 언어 전략을 얼마나 효과적으로 구사했는지를 종합적으로 판단한다.

학생들은 수업을 통해 다양한 문법 현상을 마주하게 될 것이다. 그

러나 그 현상들은 단지 용어와 분류를 암기하기 위한 것이 아니라, '왜 그렇게 쓰이는가, 어떤 의미 효과를 만들어 내는가, 그 규칙은 다른 사례에 어떻게 적용될 수 있는가'와 같은 질문을 품게 하기 위한 장치일 뿐이다. 학생들은 언어 자료를 탐색하고, 조건과 실현 양상을 분석하며, 그 안에서 스스로 규칙을 도출하고, AI 도구 등을 활용해 스스로 점검하고 조정해 나가는 흐름을 경험하게 된다.

이 과정의 끝에서 학생들에게 기대하는 것은 단순히 하나의 문법 규칙을 이해했다는 진술이 아니다. 학생들이 자신의 언어를 선택하고 사용할 때 다음과 같은 질문을 던질 수 있는 언어적 자기 성찰의 힘이다.

- 왜 나는 이렇게 말했는가?
- 이 표현이 지금 상황에 적절한가?
- 다른 표현을 썼다면 어떤 효과가 있었을까?

따라서 수업이 추구하는 최종 도달점은 학생들이 모국어 화자로서 자신의 언어 활동을 성찰하고 통제할 수 있는 주체로 성장하는 것이다. 그래서 수업의 결과를 문법 현상을 다룬 세 종류의 제시문을 주고 그에 대한 자신의 생각을 논술하는 것으로 확인하고자 한다.

이렇게 목표가 명확히 설정되었을 때, 비로소 문법 수업은 언어와 삶을 연결하는 교과로서 그 존재 가치를 증명하게 될 것이다.

결국 이 수업은 '언어 주체로서의 정체성과 국어 의식 형성'이라는 교육과정의 핵심 아이디어를 구현하기 위해 학생들이 문법 현상에서 스스로 규칙을 일반화하고, 그 규칙의 의미를 비판적으로 성찰하도록 하는 다음의 수업 설계에 따라 구체화되었다.

단원 설계

단원명	일반화를 통한 문법 탐구하기		학년	고등학교 1학년
핵심 아이디어	국어 사용자는 일상생활에서 국어 현상과 국어 문제를 탐구하고 성찰하면서 언어 주체로서의 정체성과 국어 의식을 형성한다.			
핵심 질문	[사실적 질문] • 이 문장은 어떤 문법 규칙에 따라 구성되었는가? • 이 표현은 어떤 문법적 요소가 포함되어 있는가? [개념적 질문] • 일반화된 규칙이 어떻게 다른 표현에 적용되는가? • 내가 사용하는 언어는 어떤 문법 규칙에 따라 달라지는가? [논쟁적 질문] • 문법 규칙은 절대적인가, 변화할 수 있는가?			
내용 요소		지식·이해	글과 담화에 나타난 문법 요소 및 어휘의 특성과 사용	
		과정·기능	국어 및 국어 실천 양상 분석하기 언어 규칙을 발견하여 분석하고 적용하기	
		가치·태도	언어 실천에 대한 책임감	
성취기준	[10공국2-04-02] 한글맞춤법의 원리를 적용하여 국어 생활을 성찰하고 문제를 해결한다.			

2. 개념 탐구 - 현상에서 규칙 찾기

이 수업의 핵심 개념은 '일반화'이다. 우리는 문법을 단순히 규칙을 암기하는 지식으로 다루는 것이 아니라, 언어 사용의 실제 사례에서 규칙성을 찾아내고, 이를 다양한 문맥에 적용하며 재구성하는 활동으로 접근했다. 일반화는 그러한 문법적 사고의 과정을 의미하며, 수업에서는 이를 학생들이 직접 수행할 수 있도록 구성했다.

(1) 구개음화의 경우

수업은 구체적인 언어 자료에서 출발했다. '같이 가자', '붙이다'와 같은 말을 발화해 보며, 표기와 실제 발음 사이에 차이가 있다는 점을 스스로 알아차리도록 유도한 것이다. 학생들은 '같이'를 [가치], '붙이다'를 [부치다]로 자연스럽게 발음하고 있다는 사실을 확인하면서 발음 변화의 규칙성을 인식하기 시작했다.

이때 교사는 "왜 이런 변화가 일어날까?", "이와 비슷한 사례는 또 무엇이 있을까?"와 같은 질문을 통해 학생들의 언어적 의문을 구조화된 탐구로 연결했다. 학생들은 모둠별로 발음이 변하는 유사한 자료를 수집하며 다양한 예문을 제시했다. 그 과정에서 'ㄷ'이나 'ㅌ'으로 끝나는 형태소가 'ㅣ'로 시작하는 형태소와 결합할 때 발음이 바뀐다는 점을 포착했다.

이러한 관찰을 바탕으로 학생들은 스스로 언어 규칙을 가설 형태로 정리해 보았다.

'ㄷ, ㅌ'이 모음 'ㅣ'와 결합하면 'ㅈ, ㅊ'으로 발음된다.

이후 학생들은 다양한 예시를 적용하며 자신들의 가설이 보편적으로 성립하는지를 점검했다. 이때 일부 모둠은 '잔디', '마디', '디딤돌' 등의 표현을 통해 예외를 발견했고, 그것이 형태소 경계와 관련이 있다는 점에 주목했다. 'ㄷ, ㅌ'이 모음 'ㅣ' 앞에서 'ㅈ, ㅊ'으로 발음이 변하지만, 한 형태소 내에서나 실질형태소가 결합된 구조일 때는 변하지 않는다고 규칙을 정교화해 갈 수 있게 된 것이다.

이러한 탐구의 흐름은 AI 도구를 활용한 실험으로 이어졌다. 학생들은 자신이 만든 문장을 입력해 TTS(Text-to-Speech) 기능으로 기계의 발음을 확인했다. 대부분의 경우 기계도 구개음화된 형태로 발음했으나, 간혹 형태소 경계를 무시하거나 부정확하게 처리되는 사례도 발견되었다. 이 과정은 학생들이 자신들의 가설을 더욱 정교하게 다듬고 규칙의 조건을 언어 구조 측면에서 고민해 보는 계기가 되었다.

구개음화의 원리를 이해하기 위한 활동은 자음 체계표와 모음 사각도를 활용하는 데로 이어진다. 학생들은 먼저 자음 체계표를 통해 'ㄷ'과 'ㅌ'이 'ㅈ'과 'ㅊ'으로 바뀌는 음운 변동을 관찰하며, 이 변화가 조음 위치에 따른 것임을 파악한다. 이어 모음 사각도를 살펴보며 'ㅣ' 모음이 경구개 근처에서 발음된다는 사실을 발견하고, 치조음인 'ㄷ, ㅌ'이 'ㅣ' 모음의 영향을 받아 조음 위치를 경구개음으로 이동시키는 이유를 이해하게 된다. 결국 학생들은 이 음운 변동이 발음을 보다 쉽게 하기 위한 자연스러운 조음상의 조정이라는 점을 깨닫고, 이를 바탕으로 이 현상의 이름이 '구개음화'임을 스스로 도출하게 된다.

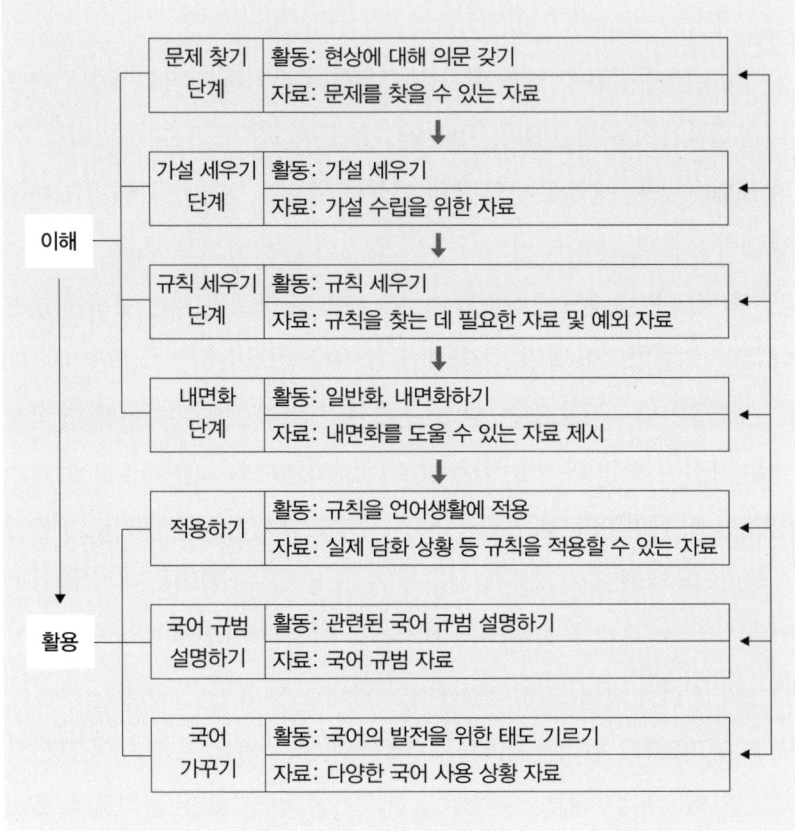

이해를 위한 문법 개념기반 탐구학습의 과정

또한 한글맞춤법 2절 6항의 구개음화와 관련된 원칙과 표준발음법 제17항의 규범을 통해 자신의 가설이 성립하는지를 확인하고, 이를 바탕으로 실질적인 규범을 도출해 내도록 했다.

결국 학생들은 구개음화 현상이 단순한 자음의 변화가 아니라, 형태소 결합의 조건 속에서 특정한 음운 환경에서만 일어나는 규칙임을 이해하게 되었다. 규칙 도출, 예외 탐색, 조건 보완, 적용 및 점검이라는 일련의 탐구 과정은 문법 지식을 암기하는 것이 아니라 스스로의 언어 능력으로 해석하고 구성하는 활동으로 자리매김했다. 이 과정에서 AI 도구는 자료를 찾고 규칙을 점검하는 도구로 유용하게 사용되었다.

(2) 높임 표현의 경우

높임법을 수업할 때도 마찬가지다. 학생들에게 먼저 일상에서 자주 접할 수 있는 자연스러운 문장과 어딘가 어색하거나 낯선 느낌을 주는 문장들을 제시했다.

예를 들어, 높임 표현 수업에서는 '할머니께서 진지를 드셨습니다.'와 '할머니가 밥을 드셨습니다.'를 비교하게 했고, '할아버지께서는 귀가 밝으시다.'와 '고객님, 주문하신 커피 나오셨습니다.'를 비교하게 했다.

이때 높임법을 이론적으로 먼저 설명하지 않았다. 오히려 학생들이 낯섦과 친숙함 사이의 경계를 감각적으로 느끼고, 그 이유를 스스로 찾아내도록 유도했다.

- 이 문장에서 어떤 요소가 다르게 느껴지나요?
- 이 표현은 어떤 상황에서 쓰일까요?
- 두 문장에 나타난 공통점은 무엇이고, 차이점은 무엇일까요?

이러한 질문은 단순한 확인이 아니라 개념을 형성해 가는 사고의 도구였다. 학생들은 언어 자료를 분류하고, 조건을 찾아내고, 결과를 예측하며 점차 자신만의 분석 틀을 갖춰나갔다. 예를 들어, '높이고자 하는 대상에 따라 표현 방법이 달라진다.'라는 식의 규칙을 도출하거나, '사람을 높이기 위해 그 사람의 소유물을 높이기도 한다.'라는 식의 일반화를 제시하기도 했다.

이러한 탐구 과정에서 중요한 것은 학생들이 만든 개념이 교과서의 용어와 꼭 일치하지 않더라도, 사고의 구조가 형성되고 있느냐는 점이었다.

이때 교사는 학생들이 만들어 낸 규칙의 언어를 존중하고, 그것을 교과 개념과 연결해 주는 역할을 맡는다. "그 말은 우리가 말하는 상대 높임 표현에 해당해.", "그 규칙은 주체를 높이기 위한 간접 높임이야."와 같이, 학생의 언어를 학문적인 언어로 옮겨주는 작업은 학생의 사고를 가르침으로 확장하는 가장 중요한 순간이었다.

이후 학생들은 교과서 외의 언어 자료(광고 문구, 유튜브 자막, 뉴스 기사 등) 속에서 높임법이 사용된 다양한 사례를 직접 수집했다. 예컨대, "고객님, 결제 도와드릴게요.", "어머님, 이리 앉으세요."처럼 일상 언어와 미디어 속 높임 표현을 탐색하고 이를 비교하고 분석하면서 공통적인 문법적 특징과 표현의 적절성을 스스로 찾아내게 했다.

이러한 활동은 '조건-결과'의 형태로 일반화 규칙을 도출하는 것으로 이어진다. 학생들은 '상대방이 높여야 할 존재일 때에는 주어를 높이거나 듣는 상대를 높이는 표현을 사용한다.'와 같은 조건-결과 구조로 언어 인식을 정리하게 된다. 이때 교사는 학생들이 도출한 일반화 규칙을 함께 점검하고 적절성 여부를 토론하게 한다.

다음 단계에서는 일반화된 규칙이 모든 언어 상황에 완벽히 적용되지 않는다는 점을 확인하기 위한 '예외 찾기' 활동을 수행했다. 예컨대, "고객님, 주문하신 아메리카노 나오셨습니다."라는 문장은 겉으로 보면 주체를 높이기 위한 간접 높임인 것 같지만 왜 순화의 대상이 되는 언어인지를 탐색하면서, 문법 규칙은 고정된 법칙이 아니라 담화 상황, 표현 의도, 문화적 맥락 등에 따라 다양하게 변형된다는 사실을 깨닫게 된다.

마지막으로는 실제 언어 사용에 문법 개념을 적용해 보는 활동을 수행한다. AI 기반 문법 검사기나 챗봇, 자동 생성 문장 등의 디지털 도구를 활용하여 스스로 문장을 만들어 보거나, 다양한 담화 상황에서 어떤 높임 표현을 사용할지 판단하는 시뮬레이션 활동을 진행했다.

이처럼 문법 개념을 탐구하는 수업은 단순히 개념의 암기에 그치는 것이 아니라, 일상에서 접할 수 있는 다양한 언어 자료에 대한 관찰, 비교, 일반화, 예외 인식, 적용 과정을 통해 문법 개념을 살아 있는 지식으로 이해하게 만드는 것이었다. 또한 학생들이 언어 사용자로서의 인식을 키워갈 수 있도록 이끌어 주는 것이었다.

3. 전이 - 규칙을 삶에 적용하기

개념 탐구를 통해 문법 지식을 이해하고 구조화했다면, 이제는 이를 바탕으로 자신의 실제 언어생활을 돌아보고 문법 지식이 언어 현실에서 어떻게 작동하는지를 스스로 점검해 볼 차례이다. 이를 위해 학생들에게 세 가지 수행 과제를 제시했다. 각각의 과제는 문법 지식을 쓰기, 읽기, 비판적 사고 등 다양한 언어 활동과 접목하여 언어 주체로서의 실천적 태도를 함양하는 데 목적이 있다.

첫 번째 과제에서는 띄어쓰기의 불편함에 대한 칼럼을 읽고, '띄어쓰기'라는 문법 지식이 왜 필요한지를 자신의 입장에서 성찰하고 설득력 있게 서술해 보게 했다. 단순한 암기가 아니라, 띄어쓰기가 실제로 우리 삶에 어떤 영향을 주고 있으며, 그것이 과연 개선되어야 할 것인지에 대해 스스로 판단하게 함으로써 문법 지식과 언어 윤리의 접점을 찾는 계기가 되었다.

두 번째 과제에서는 '야민정음' 사용 현상을 탐구하고, 이러한 표현 방식이 한글의 창의적 변형으로서 수용 가능한지, 아니면 언어 파괴로서 비판받아야 하는지를 비판적으로 사고하게 했다. 특히 야민정음이 음운을 기준으로 철자 체계를 바꾸어 만든다는 점에서, 음운 규칙과 글자 구조에 대한 지식이 없다면 해석조차 어렵다는 사실을 깨닫게 했고, 문법 지식이 세대 간 소통이나 언어공동체의 유지에 어떤 역할을 하는지를 논의할 수 있었다.

세 번째 과제에서는 사물 높임에 대해 살펴보고, 이를 잘못된 것이 아니라 간접 높임의 확대로 받아들이자는 칼럼을 읽고 이에 대해 문법적 지식을 바탕으로 설명하며 대안을 제시하는 활동을 수행했다. 실제 언어생활에서의 문제점을 문법 개념을 통해 분석함으로써 문법 지식이 실천적 언어 사용과 직결되는 도구라는 점을 인식하도록 했다. 또한 오류를 지적하는 데 그치지 않고 공감과 설득의 방식으로 표현을 구성하도록 유도하여 문법 수업의 인문학적 확장을 시도했다.

이러한 수행 과제들을 통해 학습자는 문법 지식이 시험 문제 풀이를 위한 도구가 아니라 삶의 언어를 성찰하고 실천하는 힘이 될 수 있음을 체험하게 되었으며, 나아가 문법 지식을 비판적이고 실용적으로 활용하는 문식성을 함양할 수 있었다.

제시한 학습지와 질문

1. 다음 글을 읽고 물음에 답하시오.

[우리 말글 나들이] 세로쓰기와 맞춤법의 불편함 견줘보기
그런데 여기서 제가 방금 띄어쓰기를 하겠다고 했습니다. 그러자면 어디서 띄어쓰기를 해야 하는지 알아야 합니다. 즉 띄어쓰기에 대한 '앎'이 있어야 합니다. 이 앎은 그냥 생기지 않습니다. 공부해야 합니다. 어느 정도 공부해야 할까요? 엄청 많이 해야 합니다. 그리고 대한민국 국민 중에서 이 띄어쓰기를 정확히 수행할 능력이 있는 사람은 몇백 명 정도에 지나지 않을 겁니다. 그만큼 띄어쓰기는 우리에게 어렵습니다. 아닌가요? 아니라면 천만다행입니다만, '나는 띄어쓰기를 모두 잘할 수 있다'고 선언할 분이 이 글을 읽으시는 분들 중에서는 없을 것이라고 저는 확신합니다. 국어 교사로 30년을 지낸 저부터가 가끔 띄어쓰기가 알쏭달쏭하고 또 틀리기도 하거든요. 국어 시간에 많이 시험 치렀던 다음 문장의 차이를 보시지요.

나는 너만큼 키가 큰 편이다. / 나는 할 만큼 나름대로 다 했다.

'만큼'의 성격은 그 모양에 있지 않습니다. 이것이 문장의 어느 곳에 자리 잡느냐에 따라서 품사가 바뀝니다. 앞의 '만큼'은 토씨이고, 뒤의 '만큼'은 이름씨(의존명사)입니다. 아마 이 때문에 국어 시간에 골머리깨나 앓았고, 또 시험 보다가 많이 틀렸을 것입니다. 이런 골치 아픈 일은 교착어인 우리말에서 굴절어에 적합한 띄어쓰기를 택한 결과로 일어난 일입니다.

물론 띄어쓰기를 하면 뜻이 확 들어오고 좋습니다. 그러나 그 띄어쓰기를 글을 쓸 때마다 신경 써야 한다면 한번 생각해 보아야 합니다. 띄어쓰기를 하지 않을 때 생기는 '마음 편함'과 띄어쓰기를 할 때의 '조심스러움' 중에서 어느 쪽이 우리에게 더 편한지를 말입니다. 오늘날의 맞춤법은 '마음 편함'보다 '조심스러움'을 택한 것입니다. 그래서 한 글자 한 글자를 쓸 때마다 압정이 뿌려진 방바닥을 디뎌야 하는, 살얼음 밟듯이 해야 하는 상황을 마주하게 된 것입니다.

저에게 선택권이 주어진다면 '조심스러움'보다 '마음 편함'을 택했을 것 같습니다. 뜻을 전달하는 기능을 지닌 글 따위를 쓰는 데 날마다 살얼음 밟듯이 해야겠어요? 저는 몹시 불편합니다. 하지만 저에게는 그런 선택권이 없습니다. 그래서 이 순간에도 띄어쓰기와 맞춤법에 맞는지 어떤지를 걱정하면서 한 문장 한 글자를 써나갑니다. 저의 괴로움을 누구에게 하소연해야 할까요? 저는 그냥 옛날처럼 띄어쓰기 없이 주욱 이어 썼으면 좋겠습니다.

띄어쓰기를 설명할 때마다 인용되는 문장이 있습니다. '아버지가방에들어가신다.'라는 말입니다. 이걸 읽고 아버지가 가방에 들어가신다고 생각할 사람이 과연 있을까요? 이런 설명은 띄어쓰기의 이점을 주장하는 데 아무런 도움이 되지 않습니다. 만약에 설명대로 아버지가 가방에 들어가실까 봐 걱정된다면 뜻을 헛갈리게 만드는 토씨인 '가'를 생략하거나 헛갈리지 않는 다른 말로 쓰면 됩니다. 이렇게 말이죠.

아버지방에들어가신다. / 아버지께서방에들어가신다.

이러면 뭐가 문제가 된단 말입니까? 띄어쓰기할 때 이점이 있고, 안 할 때의 이점이 있습니다. 어느 쪽이 더 이로우냐가 선택의 기준이 되어야 합니다. 문자가 반드시 뜻을 정확하게 드러내야 하며, 그러자면 어떤 희생도 감수해야 한다고 믿는 것은, 삶의 고단함을 몰라서 하는 소리입니다. 그따위 글자는 살아가는 사람이 편하게 하려고 존재하는 것입니다. 그 편함을 넘어선 '앎'은 굵어부스럼입니다.

'굵어부스럼'은 띄어 써야 할까요? 이어 써야 할까요? 바로 이런 고민이 띄어쓰기의 맹점을 또렷이 보여주는 일입니다. 답은 국어 선생님께 여쭤보시기 바랍니다. 아니면 네이버 지식인에게 물어보시든지…….

출처: 충청매일(정진명 시인. 2021.4.11.)

위의 기사 내용을 바탕으로 띄어쓰기를 하는 이유를 설명하고, 과연 띄어쓰기가 필요할까에 대한 자신의 생각을 밝히시오.

2. 다음 글을 읽고 물음에 답하시오.

[한글날 기획] 한글 망치는 '야민정음(野民正音)'을 아시나요?

1446년, 세종대왕께서 세상에서 가장 과학적이고 배우기 쉬운 한글을 만들어 반포하셨기에 21세기 대한민국이 ICT 강국으로 도약할 수 있었다. 하지만 모든 것은 변하고, 진화 또는 퇴보하게 마련이다.

한글 또한 마찬가지다. 최근 젊은이들 사이에서 쓰이는 우리 말은 더 이상 세종대왕이 만든 '훈민정음(訓民正音)'이 아니다. 10~20세대, 'Z세대'이자 '밀레니엄 세대'가 소통의 효율성과 스피드를 위해 사용하는 한글은 '야민정음(野民正音)'이다.

◆ 야민정음 표기: '멍멍이'→'댕댕이', '폭풍눈물'→'롬곡옾눞'

야민정음은 유명한 국내 인터넷 커뮤니티 사이트인 '디시인사이드'의 '국내야구 갤러리'의 '야'와 '훈민정음'의 '민정음'을 붙인 합성어다. 2015년 무렵부터 국내 야구 갤러리에서 비슷한 글자들을 서로 바꾸어 쓰면서 본격적으로 시작되었다.

기존 신조어들이 긴 단어를 줄여서 사용했다면, 야민정음은 뜻과 무관하게 글자 모양을 변형하는 것이 특징이다. '대→머', '파→과'처럼 비슷한 글자를 서로 바꾸는 것부터 글자의 회전, 압축, 한자 및 로마자를 사용해 단어를 변형하는 것이다. 예를 들어 '멍멍이'는 '댕댕이'가 되고 '폭풍눈물'은 글자를 뒤집고 순서를 바꿔 '롬곡옾눞'이 된다.

'야민정음'은 앞서 등장한 '급식체'와 함께, 10대들 및 특정 커뮤니티에서 시작되었지만, 이제는 TV 예능 프로그램에도 자주 등장할 만큼 대중화됐다. 신조어를 아느냐 알지 못하느냐는 잘 노는 사람과 놀지 못하는 사람, 요즘 사람과 옛날 사람을 나누는 기준이 되고 있는 것이다.

◆ 급식 먹는 10대 언어, 급식체 … 고도의 압축

급식체는 급식을 먹는 세대, 즉 10대들이 사용하는 문체라고 해서 붙은 명칭이다. 초·중·고생 사이에서 유행하기 시작한 이 신조어는 '만반잘부(만나서 반가워. 잘 부탁해)'처럼 문장이나 단어를 줄이는 형태가 보통이다. 또 '오지고~ 지리고~ 렛잇고'처럼 의미적 연관성은 없지만 발음이 비슷한 단어를 연이어 쓰는 형태나 'ㅇㄱㄹㅇㅂㅂㅂㄱ'처럼 초성만 사용해 말하는 형태까지 다양하다.

1990년대 PC통신 상용화와 함께 등장한 신조어는 각종 커뮤니티와 온라인 채팅사이트를 기반으로 급속도로 발전했다. 그 시대 '하이루', '안냐세여' 같은 신조어에서 출발해 2000년대 들어서면서 '~족'처럼 특정 집단을 묶어서 부르기도 하고, '문송합니다(문과여서 죄송합니다)' 등 시대 상황을 반영하는 줄임말 형태로도 발전했다.

스마트폰이 대중화되고 소셜미디어와 모바일 메신저가 일상에 깊이 자리 잡으면서 신조어는 1020세대뿐 아니라 3040세대에까지 전파됐다. 그 범위가 넓어짐에 따라 다양한 형태의 신조어들이 탄생하게 됐는데, 대표적인 것이 최근 유행하는 신조어 '급식체'와 '야민정음'인 것이다. 이제 온라인 신조어는 젊은 세대들에게 하나의 놀이문화이자 중요한 소통 수단으로 정착됐지만, 한편으로는 한글의 정체성을 훼손하고 세대 간 소통 단절을 부른다는 우려가 크다.

야민정음, 급식체 대화
철수: 어제 BTS 정국 사진 봤냐? 완전 팬아저 아니냐

> 영희: ㄹㅇ 진짜 커엽...ㅠㅠㅠ 진짜 세젤멋이야...오빠...
> 철수: 오빠라니? 니가 나이 더 많아
> 영희: ^^팩폭금지;
>
> **해석**
> 철수: 어제 BTS 정국 사진 봤냐? 완전 팬 아니어도 저장할 것 같지 않냐
> 영희: 리얼 진짜 귀여워 ㅠㅠㅠ 진짜 세상에서 제일 멋져 오빠
> 철수: 오빠라니? 니가 나이 더 많아
> 영희: ^^팩폭(팩트 폭력, 반박할 수 없는 사실로 충격을 주는 것) 금지;
>
> 출처: 뉴스투데이(이상호 기자, 2019.10.9.)

대기업인 팔도는 자사의 인기 제품인 '비빔면' 출시 35주년을 맞아 '팔도 네넴띤'을 내놓았다. 이렇듯 야민정음이 인터넷을 넘어 우리 생활 속에서도 일반화되고 있는데, 위의 기사 내용을 바탕으로 이러한 표기를 우리나라의 맞춤법 체계를 바탕으로 분석하고, 이를 창의성의 영역으로 보고 허용할 것인지, 교육을 통해서 개선해 나가야 할 문제점으로 볼 것인지에 대한 자신의 생각을 쓰시오.

3. 다음 글을 읽고 물음에 답하시오.

> **[우리말 톺아보기] '사물 높임'은 잘못된 용어**
> "쌤, 옷이 너무 예쁘시네요", "찾으시는 커피 있으세요?" 누리꾼들이 사회적 소통망(SNS) 트위터에서 쓴 말들이다. 앞은 '간접 높임'의 보기고, 뒤의 예는 이른바 '사물 높임'의 보기다. 간접 높임은 주어 명사구의 사물을 통해 소유주를 높일 때 쓰는 경어법으로서 사용에 문제가 없다. 반면, 사물 높임은 물건을 높이는 말이기 때문에 절대 써서는 안 된다고 국어 관련 기관이나 단체에서 홍보한다.
> 　사실 '옷이 예쁘시다'나 '커피가 있으시다'는 문장 구조에서 차이가 없다. 주어 자리의 사물 '옷', '커피'를 높이려 한 것도 전혀 아니다. 대화 상대방 '사람'을 높

이기 위해 '-시-'를 붙였다. 유명한 표현 '고객님, 주문하신 커피 나오셨습니다' 또한 '고객님'을 최대로 공손히 대우하기 위해 쓴 말이다.

결국 '사물 높임'이라는 용어는 '계단은 왼쪽에 있으세요'와 같은 말이 잘못된 표현이라고 강조하는 셈이다. 그런데 손님에게 '-시-'를 빼고 그냥 '있어요'라고 말하면 높임 정도가 낮게 느껴져서 어색하다. 이런 문장에서만 일상생활에서 잘 쓰지 않는 딱딱한 하십시오체 '있습니다'를 쓰기가 쉽지 않다. 부드러운 해요체와 함께 '-시-'를 이용하여 더 공손하게 높여 대우하기 위해서는 '있으세요'를 어쩔 수 없이 써야 한다.

사물 높임이라는 말은 달리 '백화점 높임말'로 부르는데, 백화점 같은 서비스 영역에서 널리 퍼지기 시작한 점에서다. 카페, 병원, 통신사 대리점 등을 거쳐 개인들 사이에서도 '행복한 새해 되세요'나 '항상 수고가 많으세요'처럼 자연스럽게 잘 쓰인다. 중세국어에도 있었던 간접 높임이 크게 확대된 결과다. 이제 '사물 높임'이라는 잘못된 용어를 버리고, 간접 높임의 확대 쓰임을 인정해야 할 때다.

출처: 한국일보(이정복 교수, 2019.1.4.)

우리말의 높임법 실현 양상을 설명하고, 특히 위의 기사 내용을 바탕으로 간접 높임에 대한 설명과 함께 사물 높임에 대한 자신의 생각을 밝히시오.

3번 물음에 대한 학생 예시 글

우리말의 높임법은 상대방을 존중하거나 대우하는 마음을 언어로 표현하는 방법이다. 크게 주체 높임, 객체 높임, 상대 높임으로 나눌 수 있다. 주체 높임은 문장의 주어가 되는 사람을 높이는 것이며, 주로 선어말 어미 '-시-'나 높임 조사 '-께서' 등을 사용한다. 객체 높임은 서술어의 목적어나 부사어가 되는 대상을 높이는 방식으로, '드리다' 같은 특수 어휘나 '-께'와 같은 조사를 쓴다. 상대 높임은 말하는 사람이 듣는 이를 어떤 높임 단계로 대우하는지 나타내는 것으로, '하십시오체, 해요체, 해체'와 같은 종결 어미를 통해 실현된다.

이 중 '간접 높임'은 주어가 사물이라도 그 사물의 소유자나 관련된 사람을 높이는 방식이다. 예를 들어 '쌤, 옷이 예쁘시네요.'라는 문장에서 '옷' 자체를 높인 것이 아니라 그 옷의 주인인 선생님을 높인 것이다. '찾으시는 커피 있으세요?'나 '고객님, 주문하신 커피 나오셨습니다.'도 마찬가지로, 사물에 '-시-'를 붙였지만 실제로는 그 사물과 관계된 사람을 공손히 대우하려는 의도가 담겨 있다.

기사에서는 이를 '사물 높임'이라고 부르며 잘못된 표현으로 단정하는 것은 옳지 않다고 말한다. 실제로 '계단은 왼쪽에 있으세요.'와 같이 '-시-'를 빼면 높임 정도가 낮아져 어색하게 느껴질 수 있고, 부드러운 해요체와 함께 '-시-'를 쓰면 자연스럽게 공손함을 높일 수 있다. 이러한 표현은 백화점, 카페, 병원 같은 서비스 현장에서 널리 퍼졌고, 개인 간의 일상 대화에서도 '행복한 새해 되세요', '수고가 많으세요'처럼 쓰인다. 이는 중세국어 시기에도 존재했던 간접 높임이 현대에 와서 크게 확대된 결과다.

나 역시 '사물 높임'이라는 표현이 실제 언어 현실을 충분히 반영하지 못한다고 생각한다. 표면적으로는 사물에 '-시-'를 붙였지만, 실제 의도는 사람을 높이는 것이기 때문이다. 따라서 이를 단순히 잘못된 표현으로 금지하기보다, 간접 높임의 한 형태로 이해하고 상황에 맞게 사용하는 것이 바람직하다. 다만, 사람과 전혀 관련이 없는 사물이나 자연현상에까지 과도하게 사용하는 것은 피해야 하며, 공식 문서나 격식 있는 자리에서는 적절한 격식체를 쓰는 것이 좋다.

4. 성찰 - 나의 언어생활을 비춰주는 국어 문법

수업 마지막 단계에서 학생들은 지금까지의 탐구와 전이 활동을 되짚으며, 그 속에서 자신이 어떤 질문을 품었고 어떤 의미를 발견했는지 성찰하는 시간을 가졌다. 처음에는 '문법'이라는 말이 주는 딱딱하고 어려운 인상이 대부분이었다. 특히 문법은 단순히 규칙을 외우고 예외를 암기하는 수동적인 학습이라는 인식이 강했다. 그러나 이 수업을 통해 학생들은 문법이 곧 언어 속에서 질서를 찾아내고 그 질서를 자신이 직접 구성해 보는 과정임을 체득했다.

학생들은 특히 '일반화'라는 개념을 통해 문법은 암기가 아니라 탐구의 대상이며 언어의 패턴을 발견하고 적용하는 사고의 과정임을 알게 되었다고 말한다. 규칙을 찾고 예외를 살펴보며 다시 규칙을 다듬는 흐름은 과학의 탐구와도 닮아 있었고, 그 과정에서 언어에 대한 인식이 훨씬 입체적으로 바뀌었다. 단어를 읽고 쓰는 일이 곧 그 안의 구조를 꿰뚫어 보는 일이 되었다는 점에서, 자신이 더는 문법에 수동적인 소비자가 아니라 의미를 발견하고 구성하는 능동적 언어 사용자가 되었다는 자각이 생겼다고 했다.

또한 전이하기 과제를 통해, 문법 지식이 실제 언어생활의 문제 해결에 도움이 될 수 있다는 점을 발견한 것도 큰 수확이었다. 잘못된 띄어쓰기를 비판할 수 있는 언어 감수성, 신조어와 언어 파괴에 대한 균형 있는 시선, 흔히 사용하는 사물 높임이나 지나친 간접 높임의 확대에 대한 분석적 접근은 모두 문법 지식을 실제 삶과 연결한 결과였다.

이러한 경험을 통해 학생들은 문법 수업의 목적은 규칙을 아는 데 그치는 것이 아니라, 자신의 언어생활을 스스로 돌아보고 더 나은 소통을 위해 언어를 비판적으로 성찰하는 데 있다는 점을 이해하게 되었다. 한 학생은 "문법이 머릿속의 교과서가 아니라, 언어를 탐험할 수 있는 지도처럼 느껴졌다."라고 표현하기도 했다.

결국 '성찰' 단계는 학생들이 언어를 보는 시선과 자신을 보는 시선을 동시에 확장하는 시간이었다. 문법은 더 이상 따로 배우는 지식이 아니라, 언제든 현실에서 꺼내 쓸 수 있는 사고 도구이자 표현의 기반이라는 인식이 학습자의 내면에 뿌리내리기 시작한 것이다.

학생들의 실제 소감

수업을 통해 알게 된 것 중 가장 기억에 남는 것은?
수업 시간에 선생님이 언급했던 사례들 중, (1) 앞 음절이 ㅎ으로 끝날 때, 뒤에 모음이 오면 ㅎ 탈락으로, 자음이 오면 자음군 단순화로 취급한다는 내용
(2) 숟가락과 젓가락의 어원과 표기에 관한 내용('숟가락'은 '술+가락'이 결합된 말, '젓가락'은 '저+가락'이 결합된 말이다. 한글맞춤법 제29항에 따라 끝소리가 'ㄹ'인 '술'과 딴말 '가락'이 결합하면서 사이시옷이 개입되어 '술'의 'ㄹ'이 'ㄷ'으로 소리 나므로 '숟가락'으로 적는다. 한글맞춤법 제30항에 따르면 순우리말로 된 합성어로서 앞말이 모음으로 끝난 경우 뒷말의 첫소리가 된소리로 나는 것은 사이시옷을 받치어 적는데, 고유어 '저'와 '가락'이 결합해 [저까락/젇까락]으로 소리 나므로 '젓가락'으로 적는다.)이 기억에 남는다. 구체적인 문법 현상을 배우며 정확한 개념의 이해와 적용을 유도할 수 있었다.

본인이 가장 중점을 두고 수업에 참여한 부분은?
개념 학습+사례/예시 습득 및 적용+복습
단순히 문법 규칙을 암기하는 것을 넘어, 복잡한 언어 현상에 숨겨진 원리와 체계를

탐구하는 데 중점. 겉으로 드러나는 언어 현상과 문법 규칙 간의 관계에 대해 '질문
+주어진 개념'을 비판적으로 검토하며 논리적 타당성을 확인하는 과정에 참여

수업을 통해 알게 된 것, 성장한 부분은?
언어는 단순한 의사소통 도구를 넘어, 인간의 사고와 세계관을 반영하는 복잡하고
역동적인 시스템! 현상을 다각도로 바라보고 맥락 속에서 이해하는 시야를 넓히고,
사고의 유연성과 논리적 통찰력 함양에 밑거름!

수업을 통해 알게 된 것 중 가장 기억에 남는 것은?
간접 높임에 관한 수업에서 '찾으시는 커피 있으세요'와 같이 사물 높임의 사용이 옳
은가 아닌가를 다루었던 수업이 가장 기억에 남습니다. 카페나 백화점에 가면 이런
말들을 흔히 들을 수 있었는데, 이 말이 현대 국어 문법에서는 있는 표현이 아니라는
것을 수업을 통해 알게 되었습니다.

본인이 가장 중점을 두고 수업에 참여한 부분은?
저는 언어 체계 자체를 정확하게 이해하는 것에 가장 큰 중점을 두었습니다. 단순히
문법 규칙이나 언어 개념을 암기하는 것이 아니라 각각의 언어 요소가 어떤 원리와
구조로 이루어졌으며, 높임 표현과 같은 개념을 정확하게 이해하여 일상생활에서 올
바르게 사용하려고 하였습니다. 수업을 들으면서 잘못 이해하고 있는 부분을 다시
익히면서 더 정확하고 올바른 언어 능력을 기르려고 노력하였습니다.

본인이 가장 중점을 두고 수업에 참여한 부분은?
저는 '음운의 변동' 단원에 가장 중점을 두고 수업에 참여했습니다. 특히 음운 변동
의 네 가지 유형인 교체, 탈락, 첨가, 축약의 원리를 실제 예시를 통해 분석하는 활동
에 깊은 관심을 가졌습니다. 단순히 개념을 암기하는 데 그치지 않고, '된소리되기'나
'자음동화', '구개음화' 등이 언제, 어떤 조건에서 발생하는지를 문법적으로 분석해 보
며 학습했습니다. 예를 들어 '밟고'는 [발꼬]로 발음되지만 '밟는다'는 [밤는다]가 된다

는 점에서, 받침 'ㄾ'의 발음 변화가 상황에 따라 다르게 나타난다는 점을 이해하고 정리하려고 노력했습니다. 특히 '홑이불'이 [혼니불]이 되는 예시처럼 구개음화가 일어나지 않는 조건을 파악하면서, 실질형태소와 형식형태소의 구분에 대해서도 깊이 고민해 보게 되었습니다. 이런 과정을 통해 저는 단순히 결과적인 발음만을 익히는 것이 아니라, 언어가 왜 그렇게 변화하는지, 그 구조적 원인과 규칙은 무엇인지를 탐구하는 데 중점을 두었습니다. 수업 외에도 Rolling Ress 블로그에서 정리된 내용을 찾아 읽으며, 중세국어의 반치음(ㅿ)이나 순경음 비읍(ㅸ)의 잔재가 현대 국어에 어떻게 남아 있는지까지 연개해 학습했습니다. 이러한 집중 학습 덕분에 음운 변화가 단순한 예외가 아니라 언어의 체계 속 필연적 현상임을 체감할 수 있었고, 국어 문법에 대한이해의 깊이도 한층 더 높아졌습니다.

수업을 통해 알게 된 것, 성장한 부분은?
수업을 통해 국어 문법에 대한 구조적인 사고력이 크게 성장했습니다. 이전에는 '품사'나 '문장 성분' 같은 문법 개념들을 단순히 외워서 문제를 푸는 데 그쳤다면, 이번 수업을 통해 문법 요소들이 문장 속에서 어떻게 기능하고 연결되는지를 깊이 있게 이해하게 되었습니다. 특히 형태소 단위로 단어를 분석하는 활동에서, 어근과 접사가 결합하면서 의미와 기능이 어떻게 변하는지를 스스로 분해하고 조립해 보는 과정을 통해 언어의 규칙성과 창조성을 동시에 느낄 수 있었습니다. 예를 들어 '먹는다', '먹이다', '먹을까'처럼 하나의 어근이 다양한 문법 형태로 변형되는 양상을 분석하면서, 동사의 활용과 문법적 의미 변화를 문장에 적용해 보는 힘이 길러졌습니다. 또한 문장 성분과 문장 구조 분석 활동을 하며 주어, 목적어, 서술어의 자릿수에 따라 문장의 형태가 달라지고, 필수 성분과 부속 성분의 기능을 구별해야 의미가 명확히 전달된다는 것을 깨달았습니다. 이는 글쓰기 능력과 독해 능력 모두에 영향을 주었고, 일상에서 사용하는 문장 하나하나를 더 비판적으로 바라보는 계기가 되었습니다. 이처럼 수업을 통해 저는 국어 문법을 단순한 지식이 아닌 의사소통의 구조를 해석하고 표현하는 도구로 인식하게 되었고, 그 과정에서 사고력과 언어 감수성이 모두 자라났다고 느낍니다.

교사를 위한 실천 팁

1. **문법 개념어는 학생 언어에서 출발한다**

   학생이 도출한 규칙을 먼저 학생 자신의 말로 표현하게 하고 이후 교과서 용어나 실제 규범이랑 연결해 준다. 이렇게 하면 학습자가 개념어를 '외부에서 주어진 지식'이 아니라 '내가 발견한 지식'으로 인식하게 된다.

2. **'예외'는 부정이 아닌 확장의 기회로 다룬다**

   예외 사례를 발견했을 때 학생이 틀렸다고 단정하기보다 왜 예외가 발생했는지 조건을 다시 설정하도록 유도하면 문법 규칙의 탄력성과 맥락성을 자연스럽게 이해한다.

3. **AI 도구를 자료 수집을 위한 도구나 보조자로 활용한다**

   다양한 사례를 찾도록 하거나 가설을 검증하기 위한 차원에서 규칙이 기계적으로 적용되는 방식과 실제 언어 사용의 차이를 비교하게 하는 등 보조적인 도구로 쓰면 학생들이 노력을 덜 들이고 시간을 오롯이 탐구에 쓸 수 있다.

4. **생활 맥락과 연결되는 문법 사례를 상시 수집한다**

   교사가 평소에 광고, 뉴스, SNS에서 발견한 언어 사례를 모아두었다가 수업 때 활용하면 학생들이 '문법이 내 일상과 맞닿아 있다'는 감각을 쉽게 갖게 된다.

수업 사례 3

핵심 개념을 중심으로 성장소설 깊이 읽기

우경란

목표 정하기	개념 탐구하기
전이하기	성찰하기

수업 개요

"1학년들 너무 귀엽지 않아요? 안전교육 영상을 보는데도 깔깔 웃으면서 열심히 보고 있어요. 그런데 2학년만 돼도 안 그러잖아요. 1년 사이에 무슨 일이 일어나는 걸까요?"

3월의 교무실에서는 꼭 이런 이야기가 오고 간다. 중학교 1학년의 귀여움에 감탄하다가, 그렇지 않은 2학년과 비교하게 된다. 또 1학년들은 "발표하고 싶은 사람 있어요?"라고 물으면 앞다투어 손을 들고, 어떤 활동을 시키든 "이거 성적에 들어가요?"라고 묻지 않고 열심히 한다(대신 결과물은 어설프다). 그런데 1년이 지나면 뭔가 달라진다. 호기심으로 가득한 눈빛은 약해지고, 누군가는 반항기 어린 사춘기 중학생으로, 누군가는 선생님의 입장도 헤아리는 '애어른' 같은 학생으로, 누군가는 학업에 부담을 느끼는 대한민국 청소년으로 변해 간다. 중학교 1학년은 참 변화가 많은 시기다.

어린이날을 맞아 중학교 1학년 학생들에게 "너희는 어린이니, 청소년이니?"라고 물었다.

그랬더니 절반쯤이 자신을 어린이라고 생각하고 있었다. 나는 이 결과가 조금 놀라웠다. 중학생들은 당연히 스스로를 청소년이라고 생각할 줄 알았고, '어린이'라고 하면 어린애 취급한다고 싫어할 줄 알았다. 그런데 오히려 오랫동안 어린이이고 싶어 하는 학생들을 보며(방정환 선생님께서 '인생 삼분의 일은 어린이'라고 했으니 적어도 서른 살까지는 어린이라며), 중1의 마음속에는 성장에 대한 두려움, 성장을 지연시키고 싶은 바람도 존재한다는 걸 알게 되었다.

그렇다고 해서 학생들이 언제까지나 성장을 미루며 키덜트로 자라도록 내버려둘 수는 없는 일이다. 언젠가는 그들도 성장에 직면하여 어른이 되어야 한다. '성장소설'은 청소년이 성장에 직면하는 과정에서 완만하게 착지할 수 있도록 완충 작용을 한다. 자기 경험을 꺼내어 객관적으로 성찰하기는 부담스러우니, 소설 속 허구의 인물들을 따라가며 성장을 대리 체험해 보는 것이다. 소설 속에서 어려움을 겪으며 성숙해 가는 등장인물을 보면서 성장이 무엇인지 깨닫고, 나아가 그들의 성장을 모방해 본다면 더 좋은 일이다.

어차피 중1 국어 교과서에 '성장소설'이 나오기도 하지만, 이번에는 새삼스럽게 '성장'에 대해 깊이 생각해 보는 문학 수업을 해보고 싶었다. '성장'이라는 추상적인 개념을 작가는 작품 속에서 어떻게 삶의 경험으로 구체화하고 있는지 살펴보며 수업을 계획하기 시작했다. 사실 모든 소설은 인간의 성장을 다룬 성장소설이라고 할 수 있지만, 여기서는 청소년기의 성장을 다룬 '청소년 소설'과 동의어로 사용한다.

또 다른 목표는 학생들의 '감상문'을 '비평문'으로 업그레이드하는 것이다. 책을 읽고 느낀 점을 쥐어짜는 '감상' 대신 작품 속에서 근거를 들어 '비평'하도록 하고 싶었다. 학생들이 생활기록부에 입력하려고 제출하는 독후감을 읽어보면, 소설의 줄거리를 잔뜩 쓰고 느낀 점을 몇 줄 덧붙인 글이 많다. 느낀 점은 대부분 책에서 제시하는 교훈을 따르거나, 구체적인 근거 없이 '재미있다, 없다'를 판단하는 내용이었다.

지금까지 습관적으로 작성한 독후감의 틀을 깨기 위해서는 먼저 소설을 읽는 방법을 새롭게 알려주어야 한다. 줄거리를 따라 소설을 읽는 수준을 넘어 작품을 해석하기 위해서는 읽기의 구심점이 필요하다. 읽기의 구심점을 잡을 때 개념기반 탐구학습은 아주 유용하다. 핵심 개념에 초점을 맞춰 꼼꼼하게 소설을 읽을 수 있기 때문이다. 성장을 구성하는 핵심 개념을 '정체성'과 '관계'로 정하고(그 이유는 다음 장에서) 개념을 중심으로 소설을 깊이 읽고, 소설을 비판적으로 수용하는 '주체'로 학생들이 한 계단 올라서기를 바라는 마음으로 수업의 과정을 설계해 보았다.

수업 과정 및 내용

단계	차시	수업 내용
개념 탐구	1~2차시	내가 생각하는 '성장'이란? → 핵심 개념 도출
	3~4차시	'성장', '정체성, 관계'에 초점을 맞춰 성장 영화 읽기
	5~7차시	'성장', '정체성, 관계'에 초점을 맞춰 장편소설 읽기
	8~12차시	책 대화하기 ① 가벼운 질문으로 내용 이해 ② 깊이 있는 질문으로 작품 해석·평가
	13~15차시	가장 읽고 싶은 성장소설 투표하기
전이	16~17차시	문학 비평문 쓰기
성찰	18차시	내가 성장한 순간은 언제인가요?

개념 탐구 단계에서는 학생들이 '성장'의 요소로 '정체성', '관계'라는 개념을 끌어내고, 개념을 중심으로 성장소설을 해석하고 평가한다.

1~2차시에는 학생들이 스스로 '성장'을 정의하면서 '정체성'과 '관계'라는 핵심 개념을 도출한다. 3~4차시에는 교사와 함께 영화로 읽기 연습을 한 후, 5~7차시에는 학생들이 여섯 권의 장편 성장소설 중 한 권을 선택해 핵심 개념에 초점을 맞춰 읽는다. 8~12차시에는 모둠별 책 대화를 통해 작품에 대한 이해를 심화한다. 학생들이 만든 질문을 바탕으로 독서 토의·토론을 하며 작품의 의미를 모둠원들과 함께 해석하고 평가한다. 13~15차시에는 다른 모둠의 발표를 듣고 성장소설의 공통적인 특성을 발견하며, 자기가 읽지 않은 다섯 편의 성장소설 중에서 가장 읽고 싶은 작품에 투표한다.

전이 단계인 16~17차시에는 개념 탐구 단계에서 작품을 해석하고 평가한 내용을 바탕으로 '문학 비평문'을 쓴다. 성찰 단계인 18차시에는 '내가 성장한 순간은 언제인가요?'와 '작가는 왜 성장소설을 쓸까요?'라는 질문에 관해 학생들과 이야기를 나눈다. '성장'에 관해 정의하면서 프로젝트를 시작했다면, 자신의 삶 속으로 성장의 개념을 확장하고 문학의 가치를 내면화하며 프로젝트를 마무리한다.

1. 수업 목표 정하기

왜 '성장', '정체성, 관계'인가?
성장소설을 다루는 수업이니 첫 번째 핵심 개념은 '성장'으로 잡았다. 2022 개정 국어과 교육과정에도 '성장'이라는 단어가 명시되어 있다.

> [9국 05-03] 인간의 성장을 다룬 작품을 읽으며 문학의 가치를 내면화한다.

표준국어대사전에 정의된 '성장'은 '사람이나 동식물 따위가 자라서 점점 커짐'이다. 신체적인 성장에 초점을 맞춘 정의로, '성장소설'의 '성장'과는 의미가 다르다. '성장'의 유의어인 '성숙'이 오히려 이 수업에서 다룰 '성장'의 의미에 가깝다. '성숙'의 사전적 정의는 '몸과 마음이 자라서 어른스럽게 됨'인데, 문학에서는 인간의 신체적 성장보다는 정신적 성장을 다루므로 이 수업에서 '성장'은 '마음이 자라서 어른스럽게 되는 것'으로 정의한다.
'성장'의 의미를 깊이 탐구하기 위해 '성장'의 요소인 '정체성'과 '관계'를 하위 개념으로 설정했다. '성장'이라는 개념은 너무 추상적이라 학생들이 작품 속 주인공의 경험을 구체적으로 탐구하기 어려울 수 있기 때문이다. '정체성'은 성장의 내적 차원으로, '나는 누구인가?'라는 질문에 답하는 과정이다. '나의 뿌리는 어디에 있는지(부모 찾기), 현재의 나는 무엇을 좋아하며, 어떤 가치관과 꿈을 지니고 있는지, 앞으로 무엇을 하며 살아야 하는지' 등을 탐색하는 것이 '정체성'에 관련된 것이다. '관계'는 성장의 외적 차원으로, 타인과 상호작용하면서 배우는 과정이라고 할 수 있다. 한 인간이 '가족, 친구, 공동체' 등의 의미 있는 타인과 갈등하고 화해하면서 변화하는 모습, 타인과의 관계 속에서 정체성을 찾는 모습 등을 탐색하는 것이 '관계'에 관련된 것이다.

이렇게 '성장'이라는 상위 개념과 '정체성', '관계'라는 하위 개념을 연결하여 '작가는 성장소설에서 등장인물의 정체성과 관계 형성을 통해 주제를 드러낸다.'라는 핵심 아이디어를 만들었다. 성장소설의 등장인물은 여러 가지 갈등 상황을 겪으며 모호했던 '정체성'을 점점 뚜렷하게 형성하고, 타인과의 '관계'에서 변화를 경험하면서 성장한다. 이 과정을 통해 작가가 말하고 싶은 '성장'이란 무엇인지 학생들 스스로 정의하면, 이것이 바로 작품의 주제를 찾는 것이다.

핵심 아이디어에 도달하기 위한 '사실적 질문, 개념적 질문, 논쟁적 질문'은 수업 활동의 길잡이가 된다. '등장인물의 생각과 행동을 통해 성장이 드러난 부분은 어디인가?'라는 사실적 질문은 학생들이 구체적인 작품 속에서 성장의 사례를 찾는 활동에 필요하다. 작품을 정확하게 읽고 근거를 들어 작품을 비평하기 위해 가장 먼저 해야 하는 일이다.

'작가는 작품 속에서 어떻게 등장인물의 성장(주제)을 표현하는가?'라는 개념적 질문은 앞 단계의 사실적 질문을 바탕으로 성장소설의 공통적인 표현 방식을 일반화하는 활동에 필요하다. 이 단계에서 학생들은 등장인물의 '정체성'과 '관계'의 형성을 통해 성장이 표현됨을 확인한다. '작가는 왜 성장소설을 쓰는가?'라는 개념적 질문은 수업의 마지막 단계에서 학생들이 성장소설의 궁극적인 의미와 가치를 생각하게 만드는 질문이다.

'독자는 작가의 생각을 수용해야 하는가?'라는 논쟁적 질문은 학생들이 작품을 평가하는 데에 필요하다. 작가는 여러 가지 기법(상황 설정이나 소재 선정, 사건의 배열, 개연성 있는 사건 전개 등)을 통해 주제를 표현하는데, 작가의 선택이 항상 옳은 것은 아니므로 독자는 자신이 읽은 작품의 문학성이 뛰어나거나 뛰어나지 않다고 평가할 수 있다.

'여섯 편의 성장소설 중에서 인간의 성장을 가장 잘 표현한 작품은 무엇인가?'라는 논쟁적 질문은 친구들의 발표를 듣고 여러 편의 성장소설을 비교하며 가장 읽고 싶은 작품에 투표하는 활동으로 연결된다. 성장소설의 공통적인 속성과 개별 작품의 개성을 찾고, 수많은 문학 작품 중에서 좋은 작품을 발견하는 안목을 기르게 하는 질문이다.

비평 이론 없는 비평문 쓰기?

이 수업에서 학생들이 만들어 낼 최종 산출물은 '문학 비평문'이다. 비평의 개념은 중학교 3학년 성취기준([9국05-08] 근거를 바탕으로 작품을 해석하고, 다른 해석들과 비교하여 자신의 해석을 평가한다.)에 해당하지만, 1학년도 자신들의 수준에서 나름대로 비평할 수 있다. 이 수업의 초점은 비평 이론을 공부하는 것이 아니라, '근거를 바탕으로 작품을 해석하고 평가하는 것'이다. 많은 학생이 독후감을 쓸 때 '주인공이 친구와의 갈등을 극복하면서 성장했다.'라고만 서술한다. 이렇게 쓰면 작품의 의미가 생생하게 와닿지 않는다. 등장인물의 어떤 생각과 행동에서 성장이 드러나는지 구체적인 장면을 근거로 제시해야 독자들은 '아, 정말로 주인공이 성장했구나.'라고 느낄 수 있다.

나아가 학생들은 작품의 주제가 보편타당한지, 작가의 표현이나 기법이 효과적인지도 평가할 수 있다. 작가의 생각이 무조건 옳은 것은 아니므로 보편적인 독자의 입장에서 동의할 만한 것인지 생각해 보고, 비판적 시각에서 작품을 바라볼 수 있다. 또 어떤 소설은 등장인물이 생동감 있게 느껴지고 이야기에 몰입이 잘 되지만, 어떤 소설은 억지스럽거나 뻔한 이야기로 느껴져서 몰입되지 않는다. 이렇게 느껴지는 이유가 무엇인지 곰곰이 찾다 보면 '근거 있는 평가'가 가능하다. 교사가 적절한 예시를 들어서 방향을 안내하고, 중간 피드백을 제시하면서 차근차근 한 계단씩 올라가면 된다.

평가는 학생들이 쓴 비평문을 중심으로 이루어진다. 비평문의 평가 요소는 다음과 같다.

평가 요소 및 기준

평가 요소	평가 기준
이해	성장의 요소(정체성, 관계)에 초점을 맞춰 핵심 질문을 만들고, 등장인물의 성장을 파악했는가?
분석·평가	작품에서 등장인물의 생각과 행동을 구체적인 근거로 들어 주제를 해석하고, 주제가 잘 표현되었는지를 평가했는가?
구성	비평문의 구성 요소를 갖춰 완결된 글을 썼는가?
언어 표현	맥락을 고려하여 목적에 맞게 효과적이며 적합한 언어 표현을 사용했는가?

'이해' 영역에서는 '정체성'과 '관계'라는 핵심 개념을 중심으로 작품을 이해했는지를 중점적으로 평가하고, '분석·평가' 영역에서는 작품 속에서 구체적인 근거를 들어 해석·평가했는지 평가한다. '구성' 영역

에서는 교사가 제시하는 비평문의 형식에 맞게 썼는지, '언어 표현'에서는 적합한 언어 표현을 사용하여 매끄럽게 글을 썼는지를 평가한다.

이 수업의 전체 내용을 정리하면 다음과 같다.

단원 설계

단원명	'너'를 통해 '나'를 찾는 성장의 시간		학년	중학교 1학년
핵심 아이디어	작가는 성장소설에서 등장인물의 정체성과 관계 형성을 통해 주제를 드러낸다.			
핵심 질문	[사실적 질문] • 등장인물의 생각과 행동을 통해 성장이 드러난 부분은 어디인가? [개념적 질문] • 작가는 작품 속에서 어떻게 등장인물의 성장(주제)을 표현하는가? • 작가는 왜 성장소설을 쓰는가? [논쟁적 질문] • 독자는 작가의 생각을 수용해야 하는가? • 여섯 편의 성장소설 중에서 인간의 성장을 가장 잘 표현한 작품은 무엇인가?			
내용 요소	지식·이해	성장소설		
	과정·기능	근거를 바탕으로 작품 해석하고 평가하기		
	가치·태도	문학의 가치 내면화		
성취기준	[9국05-03] 인간의 성장을 다룬 작품을 읽으며 문학의 가치를 내면화한다.			

단원명인 '너를 통해 나를 찾는 성장의 시간'에서 '너를 통해'는 '관계'를, '나를 찾는'은 '정체성'을 의미한다. 타인과의 관계 속에서 정체성을 찾아가는 성장의 과정은 소설 속에도 있지만 학생들의 삶 속에도 있다. 이 수업이 딱딱한 문학 이론을 배우는 시간이 아니라 소설을 통해 삶을 배우는 시간이기를 바라며 수업을 계획했다.

2. 개념 탐구 – '정체성', '관계'를 중심으로 '성장' 정의하기

(1) 내가 생각하는 성장이란?

1차시 수업은 매우 중요하다. 무작정 책부터 읽는 것이 아니라, 읽기의 초점이 될 '핵심 개념'을 확실히 인식하고 넘어가야 한다. 수업 설계 단계에서 '정체성'과 '관계'라는 개념을 미리 정했지만, 처음부터 학생들에게 이 단어를 언급해서는 안 된다. 학생들이 나름대로 '성장'에 관해 정의하면서 '정체성'과 '관계'라는 개념을 귀납적으로 끌어내도록 해야 한다.

> 교사: 이번 시간에는 '성장'이 무엇인지 생각해 볼 거예요. 먼저 성장의 개념이나 예시를 3개 이상 찾아보세요. 사전적 정의를 찾을 수도 있고, 신문에 실린 칼럼이나 블로그에 쓴 글 등 무엇이든 좋습니다. 그리고 지금까지 읽은 책, 영화, 드라마, 웹툰 등에서 인물이 성장한 예를 1개 이상 반드시 포함해 주세요.

그러면 학생들은 분주히 인터넷 검색을 시작한다. '사람이나 동식물 따위가 자라서 점점 커짐'이라는 사전적 정의를 먼저 찾고, "성장이란 홀로서기 할 수 있도록 인생의 모든 문제에 기꺼이 나서겠다는 용기 속에서 가능해진다."라는 내용의 칼럼(독서신문, 2019. 9. 16.)을 찾아내기도 한다. 드라마 〈언젠가는 슬기로울 전공의 생활〉에서 전공의를 그만두려던 마음을 다잡는 등장인물을 보며, '성장이란 목표를 향해 나아가는 것'이라는 생각을 하는 학생도 있다.

그리고 지금까지 살면서 '내가 성장했다고 생각한 순간'을 아주 사소한 것이라도 말해 보게 했다. 중1 학생들은 '동생에게 처음으로 먹을 것을 나눠줬을 때', '중학교에 입학했을 때' 같은 귀여운 답을 내놓았다. 이렇게 학생들과 성장에 관한 이야기를 나눈 뒤에 '성장'에 관한 자신만의 정의를 내려보라고 한다. 그러면 학생들이 제법 다양한 의견을 내놓는다.

- 혼자 삶을 살아갈 수 있을 만큼 마음이 자라는 것이요.
- 다른 사람의 입장에서 한 번 더 생각해 보는 것이요.
- 자신에 대해 알아가는 것이요.
- 다른 사람을 배려하는 것이요.

이렇게 한 학급의 학생들이 내린 '성장의 정의'를 공유 문서에 모은 뒤, 하나씩 다 함께 읽어보았다.

교사: 여러분이 내린 성장의 정의를 크게 두 부류로 나눌 수 있을 것 같은데요. 어떻게 나눌 수 있을까요?

이렇게 질문하니 교실이 조용해졌다. 그러다가 한 학생이 손을 들고 이렇게 말했다.

학생: '나'에 관한 것과 '다른 사람'에 관한 것이요.

교사: 선생님의 생각과 같네요. '나'에 관한 내용과 '타인'에 관한 내용으로 나눌 수 있는 것 같아요. 내가 어떤 사람인지 골똘히 생각하거나, 내가 중시하는 가치가 무엇인지 정하는 것은 '정체성'과 관련이 있어요. '정체성'이라는 말이 좀 어렵죠? '정체성'의 사전적 정의는 '변하지 아니하는 존재의 본질을 깨닫는 성질. 또는 그 성질을 가진 독립적 존재'입니다. 사전적 정의가 더 어렵죠? (웃음) 쉽게 말해 '내가 누구인지 알아가는 것'은 정체성과 관련이 있어요. '관계'는 '타인과 어떻게 함께 살아갈 것인가'를 고민하는 것과 관련이 있죠.

아까 여러분이 말한 성장의 정의 중에서 '혼자 삶을 살아갈 수 있을 만큼 마음이 자라는 것'이라는 내용이 있었는데, 이것은 '정체성'과 '관계' 중에서 무엇과 관련이 있을까요? 이 정의를 쓴 예주는 어떻게 생각해요?

예주: 둘 다인 것 같아요.

교사: 그럼 '혼자 삶을 살 수 있는 것'의 의미가 무엇인지 구체적으로 설명해 줄래요?

예주: 혼자서 살 수 있다는 건 부모님이나 가족한테 의지하지 않고 스스로의 힘으로 산다는 거예요. 그리고 어려움이 있어도 헤쳐 나갈 수 있도록 마음이 단단해진다는 것이고요.

교사: 아주 중요한 부분을 말해 줬네요. '부모님이나 가족한테 의지하지 않는 것'은 타인과의 관계에서 어느 정도 거리를 두고 독립성을 유지해야 한다는 말이죠. 그리고 '어려움이 있어도 헤쳐 나갈 수 있도록 마음이 단단해지는 것'은 흔들리지 않고 자신의 의지대

로 살아갈 수 있도록 자신의 가치관을 세운다는 의미고요. 그러니까 '정체성'과 '관계' 둘 다 관련이 있네요. 혼자서 살아가려면 내가 누구인지 알고, 나답게 살아갈 수 있도록 가치관을 세우는 것이 중요하기 때문에 내 생각에는 '정체성'과 좀 더 관련이 깊은 것 같아요.

여러분이 작성한 '성장의 정의'를 살펴보면, '정체성'과 '관계'에 관한 내용들이 담겨 있어요. 어떤 진술은 '정체성'과 관련이 깊고, 어떤 진술은 '관계'와 관련이 깊어요. 그렇지만 타인과의 관계를 통해 정체성이 형성되기도 하니까 '정체성'과 '관계'가 반대 개념은 아니에요. 우리는 무인도에 혼자 사는 것이 아니기 때문에 나와 타인을 비교하면서 상대적으로 나의 정체성을 규정하는 것이죠.

이렇게 '정체성'과 '관계'는 밀접한 관련이 있어요. '정체성'과 '관계'라는 단어를 생각하며 작품을 읽다 보면 인물이 어떤 부분에서 성장했는지가 좀 더 선명하게 보일 거예요.

'성장'이라는 상위 개념 아래 성장의 요소라고 할 수 있는 '정체성, 관계'라는 하위 개념을 두되, 두 개념이 배타적이지는 않다는 것을 학생들에게 이해시킨다. '성장'이라는 추상도가 높은 개념을 구체화하기 위해 '정체성', '관계'라는 개념을 가져온 것이지, 소설의 내용을 '정체성'과 '관계'로 분류하는 것이 목적은 아니다. 수업의 첫 단계에서 학생들이 스스로 개념을 끌어내고 개념을 충분히 이해한 후에야 비로소 개념을 적용해 작품을 읽을 수 있다.

(2) '성장', '정체성, 관계'에 초점을 맞춰 영화 읽기

> 교사: 오늘은 〈걷기왕〉이라는 영화를 볼 거예요. 신나죠? 그런데 아무 생각 없이 보면 안 돼요. 등장인물이 성장한 장면과 성장했다고 생각한 이유를 찾으면서 봐야 해요. 지난 시간에 이야기한 '정체성'이나 '관계'가 형성되는 부분을 눈여겨보면 좋겠죠.

영화 읽기는 '성장', '정체성, 관계'를 중심으로 짧은 텍스트를 읽는 연습 과정이다. 핵심 개념을 중심으로 장편소설을 읽는 것이 중1 수준에서 어려운 활동이기 때문에 교사와 함께 연습하는 과정이 꼭 필요하다. 그리고 학생들이 선택한 작품을 읽기 전에, 모든 학생이 알고 있는 공통 텍스트가 있어야 이후의 활동에서 교사가 구체적인 예시를 들어 안내할 수 있다. 실제 활동에서는 모둠마다 읽은 작품이 달라서 교사가 특정 작품을 예시로 들 수 없다.

교과서에 실린 단편소설을 공통 텍스트로 써도 좋지만, 학생들이 전문을 읽고 분석하는 데에 시간이 꽤 걸린다. 영화를 텍스트로 활용하면 필요한 부분만 편집해서 보여줘도 내용 이해에 큰 어려움이 없어서 시간을 절약할 수 있다. 중학생 수준에서 볼만한 성장 영화가 꽤 다양하지만, '정체성'과 '관계'의 의미를 모두 생각할 수 있는 영화 〈걷기왕〉을 공통 텍스트로 사용했다.

〈걷기왕〉은 멀미 때문에 어떤 이동 수단도 탈 수 없는 '만복'이라는 주인공이 경보 선수가 되는 이야기다. 만복이는 딱히 잘하는 것이 없는 고등학생인데, 단지 잘 걷는다는 이유로 담임선생님의 추천을 받아 경보 선수가 된다. 그러나 자기가 정말로 경보를 하고 싶은 것이 아니라는 사실을 깨닫고 경보 대회 중간에 기권한다. 모두가 목표를 향해 빠르게 달리고 있지만, 꼭 그렇게 빨리 달려야만 '성장'인지를 관객들에게 묻는 영화이다.

〈걷기왕〉을 본 학생들은 이런 장면에서 '성장'을 찾아냈다.

> **가은**: 만복이가 육상부에서 나갔다가 다시 받아달라고 선배들에게 부탁하는 장면이요. 경보가 힘들고 자신이 팀에 도움이 되지 않는다는 생각에 나갔지만, 아무리 생각해도 나는 경보가 맞는 것 같다며 용기를 내어 자신의 의견을 표출한 게 성장이에요.
>
> **온유**: 수지가 만복이를 육상부에 다시 받아준 장면에서 성장한 것 같아요. 수지는 육상부에서 나간 만복이가 미울 법도 하지만, 솔직하게 말해 준 만복이를 받아준 거잖아요.
>
> **나현**: 만복이가 경보 대회 중간에 포기하는 장면에서 성장이 드러난 것 같아요. 처음에는 무조건 빨리 가서 이기려고 했지만, 자신의 속도에 맞게 가야 한다는 것을 깨달아요. 안 될 것 같으면 멈출 줄도 알아야 한다는 거예요.

이렇게 등장인물이 성장한 장면을 찾은 뒤에는 '누가, 어떻게' 성장한 것인지 정리해 보라고 했다.

> **가은**: 만복이는 자신의 의견을 표출할 줄 알고, 자신의 속도에 맞출 줄 아는 능력을 성장시켰어요.

온유: 수지는 사람들과 소통하고 대화하는 방법을 알게 되었어요. 그리고 새로운 길을 찾기 위해 잠시 멈춰도 된다는 것을 알게 되어 성장했어요.

교사: 가은이는 만복이가 정체성을 찾아가는 과정을 말했고, 온유는 수지가 타인과의 관계에서 좀 더 성숙해졌다고 했네요. 가은이와 온유가 정리한 것처럼, 작품에서 등장인물이 '정체성'과 '관계'를 형성하는 과정을 찾아내면 그 인물이 어떻게 성장하고 있는지를 알 수 있어요.

이 단계에서는 학생들에게 모범 답안을 끌어내려고 애쓰지 않아도 된다. 학생들의 답이 만족스럽지 않으면 교사가 쓴 예시 답안을 보여주어도 된다. '아, 이런 식으로 하는 거구나!' 하고 학생들이 감을 잡을 수만 있다면 성공적이다.

(3) '성장', '정체성, 관계'에 초점을 맞춰 장편소설 읽기

학생들은 장편 성장소설 여섯 편 중에서 한 권을 선택해 읽는다. 한 권의 책을 학급 전체가 공통으로 읽는 것과 여러 권의 책 중에서 한 권을 선택해서 읽는 것의 장점이 각각 있다. 선택한 책을 읽을 경우, 나머지 책은 읽지 않은 상태여서 다른 모둠의 발표를 알아듣기 어렵다. 대신 학생들이 여러 성장소설의 내용을 얕게나마 공유할 수 있어서 성장소설의 공통 개념을 찾기에는 유리하다.

또한 학생들의 읽기 '취향'을 고려하는 것도 필요하다. 주어진 책을 의무감으로 읽는 것보다는 그래도 내가 '선택'한 책을 읽을 때 조금 더 동기가 생긴다. 책 목록에는 가능한 다양한 주제를 포함하려 했고, 남학생과 여학생의 선호를 고려했다. '남(여)학생은 이런 작품을 좋아한다'는 생각 자체가 편견이지만 《세계를 건너 너에게 갈게》를 선택한 남학생은 소수였다. 그래서 성별에 따른 선호를 고려하는 것도 나름대로 필요한 과정이라고 생각한다.

학생들이 작품을 선택하기 전에 줄거리를 대략 파악할 수 있도록 해시태그를 달고 난이도 별점을 제시했다. 그리고 되도록 학생들의 희망을 반영하여 같은 책을 선택한 사람끼리 모둠을 편성했다.

선정한 소설 목록

책 제목(저자)	해시태그	난이도
트루먼 스쿨 악플 사건 (도리 H. 버틀러)	#악플러 #사이버폭력 #범인은 누구? #인신공격 #익명성 #마녀사냥	★★★
난민소녀 리도희 (박경희)	#북한이탈주민 #고난과 역경 #캐나다 #연길 #엄마는 어디에? #정착 #희망	★★★★
세계를 건너 너에게 갈게 (이꽃님)	#과거에서 온 편지 #소통과 공감 #우리 엄마는 누구? #내가 죽고 네가 산다면	★★★★
리얼 마래(황지영)	#육아 블로그 #SNS 속의 나와 현실의 나 #진실게임 #갈등과 화해 #부모로부터의 독립	★★
스프링벅(배유안)	#형의 자살 #스프링벅은 왜 절벽으로? #학벌 위주의 사회 #대리 시험 #용서	★★★
식스팩(이재문)	#리코더는 초딩이나? #동아리실 사수! #철인 3종 경기 #입양된 아이 #나의 식스팩은?	★★★

교사: 이제부터 독서 일지를 작성하면서 성장소설을 읽을 거예요. 독서

일지에서 가장 중요한 항목은 인물의 성장이 드러난 장면을 찾고, 어떤 점에서 성장했다고 생각하는지 그 이유를 쓰는 거예요. 〈걷기왕〉을 보면서 연습했듯이, 등장인물의 정체성이나 관계의 변화가 드러난 장면이 나오면 독서 일지에 메모하고 쪽수를 쓰세요. 쪽수를 적어놔야 나중에 독서 토론할 때 책 내용을 찾아보기가 수월하거든요.

독서 일지에는 '인상적인 부분 메모하기, 모둠원들과 이야기해 보고 싶은 질문 만들기, 인물 관계도 그리기, 줄거리, 성장의 요소(정체성의 변화, 관계의 변화)가 드러난 장면 찾기' 등의 항목을 만들어 작성하게 한다. 여기서 가장 초점을 두어야 하는 항목은 인물의 성장이 드러난 장면을 찾고, 어떤 점에서 성장했다고 생각하는지 그 이유를 작성하는 것이다.

서연이는 《세계를 건너 너에게 갈게》를 읽고 주인공이 성장한 부분을 이렇게 제시했다.

정체성의 변화가 드러난 부분
처음에 은유는 자신의 엄마가 누구인지 알고 싶어 하기만 하고, 자기가 사실을 받아들일 준비가 되어 있는지는 신경 쓰지 않았다. 그런데 다정 씨를 통해 준비할 시간이 필요한 것을 깨닫고 기다릴 줄 알게 되었다.

관계의 변화가 드러난 부분
은유는 처음에는 아빠를 싫어하고 미워했지만, 아빠라는 사람을 그대로 인정해 줌으로써 어떤 사람을 사랑할 줄 알게 되었다.

(4) 책 대화하기

같은 책을 읽은 모둠원들과 이야기를 나누는 '책 대화'는 문학 비평문 쓰기로 나아가는 징검다리 역할을 한다. 모둠별 책 대화를 하지 않고 개인별 글쓰기를 바로 진행하면 뭘 써야 할지 몰라 헤매는 학생들도 있을 것이다. 장편소설 읽기가 어려운 학생들도 모둠별 책 대화 과정에서 동료들에게 배우며 작품을 타당하게 해석하는 균형 잡힌 시각을 기를 수 있다.

책 대화하기는 크게 두 단계로 나누었다. '가벼운 질문'과 '깊이 있는 질문' 단계이다.

① 가벼운 질문으로 내용 이해하기

'가벼운 질문' 단계에서는 학생들이 혼자 읽었을 때 발생하는 오독을 방지하고 작품의 기본적인 줄거리를 온전히 파악하는 데에 목표를 둔다. 이런 준비 단계 없이 성장에 관해 논의할 수 있는 질문을 바로 만들라고 하면 학생들이 부담을 느낀다. 소설을 읽으면서 잘 이해하지 못한 부분, 등장인물이나 작가에게 묻고 싶은 것, 모둠원들의 생각을 듣고 싶은 부분 등을 질문하고 이야기를 나눈다. 논의가 길어질 만한 질문은 다음 단계인 '깊이 있는 질문'에서 다룬다.

독서 일지에 적은 질문을 바탕으로 모둠원들 모두 돌아가며 하나씩 질문을 말한다. 질문에 대한 답은 모둠원들이 함께 이야기하면서 찾고, 그 내용을 간단히 표에 기록한다.

《세계를 건너 너에게 갈게》를 읽은 모둠은 질문과 답을 이렇게 정리했다.

질문자	질문	함께 찾은 답
김○지	작가가 이 책을 통해 독자에게 전하고 싶은 메시지는 무엇인가?	가족과 주변 사람들의 소중함을 전달하고 싶은 것 같다.
김○연	딸 은유와 엄마 은유의 삶에서 가족의 의미는 어떻게 다를까?	엄마 은유에게는 삶을 포기하게 되는 이유, 딸 은유에게는 삶을 살게 되는 이유라는 점에서 다르다.
최○우	만약 내가 주인공이었다면 아빠를 받아들일까?	아빠라는 존재가 나를 갉아먹는다고 생각하는 것 자체만으로도 죄책감이 들어서 미안하기도 하고, 미안한 만큼 싫을 것 같다.
김○재	이 작품을 쓰게 된 계기는 무엇일까?	작가는 가족에 대해 궁금증을 가지고 다양한 이야기를 쓰고 싶어 했다.

질문을 중심으로 책 대화가 끝나면 모둠별로 '성장의 순간'을 하나씩 고르게 한다. 등장인물의 성장이 가장 뚜렷하게 드러난 부분과 선정 이유를 모든 모둠원이 하나씩 말한다. 그리고 모둠원들과 논의하여 '우리 모둠이 고른 성장의 순간'을 정한다. 《세계를 건너 너에게 갈게》를 읽은 모둠은 성장의 순간을 다음과 같이 이야기한 뒤, 최종적으로 '아빠가 은유에게 편지를 쓰는 장면'을 선정했다.

질문자	성장의 순간	선정 이유
김○지	은유와 은유가 편지를 주고받는 상황에서 엄마 은유가 아빠에 대해 알려주는 장면	어린 딸 은유가 아빠도 아빠가 처음인 평범한 사람이라는 걸 인지했기 때문이다.
김○연	은유가 아빠의 편지가 왔음에도 불구하고 뜯지 않은 장면	자신의 마음이 준비될 때까지 기다릴 줄 알게 되었기 때문이다.

최○우	아빠가 은유에게 편지를 쓰는 장면	아빠가 자신의 태도에 대해 반성하고 진심 어린 사과를 하는 것이 보였기 때문이다.
조○우	아빠가 보낸 편지와 엄마가 보낸 마지막 편지를 읽는 장면	보낸 편지들을 보고 오해가 풀리고 엄마가 누구인지 알게 되었다.

② 깊이 있는 질문으로 작품 해석·평가하기

'깊이 있는 질문' 단계는 모둠원들과 함께 '성장', '정체성, 관계'라는 핵심 개념을 중심으로 소설을 비평해 보는 아주 중요한 단계이다. 비평은 '작품의 해석과 평가'를 포함하므로, '작품 해석을 위한 질문'과 '작품 평가를 위한 질문'으로 나누어 순차적으로 책 대화를 진행한다. 질문을 만들기 전에 먼저 '해석'과 '평가'라는 용어를 학생들에게 이해시키는 과정이 필요하다.

> 교사: '비평'의 뜻을 표준국어대사전에서 찾아보면 '사물의 옳고 그름, 아름다움과 추함 따위를 분석하여 가치를 논하는 것'이라고 나와 있어요. 그런데 그보다는 '작품을 해석하고 평가하는 것'이라는 표현이 더 명확할 것 같아요. '해석'과 '평가'라는 어려운 말이 나왔는데, 그 뜻을 한번 살펴볼게요. '해석'은 작품을 꼼꼼히 읽고 그 의미를 이해하는 거예요. 그리고 '평가'는 작품에 대한 해석을 바탕으로 작품의 가치를 판단하는 거예요. 또한 작품에서 구체적인 근거를 찾아 이 두 가지를 온전히 드러내는 것을 '비평'이라고 해요. '비평'을 '비판'이라고 오해해서 작품의 부족한 점을 지적하는 것으로 생각하는데, 그렇지 않아요. 작품의 의미를 정확히 이해

한 후에 근거를 들어서 작품의 잘된 점이나 아쉬운 점을 제시해야 해요.

비평의 개념을 학생들이 이해했다면, '작품 해석을 위한 질문'을 만든다. 이 활동의 목표는 소설에서 '인물의 성장'을 파악하는 것이므로 '정체성'과 '관계'라는 핵심 개념을 중심으로 성장에 관한 논의를 끌어낼 수 있는 질문을 만드는 것이다. 질문 만들기는 학생들이 많이 어려워하는 부분이라서 교사가 공통 텍스트에서 예시를 제시해 주는 것이 좋다.

교사: 영화 〈걷기왕〉에서 '정체성'과 관련된 질문을 만든다면 어떤 질문이 가능할까요? '결말에서 만복이는 자신이 무엇을 하고 싶은지 찾지 못했으므로 성장하지 못한 것 아닐까?' 같은 질문을 할 수 있을 것 같아요. '관계'와 관련된 질문을 만든다면, '수지가 만복이와의 관계를 통해 변화한 점은 무엇인가?' 같은 질문을 만들 수 있겠죠.

질문이 적절하지 않으면 대화가 엉뚱한 방향으로 흘러간다. 그래서 '작품 해석을 위한 질문'은 반드시 교사의 피드백을 받도록 했고, 질문을 피드백하면서 자연스럽게 토론의 방향도 안내했다. 다음은 《식스팩》을 읽은 모둠과의 대화이다.

하석: 《식스팩》을 읽고, '리코더부에 사람이 한 명밖에 없다고 해서 철인

스포츠부가 리코더부의 동아리실을 차지하는 것이 공정한가?'라는 질문을 만들었어요.

교사: 소설 속 사건을 쟁점으로 찬반 토론하는 질문이네요. 그런데 '인원이 많은 동아리가 인원이 적은 동아리의 동아리실을 차지하는 것이 공정하다. 또는 공정하지 않다.'라고 판단하는 것이 등장인물의 성장과 어떻게 연결될 수 있을까요? 공정하거나 공정하지 않다고 생각하는 근거가 성장과 연결된다면 적절한 질문이 될 수도 있어요.

예은: '동아리실을 더 많은 사람이 이용할 수 있으면 좋다'는 관점에서 보면 공정하고, '다수를 위해 소수가 희생해서는 안 된다'는 관점에서 보면 불공정하다는 근거를 들 수 있어요.

교사: 다수와 소수의 권리에 관한 문제네요. 이것을 인물의 성장과 어떻게 연결하면 좋을까요?

수민: 다수와 소수의 문제보다는, 두 동아리가 동아리실을 차지하려고 경쟁하는 과정에서 어떻게 성장했는지를 이야기하고 싶어요.

교사: 그럼 '경쟁'이라는 말을 넣어서 질문을 만들면 좋을 것 같아요.

동욱: '스포츠부와 리코더부는 서로 동아리실을 얻으려는 경쟁에서 어떻게 성장했나?'라고 하면 어떨까요?

교사: 경쟁도 사람 사이에서 일어나는 일이니, '관계'를 통한 성장에 초점을 맞춰서 토의할 수 있겠네요. 또 경쟁한 후에 인물이 어떤 정체성을 형성했는지도 이야기해 보세요. 단, '철인 스포츠부'와 '리코더부'라는 주어 대신 구체적인 인물을 지명해야 누구의 성장을 이야기하는지가 분명해져요. '대한이와 정빈이는 서로 동아리실

을 얻으려는 경쟁에서 어떻게 성장했나?'가 좋겠어요.

《스프링벅》을 읽은 모둠과는 이런 대화를 했다.

은우: 《스프링벅》을 읽고, '형이 자살했을 때 동준이는 무슨 생각을 했을까?'라는 질문을 만들었어요.
교사: '무슨 생각'이라는 표현이 좀 막연하네요. 동준이는 무슨 생각을 했을까요?
새봄: 형이 죽었으니 슬펐을 것이고, 대리 시험을 보게 해서 형을 죽음으로 몰고 간 엄마가 미웠을 것 같아요.
교사: 그렇죠. 그런데 슬픔과 미움에만 머물고 있나요?
예주: 아니요. 형의 죽음에 대한 책임이 엄마에게 있지만, 동준이는 엄마를 용서해요. 그런데 엄마를 용서하는 것이 옳은 걸까요?
교사: 새로운 관점의 질문이군요.
도하: 예주 말대로 '형의 죽음과 관련된 사람들을 용서하는 것이 옳은가?'라는 질문으로 토론하면 좋을 것 같아요.
교사: 용서하는 것이 옳다고 생각한다면, 용서를 통해 인물이 어떻게 성장했는지를 작품에서 찾아서 근거로 들면 되겠네요. 용서하는 것이 옳지 않다고 생각한다면, 용서 대신 무엇을 선택해야 성장할 수 있는지도 생각해 보세요.

최근 AI 피드백 도구들이 많이 발달해서 최종 글쓰기 결과물에 대한 피드백은 AI에게 어느 정도 도움을 받을 수 있다. 그러나 개념 탐구 단계에서 학생이 만든 질문의 적절성을 판단하거나 탐구의 초점을 안내하는 피드백은 AI가 교사를 대체하기 어렵다. 수업 설계 의도와 지금까지 진행된 수업의 맥락을 AI가 완벽히 이해할 수는 없으며, 이것을 완벽히 이해하는 사람은 수업 설계자밖에 없기 때문이다. 교사 피드백을 거쳐 학생들은 이런 질문을 만들었다.

트루먼스쿨 악플 사건 (도리 H. 버틀러)
- '트루먼의 진실'이라는 사이트가 없었으면 사건이 일어나지 않았을까?
- 릴리는 왜 트레버에게 사과했을까?
- 릴리가 가출한 것은 옳은 행동인가?

난민소녀 리도희 (박경희)
- 도희는 왜 엄마를 찾는 것을 포기했을까?
- 도희는 과연 남한으로 돌아가서 잘 살 수 있을까?
- 도희가 엄마를 찾기 위해 열심히 노력한 것은 시간 낭비였을까?

세계를 건너 너에게 갈게 (이꽃님)
- 과거 은유와 현재 은유는 엄마와 딸이지만 친구라고도 정의할 수 있을까?
- 아빠는 왜 송은유에게 엄마의 존재를 알려주지 않았을까?
- 과거의 은유가 현재의 은유를 위해 자신을 희생한 것은 옳은 선택이었을까?

리얼 마래 (황지영)

- 마래 부모님이 육아 블로그를 쓴 것은 올바른 행동일까?
- 마래는 왜 부모님과 캠핑 가는 것을 그렇게 반대했을까?
- 마래가 원하는 진짜 '나'는 무엇이었을까?

스프링벅 (배유안)

- 형의 죽음과 관련된 사람들을 용서하는 것이 성장일까?
- 스프링벅처럼 앞만 보고 달리는 것의 문제는 무엇인가?
- 동준이는 형의 죽음으로 인한 슬픔을 극복한 것일까?

식스팩 (이재문)

- 대한이가 리코더를 지키고 싶어 한 이유는 무엇인가?
- 대한이와 정빈이는 동아리실을 얻으려는 경쟁에서 어떻게 성장했나?
- 대한이가 윤서와 제혁을 만나면서 생긴 변화는 무엇인가?

작품 해석을 위한 질문이 정해지면 토의·토론을 시작한다. 토의·토론의 의의는 동료들의 다양한 의견을 접하면서 생각을 확장하는 것이므로, 가장 타당한 의견 하나만 남기지 말고 모든 모둠원의 의견을 기록한다.

《스프링벅》을 읽은 모둠에서는 '형의 죽음과 관련된 사람들을 용서하는 것이 옳은가?'라는 질문을 만들었다. 《스프링벅》에서 동준이 형은 과외 선생님이 대리 시험을 봐주어서 명문대에 입학한다. 그러나 부정하게 입학한 죄책감에 시달리던 형은 결국 자살을 선택하고, 대리 시험을 강요한 어머니는 괴로움에 몸부림친다. 형의 죽음에 책임이 있는 어머니와 과외 선생님을 동준이는 용서해야 할까? 학생들은 용서하는 것이 옳거나 옳지 않다는 두 가지 입장에서 근거를 제시했다.

> **해석 질문 – 형의 죽음과 관련된 사람들을 용서하는 것이 옳은가?**
>
> [옳다]
> - 용서하는 것은 타인의 입장을 이해하는 과정
> - 이미 지나간 과거는 과거일 뿐, 더는 생각하지 않는 것도 성장
> - 사람들을 용서하는 것은 결국 미래의 나를 위한 선택
> - 용서를 통해 내 마음을 피하지 않고 직면하면서 자아정체성 성장
>
> [옳지 않다]
> - 용서하지 않는 것이 죽은 형에 대한 존중과 예의
> - 형의 죽음으로 피폐해진 주변 사람들을 봐서도 용서하지 않는 것이 도리

'옳다'는 입장에서는 어머니와 과외 선생님의 입장도 이해해야 하며, 동준이가 과거에 매몰되지 않고 미래로 나아가기 위해 그들을 용서해야 한다는 근거를 제시했다. 반대 측에서는 형의 죽음에 책임이 있는 사람들을 용서하지 않는 것이 죽은 형에 대한 예의라는 근거를 제시했다. 그런데 '옳지 않다'는 입장에서 제시한 근거 중에는 '형의 죽음으로 피폐해진 주변 사람들을 봐서도 용서하지 않는 것이 도리'라는 내용이 있다. 형의 죽음으로 가장 피폐해진 사람은 '어머니'인데, 형의 죽음에 가장 큰 책임이 있는 사람도 '어머니'이다. 그래서 '어머니를 위해 어머

니를 용서해서는 안 된다'는 논리적 모순에 빠지고 만다. 교사는 토의·토론 과정에서 이런 논리적 모순이 생기지 않는지 살피고 피드백하면 학생들의 논의가 한 단계 올라선다.

해석 질문에 관한 토의·토론이 마무리되면, '작가가 제시하는 성장의 정의'를 한 문장으로 정리하게 했다. 이것이 곧 작품의 주제인데, 주제를 정확히 파악해야 작품을 평가하는 단계로 넘어갈 수 있기 때문이다. 학생들은 '작가가 제시하는 성장의 정의'를 이렇게 내렸다.

트루먼 스쿨 악플 사건 (도리 H. 버틀러)
- 잘못을 인정하고 사과하는 것
- 타인과의 관계에서 공감과 책임을 배우는 것
- 친구들과의 갈등 상황이 앞으로는 일어나지 않도록 하는 것

난민 소녀 리도희 (박경희)
- 자신의 정체성을 찾고 나만의 길을 가는 것
- 친구들과의 교류를 통해 관계를 형성하는 것
- 욕심부리지 않고 자신에게 주어진 기회를 잘 활용하는 것

세계를 건너 너에게 갈게 (이꽃님)
- 사실을 깨닫고 현실을 받아들이는 것
- 서로 같은 공간에 있지 않아도 위로하고 도움을 주는 것
- 사랑할 수 없는 것들을 사랑하고, 용서할 수 없는 것들을 용서하는 것

리얼 마래 (황지영)
- 다른 사람과의 갈등을 통해 성장하는 것
- 진짜 자기 자신을 찾아가는 것
- 타인과의 관계를 원만하게 풀 수 있는 것

스프링벅 (배유안)
- 인생을 살면서 여러 슬픈 일과 고난을 겪게 되지만, 그 일을 이겨내는 것

- 타인을 이해하는 것
- 내가 중심이 되는 주체적인 삶

식스팩 (이재문)
- 못하는 것, 두려운 것을 피하기만 하지 않고, 현실을 마주하며 이겨내려는 것
- 타인과의 경쟁을 통해 신체적으로, 정신적으로 자라는 것
- 자신의 한계를 넘어서는 것

　이렇게 모아놓은 성장의 정의를 '정체성'에 관한 진술과 '관계성'에 관한 진술로 나누는 것은 모둠 발표가 끝난 뒤 '일반화' 과정에서 시도해 본다. 물론 '정체성'과 '관계'는 배타적이지 않다. 오히려 두 개념은 서로 밀접하게 영향을 주고받는다. 인간은 타인과의 관계를 통해 자신의 정체성을 깨닫는 경우가 많기 때문이다. 그래서 '정체성'과 '관계'를 명확하게 나누는 것보다는 두 개념어를 매개로 학생들이 성장의 의미와 가치를 생각해 보는 것에 의미를 둔다.

　'작품 평가를 위한 질문'은 작품 분석 후 해당 작품의 가치 판단에 대한 영역이다. 학생들이 직접 만들기 어렵고, 개별 작품의 내용에 따라 달라지는 것이 아니어서 교사가 두 가지 공통 질문을 제시했다. 작품의 주제가 보편타당한지 평가한 뒤에, 작가가 주제를 잘 표현했는지 평가하도록 단계적으로 질문을 만들었다.

　평가 질문 1. 독자들은 작가가 소설에서 제시하는 '성장의 정의'(주제)에 동의할까요?

이 질문은 작품의 주제에 비판적으로 접근하도록 유도하는 질문이다. 학생들은 작가가 제시하는 주제를 무조건 받아들여야 한다고 생각할 수 있다. 작품의 주제를 비판할 기회가 없었기 때문이다. 그러나 독자는 작가의 생각에 동의할 수도 있고, 그렇지 않을 수도 있다. 다만, 어떤 관점이든 근거를 제시하는 것이 중요하다. 그래서 〈걷기왕〉의 주제를 '목표를 향해 앞만 보고 달리지 말고, 잠시 멈춰서서 자신을 돌아보자.'라고 하고, 주제에 대해 근거를 들어 평가하는 예시를 만들어서 학생들에게 보여주었다.

> **주제에 동의하는 예**
> 〈걷기왕〉에서 말하는 성장은 '조금 늦더라도 내가 정말 원하는 길을 가는 것'이다. 한국 사회는 경쟁이 너무 심하다는 것에 많은 관객이 동의할 것이다. 자기가 무엇을 원하는지도 잘 모르면서 모두가 한 곳을 향해 가는 것 같다. 영화에서 만복이도 경보가 정말 좋아서가 아니라, 자기도 '남들처럼 무언가 열심히 하는 느낌이 들어서' 한다는 표현이 나온다. 만복이도, 독자들도 잠시 멈춰서 자신이 어떤 사람인지 알아보는 시간이 필요할 것 같다.
>
> **주제에 동의하지 않는 예**
> 〈걷기왕〉에서 말하는 성장은 '목표를 향해 빠르게 달려야 한다는 강박에서 벗어나는 것'이라고 보았다. 그렇지만 부상에도 불구하고 경기에 출전하려는 만복이의 집념은 어떤 일에 성공하는 데 필요한 자질이다. 이 작품에서는 목표를 달성하려는 끈기와 집념을 너무 낮게 평가한 것이 아닌가 싶다. 관객들은 만복이가 스스로의 한계를 넘어서 성장하는 경험을 하기를 바랐을 것이다.

교사 예시를 설명한 뒤에는 모둠 토의를 진행하고 공유 슬라이드에 모둠별로 토의 내용을 정리하게 했다. 교사는 순회하거나 슬라이드를 보며 진행 상황을 검토하고 피드백한다.《식스팩》을 읽은 모둠은 '평가 질문 1'에 관해 이렇게 토의했다.

> 평가 질문 1. 독자들은 작가가 소설에서 제시하는 주제에 동의할까?
>
> 그렇다.
> 1. 《식스팩》의 주제는 '경쟁을 통해 성장하는 것'이라고 보았다. 주제를 계속해서 밝히고, 상황이 구체적이고 참신하여 사람들은 주제에 동의할 것 같다.
> 2. '경쟁'이라는 성장을 나타내기 매우 적합한 주제로 성장을 전달했기 때문에, 독자들은 납득하고 주제를 이해하기 쉬웠을 것이다.
> 3. 신체적인 성장과 정신적인 성장이 모두 잘 드러나고, 그 두 가지 성장이 동아리실을 지키겠다는 하나의 원인에 의해 일어나기 때문에, 두 성장의 관계가 잘 표현되었으므로 독자들은 이 주제에 동의할 것이다.
> 4. 대한이가 동아리를 운영하면서 부원들과 친해졌는데, 이 과정에서 자신감이 늘어났다.

이 모둠에서는《식스팩》에서 작가가 제시하는 성장은 '경쟁을 통한 성장'이라고 해석했다. 1번에서 '상황이 구체적이고 참신하다'는 것은 소설의 어떤 장면을 말하는 것인지, 2번에서 등장인물이 '경쟁'을 통해 어떻게 성장을 했는지를 추가해야 근거가 구체화된다. 그리고 4번은 '경쟁'이라는 주제에서 벗어났다. 이런 지점들을 토의·토론 과정에서 피드백해 주어야 학생들이 논리적인 사고를 정교화한다.

평가 질문 2. 작가는 이 소설에서 '성장'이라는 주제가 잘 드러나도록 표현하고 있나요?

두 번째 질문은 작가의 표현 능력을 평가하는 것이다. 이 질문은 학생들에게 매우 생소할 수 있다. 중학교 1학년 학생들의 독후감을 보면 주로 효용론적 관점에서 책의 내용과 자기의 경험을 연결하는 방식의 독서 감상을 많이 한다. 작가가 주제를 잘 '표현'하고 있는가, 그렇지 않은가를 생각해 볼 기회는 별로 없었을 것이다. 그래서 작품의 어떤 요소를 중심으로 표현 효과를 평가할 수 있는지를 교사가 자세히 설명해 주어야 한다.

> 교사: 작가가 주제를 잘 표현하고 있는지를 어떻게 평가해야 할까요? 뭘 하라는 건지 잘 모르겠죠? 그렇다면 선생님이 제시하는 네 가지 요소를 한번 생각해 보세요.
> 첫째, 작가가 설정한 상황이 구체적이고 '성장'이라는 주제를 표현하기에 적합한가? 그렇지 않을 수도 있겠죠. 설정한 상황이 엉성하고 비현실적이어서 몰입이 안 되는 경우도 있어요.
> 둘째, '성장'이라는 주제를 표현하기 위해 끌어온 소재가 적절하고 참신한가? 그렇지 않을 수도 있겠죠. 어디선가 많이 본 소재라서 진부하다고 느껴지는 때도 있을 거예요.
> 셋째, 소설의 마지막 부분에서 인물이 어떤 행동이나 선택을 할 때는 그럴 만한 이유가 있어서 설득력 있는가? 그렇지 않을 수도 있어요. 인물의 행동이나 선택의 이유에 동의할 수 없어서 '왜 저렇게 끝나지?'라고 생각할 수도 있어요.

넷째, 사건을 배열하는 방식이 효과적이어서 '성장'이라는 주제를 전달하는 데에 도움이 되는가? 소설의 사건을 시간순으로 배열하는 경우는 거의 없고, 현재와 과거를 오가며 독자의 호기심을 자극하도록 배열하는 경우가 많죠. 줄거리만 들으면 평범한 내용인데, 읽으면서 계속 뒷이야기가 궁금해지는 소설이 있죠. 이런 경우 소설의 '구성'이 잘되었다고 해요.

이렇게 작품의 표현 요소를 평가하는 기준을 학생들에게 설명한 뒤, 역시 〈걷기왕〉에서 주제를 드러내는 데 사용한 표현 요소를 바탕으로 교사가 작성한 예시를 보여주었다.

> **예시 1**
> 육상이나 수영을 소재로 스피드를 겨루는 스포츠 영화는 있었지만, 비인기 종목인 '경보'를 소재로 한 영화는 보지 못해서 참신했다. 주인공이 멀미가 심해 차를 못 타서 잘 걷게 되었다는 설정도 재미있다. 달리기보다는 느리고 걷기보다는 빠른 '경보'라는 소재가 적절한 '삶의 속도'에 대해 질문을 던지는 영화의 주제와 잘 맞는 것 같다.
>
> **예시 2**
> 걸어서라도 전국체전에 꼭 나가고 싶어 했던 만복이가 경기 중간에 포기한다는 설정은 설득력이 부족한 것 같다. 물론 발이 매우 아파서 그랬겠지만, 조금만 더 가면 결승선인데 포기하는 것은 허무하게 느껴진다. 수지처럼 경보를 그만둘 수밖에 없는 좀 더 확실한 이유를 제시해야 관객들이 설득될 것 같다.

교사의 예시를 본 후, 《스프링벅》을 읽은 모둠은 '평가 질문 2'에 관해 이렇게 토론했다.

평가 질문 2. 작가는 성장이라는 주제를 잘 표현했는가?

잘 표현했다
- 동준이가 형의 죽음을 계속 극복해 나가려고 노력하는 것에서 성장이 잘 드러났다고 생각한다.

잘 표현하지 못했다
- 형의 자살은 동준이가 성장하기에는 거리가 조금 멀다고 생각한다. 성장하기보다는 오히려 절망에 빠질 수 있는 상황이라고 생각한다. 그리고 비교적 동준이가 멀쩡했기 때문에, 무거운 소재를 너무 가볍게 다룬 것 같다.
- 자살은 조금 무거운 문제이고 상처를 줄 수 있는데, 그것으로 성장을 다루는 것은 아닌 것 같다고 생각한다. (지인이 자살한 사람들에게 상처가 될 수 있다) 자살이라는 소재를 타인의 깨달음을 위해서만 쓴다면, 성장한 사람에게는 진실일 수 있어도 독자에게는 형의 죽음이 수단화된 느낌을 줄 수 있다고 생각한다.

《스프링벅》을 읽은 모둠에서는 '형의 자살이라는 무거운 소재를 다소 가볍게 다루었다', '자살이라는 소재를 등장인물의 깨달음을 위해서만 써서 죽음이 수단화된 느낌이 든다'고 작품을 비판했다. 해석의 타당성을 따지는 것은 별개의 문제이지만, 학생들이 작품을 무조건 수용하는 태도에서 벗어나 다른 시선으로 바라보기 시작했다는 것은 긍정적인 변화이다.

이 작품에서 '자살을 가볍게 다루었는가, 그렇지 않은가?', '죽음이라는 소재가 수단화되었는가, 그렇지 않은가?'라는 논쟁을 생성해 낸 것도 학생들이 비평을 통해 성장한 증거라고 할 수 있다.

(5) 가장 읽고 싶은 성장소설에 투표하기

이 단계는 여러 편의 성장소설을 비교하면서 성장소설의 공통적인 속성을 이해하는 '일반화' 과정이다. 한 편의 성장소설만 읽고 그 특성을 일반화하기는 어렵다. 그래서 지금까지 모둠별로 책 대화한 내용을 발표하며 공유하는 시간이 필요하다.

발표가 끝난 뒤에는 성장소설의 공통적인 속성을 시각적으로 확인하기 위해 모둠별로 '작가가 제시하는 성장의 정의'를 한 문장으로 적게 했다. 우리 모둠의 정의가 '정체성'의 개념과 밀접하다면 '정체성'이라는 핵심 개념 아래에, '관계'의 개념과 밀접하다면 '관계'라는 핵심 개념 아래에 붙이면 된다. 만약 '정체성'과 '관계' 모두에 관련된 정의라면 중간에 붙이면 된다. 그러면 같은 소설을 읽었지만 '정체성' 아래에 자석 보드가 많은 반도 있고, '관계' 아래에 많은 반도 있고, 골고루 붙은 반도 있다. 조금씩 다른 관점에서 소설을 읽었다는 증거이다.

그리고 칠판에 붙인 여섯 개의 '성장의 정의'를 보면서 성장소설의 표현 방식을 일반화하여 한 문장으로 진술하도록 한다. 이것이 바로 수업 설계 단계에서 교사가 설정한 '핵심 아이디어'이다.

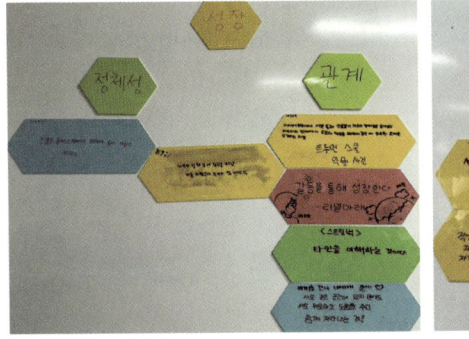
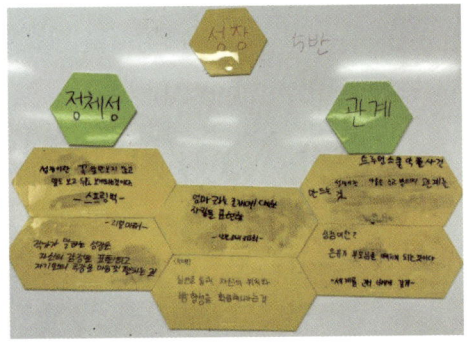

교사: 활동지 맨 위에 보면 '작가는 작품 속에서 어떻게 등장인물의 성장(주제)을 표현하는가?'라는 탐구 질문이 있어요. 이제 여러분이 이 질문에 답할 거예요. 지금까지 우리는 두 가지 개념을 중심으로 성장소설을 읽었는데, 그 개념을 활용해서 서술해 보세요.

> **핵심 아이디어(탐구 진술)**
> 작가는 성장소설에서 등장인물의 정체성과 관계 형성을 통해 주제를 드러낸다.

물론 서술어는 조금씩 달라질 수 있다. '정체성과 관계의 변화', '정체성을 찾고 관계를 개선하는 과정' 등으로 진술한 학생들도 개념을 잘 이해했다고 볼 수 있다.

핵심 아이디어를 정리한 뒤에는 자기가 읽지 않은 나머지 다섯 편의 소설 중에서 가장 읽고 싶은 작품에 투표한다. 발표를 잘한 '모둠'에 투표하는 것이 아니라, 성장이 잘 표현되어서 가장 읽고 싶은 '소설'에 투표하는 것이라고 강조한다. 4개 반에서 《세계를 건너 너에게 갈게》가 1위를, 1개 반에서 《스프링벅》이 1위를 했다. 한 팀당 10분 정도의 발표만 듣고 작품의 내용을 정확하게 파악할 수는 없다. 그렇지만 투표를 위해 다른 모둠의 발표를 경청하고, 다른 작품에서는 성장을 어떻게 표현하는지 관심을 두는 과정을 통해 성장소설의 보편적인 특성과 개별 작품의 개성을 발견하는 것에 의의가 있다.

3. 전이 - 작품을 해석·평가하는 문학 비평문 쓰기

'개념 탐구' 단계에서 모둠원들과 대화를 나누며 성장소설을 비평해 보았다면, '전이' 단계에서는 정말로 비평가가 되어서 문학 비평문을 써 본다. 학생들은 비평문에서 등장인물의 정체성과 관계가 어떻게 형성되고 변화하는지를 제시하면서 작품의 주제를 밝혀야 한다. '성장'이라는 핵심어는 글에 반드시 들어가야 하며, '정체성'과 '관계'라는 개념 중 하나 이상은 언급되어야 한다.

어떻게 써야 할지 막막해하는 학생들을 위해 실질적인 맥락에서 과제에 접근할 수 있도록 GRASPS 모형을 제시했다. 중1 수준에서 '비평문'을 쓰는 것은 상당히 어려운 일이다. 주관적인 관점에서 작품의 지엽적인 부분에 매달려 핵심을 비껴가지 않도록, 작품에서 근거를 들어 논리적으로 해석할 것을 강조한다.

목표(G)	성장소설을 읽고 문학 비평문을 작성하여, 이 작품을 읽었거나 읽으려 하는 독자들과 소통함
역할(R)	소설의 의미를 해석하고 작품성을 평가하는 비평가
청중(A)	중학생 정도의 학습자
상황(S)	《청소년 문학》이라는 잡지에 비평문을 투고해야 함
	다음의 요소를 포함하여 작성한 비평문 ① 처음 (1개 문단) - 간략한 줄거리를 포함해 독자의 흥미를 유발하도록 첫 문단을 시작하기 ② 중간 1: 작품 해석하기 (1~2개 문단)

결과물(P)	– 작품 속 구체적인 장면을 근거로 활용하여 등장인물이 어떤 성장을 했는지 분석하기. 정체성이나 관계의 형성과 변화를 바탕으로 작가가 정의하는 '성장'은 무엇인지 해석하기 ③ **중간 2: 작품 평가하기** (1~2개 문단) – 독자들은 작가가 정의하는 '성장'에 동의할지, 작가는 작품에서 '성장'을 설득력 있게 잘 표현했는지 평가하기 ④ **끝** (1개 문단) – 앞의 내용을 요약하고, 강조하고 싶은 내용이 있다면 강조하기. 이 작품이 나에게 어떤 영향을 미쳤는지, 누구에게 추천하고 싶은지 등을 쓰면서 자연스럽게 마무리하기
준거(S)	– 작품에 대한 이해가 드러나는가? – 작품에 대한 해석과 평가가 드러나는가? – 글의 구성과 형식은 적절한가? – 글에 사용된 표현은 효과적인가?

학생들에게 비평문 예시를 다양하게 보여주면 좋은데, 여러 개의 예시를 교사가 직접 작성하려면 품이 너무 많이 든다. 처음 시도하는 수업이라 전년도 학생들이 쓴 예시 자료도 많았다. 그래서 생성형 인공지능을 활용해 영화 〈걷기왕〉의 주제에 '동의/비동의'하는 버전과 '1000자/1500자' 버전으로 만들어서 총 네 가지를 제시했다. 생성형 AI는 〈걷기왕〉의 내용을 몰라서 틀린 정보를 쓰기도 했다. 학생들에게는 이런 부분을 보여주며 생성형 AI에 의존해서 글을 쓰면 안 된다는 점을 강조했다. 생성형 AI 예시문에서 참고할 점은 '처음-중간-끝'의 형식을 맞추는 것과 첫 문단에서 자연스럽게 화제를 언급하며 시작하는 방법 등이다.

이전 단계에서는 '구글 클래스룸'을 플랫폼으로 사용했지만, 최종 글쓰기에서는 '자작자작'을 활용했다. 구글 클래스룸의 이점은 공유 문서, 슬라이드, 스프레드시트를 활용해 모둠별로 공동 작업을 할 수 있다는 것이다. '자작자작'은 AI 피드백을 활용하기 위해 사용했지만, 부수적인 기능들의 이점도 있었다. 글자 수나 문단 수, 필수 단어를 지정할 수 있고, 'AI 도움 활성화', '여러 개의 글쓰기 허용' 같은 기능도 있다. 가장 좋았던 것은 '복사해서 붙여넣기 비활성화' 기능을 설정하니 아무 생각 없이 베낀 글이 확연히 줄었다는 점이다.

 AI 피드백의 가장 큰 장점은 '즉시성'이다. 교사가 학생의 글을 꼼꼼히 읽고 개별 피드백을 남기려면 상당한 시간이 걸리고, 피드백을 받은 때에는 글을 쓴 지 오래되어서 고쳐쓰기의 효과성도 떨어진다. AI 피드백을 활용하면 학생들이 글을 완성하는 순간 바로 피드백을 받아 고쳐 쓴 글로 최종 제출할 수 있다.

 그러나 학생들이 AI 피드백을 읽어도 무슨 말인지 못 알아들으면 무용지물이고, AI가 교사의 수업 설계 의도를 아주 면밀하게 파악하지는 못한다는 한계가 있다. 속도는 느리지만 가장 정확한 피드백은 교사 피드백이다. 우선 AI 피드백을 받아 고친 글로 평가한 뒤, 학년 문집에 글을 싣고 싶은 사람만 선생님의 개별 피드백을 받아 수정하는 방식으로 두 가지 피드백 방식을 절충했다.

 《스프링벅》을 읽은 예주는 이런 비평문을 작성했다.

목표를 잃고 1등만 좇는, 스프링벅 같은 사회

여러분은 '스프링벅'을 아시나요? 스프링벅은 남아프리카 칼라하리 사막에 사는 초식성 양입니다. 이 양들은 수백에서 수천 마리씩 무리 지어 다니다가 무리가 확대될수록 이상한 습성이 나오게 됩니다. 양들은 선두에서 더 많은 양의 풀을 먹기 위해 아무 생각도 없이 뛰다가 절벽을 만나면 떨어져 죽게 됩니다. 원래 목적을 잃고 앞만 보고 달리는 스프링벅이 미련해 보이기도 합니다. 하지만 우리 사회에서도 스프링벅 현상 같은 일들을 매우 빈번하게 볼 수 있습니다.

　이 책은 형의 죽음을 겪은 주인공 동준이의 이야기입니다. 공부를 잘해 일류 대학에 간 형 성준이는 가족의 자랑거리였습니다. 그러던 어느 날, 잘 지낼 줄만 알았던 형의 부고 소식을 듣게 됩니다. 형의 죽음으로 인해 가족들은 모두 피폐해집니다. 어느 날 동준이는 과외 선생님인 장근이 형에게 숨겨진 내막을 들을 수 있었습니다. 어머니가 장근이 형에게 대리 시험을 부탁했고, 대리 시험으로 명문대에 합격한 성준이 형은 죄책감에 자살을 선택합니다. 이 사실을 알고 충격을 받은 동준이는 엄마와 장근이 형을 용서해야 하는지, 말아야 하는지 딜레마에 빠지게 됩니다.

　딜레마에 빠진 동준이는 결국 엄마와 장근이 형을 용서하는 선택을 합니다. 동준이는 고통스러워하는 엄마를 보며 엄마가 평생 짊어지고 갈 마음의 돌덩이를 이해하고 엄마가 빨리 원래대로 돌아오길 바라게 됩니다. 이 장면에서 원망의 대상이기만 했던 엄마를 이해하려고 노력하며 동준이는 정신적 성장을 이루게 됩니다.

　동준이가 연극부라는 설정은 이 책의 주제를 표현하는 데 매우 중요한 부분입니다. 연극부의 친구 창제의 가출은 자주적인 성장을 표현합니다. 평생을 부모님이 하라는 대로 살아온 창제는 자신을 품고 있던 무거운 흙을 처음으로 뚫은 어린 새싹 같습니다. 또 연극에서 동준이가 연기하는 '미키'는 아버지가 원하는 모습대로만 살아오다가 울분을 토하는 인물입니다. 동준이는 미키에게 공감하며 '주체적인 삶'의 중요성을 깨닫습니다.

　저는 이 책을 읽으며 책에서 정의하는 성장을 크게 3가지로 나누어 봤습니다. 주체적인 삶, 용서 그리고 중요한 것들을 놓치지 않는 것입니다. 여기서 가장 중요한 하나를 꼽는다면 주체적인 삶이라고 생각합니다. 책의 내용 중 가장 큰 사건은 형의 자살입니다. 그런데 만약 형이 어머니의 대리 시험 권유를 뿌리치고 자신만의 신념과 생각을 가지고 주체적으로 행동했다면 어땠을까요? 아마도 형이 양심의 가책을 느껴 극단적인 선택을 하는 일은 없었을 것입니다. 창제의 가출, 연극의 대본들도 주체적인 삶을 두드러지게 표현하고 있습니다. 작가는 이러한 장면을 통해 독자가 동의하도록 주제를 잘 표현하고 있습니다.

> 우리 사회가 스프링벅과 닮았기에 독자들은 이 소설에 많이 공감할 것 같습니다. 모두 1등을 좇고 자신이 중요하게 생각하는 것은 까마득히 잊은 채 삶을 경쟁적으로 살아갑니다. 저는 이 책은 읽은 후 제가 정말 달성하고 싶은 목표가 무엇인지, 제 가치관이 무엇인지를 다시 한번 생각하게 되었습니다. 항상 공부로 1등을 하고 싶던 제 모습은 형의 모습과 닮아 있습니다. 저도 이 책에 나온 형처럼 성공에만 집착하다가 중요한 것을 놓칠 수 있음을 반성하게 되었습니다. 그래서 저는 목표를 잃고 1등을 좇는 스프링벅 같은 사회의 모든 사람들에게 이 책을 추천하고 싶습니다. 우리 사회의 스프링벅 현상, 어떤 문제보다도 가장 먼저 해결해야 하는 문제 아닐까요?

이 글은 '정체성'과 '관계'의 형성을 통해 인물이 성장하는 소설의 내용을 잘 해석하고 있다. 주인공이 어머니를 용서하면서 정신적으로 성장한다는 점, 동준이와 창제가 연극부를 하면서 주체적인 삶의 중요성을 깨닫는다는 점 등을 근거로 제시하고 있다. 또한 우리 사회가 스프링벅과 닮았기에 독자들이 공감할 수 있으며, 작가는 여러 장치를 통해 주제를 잘 표현하고 있다는 점을 나름대로 근거를 들어 서술했다. 형의 죽음의 원인이 '주체성 없는 삶'에 있다고 해석하고, 필자 자신도 스프링벅과 같은 삶을 살고 있다는 반성을 통해 작품을 내면화하고 있다는 점도 돋보였다. 글의 연결이나 어휘 선택이 세련되지 않더라도 이렇게 자기 생각이 담긴 글을 만날 때, 가르친 보람을 느낀다.

4. 성찰 – 내가 성장한 순간은 언제인가요?

학생들의 변화와 성장을 확인할 수 있는 '성찰' 단계는 학생들에게도 의미가 있지만, 무엇보다 교사가 그간의 노력에 보상받을 수 있는 행복한 시간이기도 하다. 성찰은 자주 할수록 좋지만, 시간을 내기가 어려워서 크게 두 번 제시했다. 모둠 발표 이후에 한 번, 비평문 쓰기 이후에 또 한 번 성찰의 시간을 가졌다. 성찰 단계에서 제시한 질문은 다음과 같다.

성찰 질문 목록

모둠 발표 후 성찰 질문
1. 우리 모둠의 책 대화는 논리적으로 이루어졌나요? 그렇게 생각하는 이유는 무엇인가요?
2. 책 대화 후 생각이 바뀌거나 새롭게 알게 된 점은 무엇인가요? 구체적으로 서술해 주세요.
3. 어느 모둠이 발표를 가장 잘했다고 생각하나요? 잘했다고 생각한 이유는 무엇인가요? (발표 태도가 아닌, 작품을 해석하고 평가한 내용을 중심으로 쓰세요.)
4. 우리 모둠 발표의 잘한 점은 무엇인가요? 그렇게 생각한 이유는 무엇인가요?
5. 우리 모둠 발표의 아쉬운 점은 무엇인가요? 그렇게 생각한 이유는 무엇인가요?

비평문 쓰기 후 성찰 질문
1. AI 피드백을 수용해서 고친 부분은 어디인가요? (문법적인 부분 제외, 내용 면에서)
2. AI 피드백을 수용하지 않은 부분은 무엇인가요? 이유는 무엇인가요? (문법적인 부분 제외, 내용 면에서)
3. 지금까지 살면서 내가 성장했다고 생각하는 순간은 언제인가요? 나의 정체성 형

성에 영향을 준 사건이었나요? 아니면 관계를 통해 성숙해지는 계기였나요? 둘 다일 수도 있습니다. '내 인생의 성장 순간'을 구체적으로 적어주세요.
4. 작가는 왜 성장소설을 쓸까요?
5. '성장소설 읽고 문학 비평문 쓰기' 프로젝트 수업에서 배운 점은 무엇인가요?
6. '성장소설 읽고 문학 비평문 쓰기' 프로젝트 수업에서 어려웠던 점은 무엇인가요?

이 중에서 '함께 읽기'의 의의를 확인할 수 있었던 '모둠 발표 후 성찰' 2번 질문, 수업의 핵심 아이디어와 관련이 깊은 '비평문 쓰기 후 성찰' 3번과 4번 질문, 프로젝트 전체의 의의를 확인할 수 있는 '비평문 쓰기 후 성찰' 5번 질문이 특히 의미가 있어서 정리해 보았다.

발표 후 성찰 2. 책 대화(토의·토론) 후 생각이 바뀌거나 새롭게 알게 된 점은 무엇인가요?

개념기반 탐구학습이 꼭 모둠 활동으로 이루어져야 하는 것은 아니지만, 어려운 개념을 탐구할 때 집단 지성이 힘을 발휘하기도 한다. 학생들의 답변을 통해 '함께 읽기'의 힘을 확인할 수 있었다.

- 인상적인 문장이 다 같을 줄 알았는데, 모두 똑같은 책을 읽었음에도 인상적인 문장이 다 달라서 놀랐다.
- 《스프링벅》에서 동준이가 어머니를 용서하지 않는 것이 맞다고 생각했는데, 토론 후 의견이 바뀌었다.
- 친구와의 갈등이 다른 사람에게도 일어나는 일이라는 것을 알았다.

- 《식스팩》이 읽을 때는 이해가 잘 됐는데, 막상 설명하려고 하니까 어려웠다.
- 토의 후 모둠원의 생각이 내 생각과는 다르다는 것을 깨달았고, 성장에 대해 생각하는 게 다르다는 것을 알았다.
- 새롭게 알게 된 점은 릴리가 트레버에게 먼저 사과한 부분에서도 사람마다 느낀 감정이 다르다는 것이다.

대화하지 않으면 사람들이 모두 나와 같은 생각을 한다고 착각하기 쉽다. 학생들은 책 대화를 통해 똑같은 작품을 읽어도 사람들의 생각이 서로 다르다는 것을 비로소 확인한다. 그러면서 다른 사람의 생각을 받아들이기도 하고, 내 생각의 근거를 탄탄하게 만들기 위해 더 깊이 사고하기도 한다. '친구와의 갈등이 다른 사람들에게도 일어나는 일이라는 것을 알았다.'라고 쓴 학생은 친구와의 갈등이 자기만 겪는 일이 아니라 보편적인 일이라는 것에 위로받았을 것이다. '《식스팩》이 읽을 때는 이해가 잘 됐는데, 막상 설명하려고 하니까 어려웠다.'라고 쓴 학생은 '안다는 착각'에서 벗어나 더 깊이 알아야 말로 표현할 수 있다는 깨달음을 얻은 것 같다. 동료들과 함께 작품을 읽고 대화했기에 얻을 수 있는 것들이다.

쓰기 후 성찰 3. 지금까지 살면서 내가 성장했다고 생각하는 순간은 언제인가요?

1차시에 같은 질문을 제시했을 때는 '중학교에 입학했을 때, 동생에게 내 물건을 빌려줬을 때'처럼 단순한 답변이 많았다. 프로젝트의 마지막 차시에도 똑같은 질문을 제시해 어떤 변화가 있었는지 살펴보았다.

정체성과 관련된 경험
- 과학잡지에서 환경이 파괴되고 있다는 사실을 알았던 순간이다. 그때부터 환경을 보호해야 한다고 생각했다. 그래서 자원 낭비를 줄이려고 노력하고 환경 관련 책들을 찾아보기 시작했다.
- 꼭 붙고 싶은 시험에서 떨어졌을 때. 비록 떨어졌어도 값진 경험을 얻었다. 자신의 진짜 실력을 볼 수 있는 기회일 수 있기 때문이다.
- 나는 한때 내가 이 세상에서 쓸모없고 우울한 사람이라고 생각했다. 그런데 다양한 사람들을 만나면서 나만 이런 게 아니라고 생각하게 되었다. 모두들 그런 감정을 느끼는데, 내가 너무 그 감정에 집중해서 행복한 일들을 알아보지 못해 생긴 일인 것 같다.
- 어느 순간에 난 더 이상 누구에게 그렇게 의지하지 않고 혼자 할 수 있다는 걸 알게 되었다.

관계와 관련된 경험
- 예전에는 부모님이나 친구들의 가벼운 농담이나 놀림에도 발끈하는 속 좁은 사람이었는데, 요즘은 멘탈이 강해져서 어떤 장난도 대부분 웃어넘길 수 있는 사람이 된 것 같다.
- 어릴 때는 내 마음이 가장 중요해서 엄마와 다투면 엄마의 입장을 이해하지 못했다. 하지만 시간이 지나면서 엄마의 마음도 헤아리게 되고 엄마의 시선으로 나를 바라보게 되었다. 엄마가 나를 생각하는 마음이 컸다는 것을 알았기 때문에 속상한 마음이 줄어들었다.
- 친구와 싸웠다가 내가 사과했을 때. 왜냐하면 《트루먼 스쿨 악플 사건》에 나왔던 것처럼 잘못을 뉘우치고 사과할 용기가 생긴 것이기도 하고, 내가 한 일에 대한 책임을 진 것이기도 하기 때문이다.

학생들은 같은 질문에 조금 더 다양하고 깊어진 시각을 내비쳤다. 자기중심성에서 벗어나 자기를 객관적으로 바라보고, 가치관을 세우고, 다른 사람의 마음을 헤아리거나 자기의 잘못에 대해 사과하는 것 등을 성장이라 생각하고 있었다.

쓰기 후 성찰 4. 작가는 왜 성장소설을 쓸까요?

이 질문은 '[9국05-03] 인간의 성장을 다룬 작품을 읽으며 문학의 가치를 내면화한다.'라는 2022 개정 국어과 교육과정의 중학교 문학 영역 성취기준과 관련하여 학생들이 성장소설의 의미와 가치를 한 번 더 생각하도록 만든 개념적 질문이다.

- 캐릭터가 처음에는 약했지만, 시간이 갈수록 단단해져 가는 과정이 독자들에게 힘을 줄 수도 있고, 성장을 통해 독자들이 자기 자신을 되돌아보는 기회를 가질 수 있기 때문이다.
- 작가도 자신의 경험과 성장했던 순간을 주인공의 이야기에 담으며 성장할 수 있기 때문이다.
- 성장은 변화와 갈등을 기본으로 하기 때문에, 이야기의 전개가 흥미로울 수 있고, 독자가 더 쉽게 공감할 수 있기 때문이다.

학생들의 답변을 살펴보면, 작가가 독자의 성장을 돕기 위해 성장소설을 쓴다고 생각했고, 작가 자신도 성장하고 싶어서, 또는 독자들이 선호하기 때문에 쓴다고 생각하기도 했다. 비평 이론을 가르친 적은 없지만, 작가 중심의 '표현론적 관점'과 독자 중심의 '효용론적 관점'을 자연스럽게 담아 서술해 주었다. 작가도 독자를 의식해 독자가 공감할 만한 작품을 쓴다는 답은 문학 작품이 생산·수용되는 맥락까지 고려하고 있다.

쓰기 후 성찰 5. '성장소설 읽고 문학 비평문 쓰기' 프로젝트 수업에서 배운 점은 무엇인가요?

이 질문은 모든 프로젝트 수업의 마지막에 끼워 넣는 질문이다. 형식적인 질문일 수도 있지만, 이 질문의 답을 읽으면 수업의 의의를 교사보다 학생들이 더 잘 안다는 생각이 들 때도 있다. 학생들의 서술을 모아보니, 크게 '읽기에 대한 인식, 글쓰기에 대한 인식, 성장 그 자체' 이렇게 세 범주로 나눌 수 있었다.

읽기에 관한 것
- 성장소설을 읽으며 그 내용을 파악하고 해석하며 주인공의 행동에 대한 이유를 찾아나가는 활동으로, 평소에는 아무 생각 없이 읽기만 했던 소설을 자세히 살펴보니 많은 깊은 뜻이 담겨 있다는 것을 깨닫고 배우게 되었다.
- 소설을 비평할 수도 있고 새로운 관점에서 해석할 수 있다는 사실을 배웠다. 그냥 읽었을 때랑 생각하면서 읽는 것이 차이가 많이 나는 것 같다. 앞으로도 생각하면서 읽어야겠다.
- 평소에는 그저 문학이라는 게 감정으로 느끼고 감동하거나 작품 속에 담긴 어떤 교훈을 얻으면 그만이라고 생각했다. 하지만 비평문을 쓰는 과정에서 앞으로 문학 작품을 읽을 때는 그 작가가 표현한 방식에 대해서도 유심히 살펴봐야겠다는 걸 알게 되었다.

쓰기에 관한 것
- 글을 쓰는 경험이 늘었고, 문단 구성 방법에 대해 조금 알았다.
- 비평문은 형식적으로 매우 잘 짜야 한다는 걸 알았다.
- 비평문이 비판만 해서 나오는 게 아니라, 자신의 의견과 함께 객관적인 시선으로 작품을 봐야 한다는 것을 알았다.
- 그냥 책을 읽기만 했는데, 비평문을 쓰니 책이 더 오래 생각날 것 같다.

성장 그 자체에 관한 것
- 성장에 대해서 진지하게 생각해 본 적이 없었는데, 이 프로젝트를 통해 성장에 대해 곰곰이 생각해 보게 되었다.
- 내가 전부터 느낀 성장과 작가가 말하는 성장을 비교해 볼 수 있게 되었다. 그로 인해 어떤 한 사람이 성장하는 방법은 무궁무진하다고 생각하게 되었다.
- 성장이라는 것이 오직 나이를 먹는다는 것이 아니라, 다른 방식으로도 성장할 수 있다는 것을 알았다.

학생 성찰글을 읽고 가장 기분이 좋았던 부분은 학생들이 '깊이 읽기'의 가치를 스스로 깨달았다는 점이다. 수업 중에 '깊이 읽기'를 특별히 강조하지 않았으나, 작품 해석을 위한 질문을 만들고, 작품을 평가하기 위한 근거들을 곰곰이 생각해 친구들과 토론하면서 저절로 '깊이 읽기'를 체험하게 된 것 같다.

이제 막 초등학교를 졸업한 중1 학생들을 근근이 끌고 간 프로젝트 수업이었다. '이건 중1에게 너무 어렵지 않나?'라는 생각하며 나조차 흔들리기도 했지만, 그래도 그 속에서 학생들은 선생님의 의도를 알아차리려 노력해 주었다.

개념기반 탐구학습의 가장 큰 강점은 학생들 스스로 '깊이' 탐구한다는 것이다. 깊이 있는 탐구가 가능한 것은 '개념'이 학습의 초점이 되기 때문이다. '성장', '정체성, 관계'라는 개념이 읽기의 초점이 되었기 때문에 평소보다 소설을 좀 더 깊이 읽을 수 있었다. 이렇게 '개념'은 수업의 응집력을 만든다. 개념이 탐구의 초점이 되면 길을 잃지 않고 깊이 파고들 수 있게 된다.

성장소설 작가가 독자의 성장을 바라며 성장소설을 쓰지만 결국 자신도 성장하는 것처럼, 학생들의 성장을 바라며 이 수업을 기획했던 나도 '개념기반 탐구학습'을 통해 성장했다는 것을 느낀다.

국어 교사를 위한 실천 팁

1. 작품의 테마에 맞춰 핵심 개념을 뽑는다
성장소설에서 '정체성'과 '관계'라는 핵심 개념을 중심으로 읽은 것처럼, '가족'이나 '사회 문제', '죽음' 등 작품의 장르나 테마에 맞춰 핵심 개념을 설정하고, 그 개념에 초점을 맞춰 읽으면 읽기의 밀도가 높아진다.

2. 학생들 스스로 핵심 개념을 도출하게 한다
교사가 이미 마음속에 핵심 개념을 설정해 두긴 했지만, 처음부터 핵심 개념을 학생들에게 노출하지 말고 학생들이 핵심 개념의 언저리까지 갈 수 있도록 질문을 던진다. 첫 수업 시간에 학생들이 성장을 정의하도록 한 것처럼, 작품의 장르나 테마에 맞게 포괄적인 질문을 하고 학생들의 답을 공유해 보자. 생각보다 핵심에 가까이 다가가는 모습을 볼 수 있다.

3. 여러 작품을 맛보면서 개념을 일반화하면 좋다
한 편의 성장소설만 읽고서 성장소설의 특성을 일반화하기는 어렵다. 모둠별로 다른 작품을 읽고 공유하는 과정을 통해 특정 장르나 테마의 일반적인 속성을 자연스럽게 파악하도록 해보자. 장편소설이 부담스럽다면 단편소설로 시작하는 것도 좋다.

4. '성찰'은 다시 핵심 개념으로 돌아가는 것이다
마지막 단계인 '성찰'은 단순히 배운 점, 느낀 점만 쓰는 것이 아니라, 핵심 개념을 다시 한번 확인하는 단계이다. 첫 시간에 제시한 핵심 질문을 마지막 시간에 한 번 더 제시하면, 학생들 생각의 변화와 성장을 확인할 수 있다.

수업 사례 4

연결하고 통합하는 진로 독서 수업

유상은

목표 정하기	개념 탐구하기
전이하기	성찰하기

수업 개요

진로에 대해 묻는 수업은 언제나 조심스럽다. 대답을 머뭇거리는 학생도 많고, 그나마 말을 꺼낸 아이도 "아직 잘 모르겠어요."라고 말하기 일쑤다. 그럴 땐 오히려 내가 불안해지고, 또 이런 생각도 든다. 이 아이들은 지금 자신을 잘 모르고 있다는 자책 속에 빠져 있진 않을까? 진로라는 말에, 너무 일찍부터 삶이 하나의 틀 안에 갇혀야 한다는 압박을 느끼고 있는 건 아닐까?

그래서 이번 진로 독서 수업을 '답을 정하는 시간'이 아니라 '관계를 발견하는 시간'으로 만들어 보기로 했다.

- 나는 어떤 분야에 관심이 있고, 왜 그럴까?
- 다른 사람들은 이 분야를 어떤 관점으로 보고 있을까?
- 내가 읽은 글과 세상의 문제는 어떤 실로 연결되어 있을까?

학생들은 이런 질문에서 출발해 자기 관심사와 글을 엮고 글과 사회 문제를 연결하면서, 진로를 단순한 '직업 선택'이 아닌 '나와 세상을 잇는 사유의 과정'으로 경험하게 된다. 그래서 수업의 흐름도 질문에서 시작해 연결을 경험하고, 여러 글을 비교·대조하며 통합을 시도한 뒤, 그 과정을 자기 언어로 전이하여 성찰하는 순서로 설계했다. 각 차시는 단순한 활동이 아니라, 학생들이 '나와 세계를 어떻게 연결하고, 그것을 하나의 관점으로 묶어낼 수 있는가'를 체험하게 하는 단계였다.

이 여정을 이끌어 가는 중심 개념은 '연결'과 '통합'이었다. 개념은 교사가 주지하는 것이 아니라 학생이 탐구의 과정 끝에서 비로소 발견하는 이름이 되었다. 예컨대 1차시에는 자기 관심사에서 질문을 만들도록 하여 이후 탐구의 방향을 스스로 정하게 했고, 2차시에는 또래 학생들의 글을 읽으며 '연결'의 의미를 경험하게 했다. 3차시에는 여러 자료를 비교해 공통된 주제를 묶으며 '통합'을 발견하도록 했고, 이후 개인별 탐구 글쓰기로 전이하는 과정을 거쳤다. 마지막 차시에는 자기 언어로 개념을 정리하며 성찰을 남기게 했다. 이렇게 전체 흐름이 '질문 – 연결 – 통합 – 전이 – 성찰'의 구조로 이어지도록 의도했다.

이 수업에서 진로 독서는 곧 자신을 읽고, 세상을 읽고, 두 세계를 하나의 맥락으로 묶어내는 경험이었다. 수업의 흐름을 따라가다 보면, 한 학생이 어떻게 자신의 관심사로부터 탐구 질문을 끌어내고, 자료를 찾아 읽으며 연결을 시도하고, 다시 그 의미를 자기식으로 통합해 가는지를 확인할 수 있다. 그리고 마지막에는 자신이 변화했다고 고백하는 순간과 마주하게 된다. 교사인 나로서는 그 순간을 곁에서 지켜보는 것만으로도 충분한 보람이었다.

그러한 변화의 과정을 하나하나 짚어가며, 개념기반 탐구학습이 진로 독서 수업에서 어떻게 살아 움직였는지를 보여주고자 한다. 이 수업의 목표는 단지 완성도 높은 결과물을 쓰는 데 있지 않다. 학생들이 질문을 통해 자기 삶을 이해하고 성찰하는 방식 자체를 기르는 것이 이 수업의 처음이자 끝이었다.

그리고 이 책을 읽는 교사들에게는 이 경험이 단순한 수업 기록이 아니라 '진로 독서를 어떻게 설계해야 하는가?'에 대한 또 하나의 길잡이가 되기를 바란다. 교사의 고민과 학생의 탐구가 만나는 자리에서 국어 수업은 더 깊고 생생한 의미를 얻게 될 것이다.

수업 과정 및 내용

단계	차시	수업 내용
개념 탐구	1차시	나의 진로, 나의 질문 – 진로 키워드 마인드맵 그리기 – 개인 관심사 기반 질문 생성 – 모둠 구성 및 독서 주제 정하기
	2차시	학생 글을 읽으며 출발하는 개념 탐구 – 개별 자료 2편 이상 선택 – 자료에서 끌어낸 질문 정리 – 서로 다른 글에서 '나와 연결되는 요소' 찾기
	3차시	서로 다른 글을 하나의 시선으로 바라보기 – 읽은 자료 간 공통점과 차이점 정리 – 유사한 문제를 어떻게 다르게 다루고 있는지 비교 – 공통된 주제나 가치 키워드 뽑기
	4~6차시	개인별 독서 활동
전이	7차시	개념을 나의 언어로 쓰고, 나의 방식으로 의미화하기
성찰	8차시	내 삶을 연결한 독서

1. 수업 목표 정하기

이 수업은 학생들이 독서를 통해 자신을 탐구하고 세상을 이해하는 경험을 하도록 설계되었다. 단순히 책 속 정보를 있는 그대로 받아들이는 데 그치지 않고, 읽기를 통해 스스로를 이해하고 세상을 바라보는 관점을 넓히는 데 초점을 두었다. 학생들은 자신의 관심사나 경험에서 출발해 탐구 질문을 만들고, 다양한 글을 읽으며 저자의 관점이나 사회적 맥락을 분석한다. 글 속에서 발견한 통찰을 자신의 삶과 연결함으로써, 진로를 하나의 '목표'가 아니라 '삶의 방향을 찾아가는 여정'으로 재해석하게 된다.

이 과정에서 학생들은 독서를 통해 세상을 해석하고 재구성하는 사고력을 기른다. 서로 다른 관점을 비교하고 통합하며, 여러 텍스트를 유기적으로 연결해 의미를 만들어 내는 과정 속에서 사고의 깊이가 확장된다. 독서는 단순한 정보의 소비가 아니라, 자신만의 시선으로 세상과 관계 맺는 창조적 행위가 되는 것이다.

오늘날처럼 변화의 속도가 빠르고 불확실성이 큰 시대에는 지식을 단순히 축적하는 것보다 개념을 중심으로 사고하고 연결하는 능력이 더욱 중요하다. 세상에 존재하는 수많은 정보들 중에서 자신에게 필요한 정보를 선별하고, 그것을 새로운 맥락 속에서 재구성해 의미를 만들어 내는 힘이야말로 복잡한 사회를 살아가는 데 필요한 진정한 역량이다. 독서를 통한 이러한 '연결'과 '통합'의 경험은 학생들이 자신과 세계의 관계를 스스로 탐색하며, 주체적인 삶의 방향을 세워 나가는 밑거름이 될 것이라고 생각한다.

성취기준의 재해석

이 수업에 적용한 성취기준은 다음과 같다.

> [10공국1-02-02] 자신의 진로나 관심 분야와 관련한 다양한 글이나 자료를 찾아 주제 통합적으로 읽고 읽은 결과를 공유한다.

이 성취기준은 단순히 글을 많이 읽거나 요약하는 능력이 아니라 통합적으로 읽는 과정을 강조한다. 나는 이를 '삶과 관심, 사회적 관점을 유기적으로 연결해 사고하는 힘'으로 해석했다. 따라서 이 수업에서는 세 가지 요소를 반드시 포함해야 한다.

> **자기 주도성**
> '자신의 진로나 관심 분야'를 스스로 정의할 수 있어야 한다.
>
> **통합적 사고**
> 복수의 자료를 연결·비교하며 새로운 의미를 도출해야 한다.
>
> **표현과 공유**
> 단순 요약을 넘어 관점을 구성하고 자기 언어로 의미를 생성해야 한다.

이 기준을 실제 수업으로 구현하기 위해 핵심 개념을 '연결'과 '통합'으로 설정했다.

'연결'은 개별 관심사와 글의 내용을 이어붙이는 활동이 아니라, 질문을 매개로 자신의 삶과 외부 세계를 잇는 사고 구조이다. '통합'은 여러 자료를 나열하는 데 머무르지 않고, 비판적으로 비교하고 분석하여 새로운 시각을 만들어 내는 의미 창출이다. 또한 독서 활동은 학생들이 방대한 자료 속에서 스스로 필요한 정보를 찾아내고 취사선택하는 훈련이 되기도 한다. 이는 미래 사회에서 요구되는 정보 활용 능력과도 직결된다. 따라서 이 수업은 단순한 독서 수업을 넘어, 학생들이 개념적 사고와 정보 활용이라는 두 가지 중요한 학습 경험을 동시에 얻게 하려는 의도가 담겨 있다.

개념을 가르치지 않고 경험하게 하기

개념은 가르치는 것이 아니라 경험 속에서 발견되어야 한다. 그래서 첫 수업에서는 "요즘 여러분이 궁금한 것은 무엇인가요?"라는 질문에서 출발했다. 학생들은 관심사를 마인드맵으로 정리하며 자기 질문을 만들었고, 그 질문은 이후 독서의 방향이자 평가의 출발점이 되었다. 결국 학생들은 탐구 과정을 거쳐 도착지에서야 '연결'과 '통합'이라는 이름을 발견하게 된다.

이러한 수업 구조를 통해 학생들이 도달해야 할 학습 목표는 다음과 같다.

- 스스로 관심 주제를 설정하고 탐구 질문을 구성할 수 있다.
- 유사한 주제의 복수 자료를 선정하여 공통된 개념 또는 논점으로 비교·분석할 수 있다.

- 비교를 통해 자신만의 관점을 형성하고, 그 의미를 자기 언어로 정리하여 표현할 수 있다.

이러한 목표에 따라 수행평가는 질문 중심 글쓰기를 기반으로 구성했다. 평가 기준은 다음과 같이 정비했다.

평가 요소 및 기준

평가 요소	평가 기준
이해	제시된 글을 정확하고 설득력 있게 요약하며, 핵심 내용을 잘 파악하였는가?
분석·평가	읽은 글에 대해 자신의 탐구 질문을 명확히 설정하고, 그 질문에 타당한 근거를 들어 분석적으로 서술하였는가?
창안	유사 주제를 다룬 두 개 이상의 자료를 읽고, 자기 관점에서 통합하거나 재구성하여 새로운 통찰을 도출하였는가?
구성·표현	네 문단 구조(질문-요약-통합-성찰)를 갖추고, 글의 흐름과 표현이 논리적이며 분량도 적절한가?

질문에서 출발하는 진로 독서의 구조화

이 수업은 질문이 글쓰기의 재료가 아니라 사고의 구조가 되도록 설계되었다. 그래서 처음부터 학생들에게 몇 가지 유형의 질문을 제시했다.

- **사실적 질문**: 내가 관심 있는 분야를 다른 사람들은 어떤 시선으로 바라보고 있을까?
  → 학생들이 개별 자료 속에서 '타인의 관점'을 찾아내도록 이끌기 위해 던진 질문이다. 글을 읽는 출발점이자, 자신과 타인의 관심이 어떻게 만날 수 있는지 살펴보는 통로가 되었다.
- **개념적 질문**: 내가 가진 관심이나 질문은 세상의 어떤 흐름과 이어질 수 있을까? 다양한 글을 통해, 한 가지 주제에 대해 어떻게 관점을 확장할 수 있을까?
  → 학생들이 자료를 단순히 나열하는 데 머물지 않고, 서로 다른 텍스트를 비교하며 개념적 연결을 스스로 발견하도록 돕는 데 활용했다.
- **논쟁적 질문**: 진로 독서는 '직업 찾기'가 아니라면 어떤 의미가 있을까? 아직 뚜렷한 꿈이 없어도, 관심 분야를 읽고 생각하는 건 어떤 가치가 있을까?
  → 이 질문을 통해 학생들은 '진로 독서'의 본질을 다시 사유하며, 직업 탐색을 넘어 삶과 가치에 대한 탐구로 나아갈 수 있었다.

이처럼 질문은 수업 전체의 뼈대이다. 학생들은 '왜 이 주제가 나에게 중요한가?'라는 문제의식을 중심으로 글을 읽고 비교하고 사유할 수 있다. 질문 없는 독서는 따라 읽기에 불과하지만, 질문 있는 독서는 자기 삶을 해석하는 일이 된다. 진로 독서 수업의 흐름은 결국 학생의 질문을 중심축으로 삼아 조직되었으며, 학생들의 질문은 그들의 삶에 뿌리내린 시선이자 성찰의 시작점이었다. 이 수업의 목적은 글을 잘 쓰는 데 있지 않고, 질문을 통해 스스로의 삶을 이해하고 확장하는 방식을 기르는 것에 두었다.

단원 설계

단원명	진로 독서, 나를 연결하고 세상을 통합하다	학년	고등학교 1학년
핵심 아이디어	진로 독서는 '나'와 '세상'을 연결하는 통합적 사고의 출발점이다.		

핵심 질문	[사실적 질문] • 내가 관심 있는 분야를 다른 사람들은 어떤 시선으로 바라보고 있을까? [개념적 질문] • 내가 가진 관심이나 질문은 세상의 어떤 흐름과 이어질 수 있을까? • 다양한 글을 통해, 한 가지 주제에 대해 어떻게 관점을 확장할 수 있을까? [논쟁적 질문] • 진로 독서는 '직업 찾기'가 아니라면 어떤 의미가 있을까? • 아직 뚜렷한 꿈이 없어도 관심 분야를 읽고 생각하는 건 어떤 가치가 있을까?

내용 요소	지식·이해	인문, 예술, 사회, 문화, 과학, 기술 등 다양한 분야의 글
	과정·기능	진로나 관심 분야에 대한 주제 통합적 읽기
	가치·태도	지식 교류와 지식 구성 과정에서 독서의 영향력에 대한 성찰

성취기준	[10공국1-02-02] 자신의 진로나 관심 분야와 관련한 다양한 글이나 자료를 찾아 주제 통합적으로 읽고 읽은 결과를 공유한다.

2. 개념 탐구 - 연결과 통합의 의미 찾기

(1) 학생의 삶 속에서 발견하는 개념

수업 첫 시간. '진로 독서'라는 수업이지만, 나는 학생들에게 '진로'라는 단어를 꺼내지 않기로 결심했다. 대신 이렇게 물었다.

> **교사**: 요즘 무엇에 관심이 있나요?

질문은 단순했지만 교실은 금세 조용해졌다. 손을 드는 학생은 없었다. 예상했던 반응이었다. 나는 조용히 칠판에 단어 몇 개를 적어가기 시작했다. 관심, 흥미, 질문, 불편함……

> **교사**: 꼭 여러분이 좋아하는 게 아니어도 괜찮아요. 요즘 자꾸 눈에 들어오는 주제, 잘 모르겠는데 이상하게 끌리는 분야…… 다들 그런 거 있지 않나요?

잠시 뒤 학생들은 활동지 1차시 1번 항목의 지시에 따라 자신의 관심 키워드를 마인드맵 형태로 하나둘 적어가기 시작했다. 어떤 학생은 '환경'을 크게 적고 그 아래 '기후 변화', '동물 멸종' 같은 가지를 뻗었고, 또 다른 학생은 '인간'이라는 단어 아래 '감정', '행복의 조건', '관계' 같은 말들을 적어나갔다. 나는 이 활동이 단순히 키워드 정리에 머무는 것이 아니라, 학생들이 자신만의 탐구 질문을 형성하는 사고의 출발점이 되도록 설계했다.

이어지는 2번 항목에서는 '나는 무엇이 궁금한가?', '왜 그것이 나에게 중요한가?'라는 질문을 직접 만들게 했다. 학생들은 '왜 인간은 감정에 따라 판단이 달라질까?', '기술이 인간의 윤리를 대체할 수 있을까?'와 같은 깊이 있는 질문을 만들었고, 이는 이후 독서의 방향이자 사고의 구조가 되었다.

질문을 만든 후 모둠별로 서로의 생각을 나누는 시간이 이어졌다. "왜 감정이 공부의 동기가 된다고 느껴?", "기후 변화에 관심 있는 이유는 뭘까?" 같은 대화들이 오가며, 학생들은 자신이 놓치고 있던 사고의 층위를 발견해 나갔다. 질문은 이제 한 사람의 것이 아니라 공동 탐구의 매개가 되었다.

이날 수업 말미, 한 학생이 남긴 메모는 내가 설계한 방향이 옳았음을 확인시켜 주었다.

> 아직도 내가 뭘 하고 싶은지는 잘 모르겠지만, 적어도 뭘 궁금해하는지는 알게 됐어요

이 짧은 메모는 단순한 소감이 아니었다. 학생이 여전히 '진로'를 확정하지는 못했지만, 적어도 자기 탐구의 출발점이 질문이라는 사실을 깨달았다는 점에서 중요한 의미를 지닌다. 이는 진로 독서가 '답을 내는 수업'이 아니라 '탐구를 시작하는 수업'임을 학생 스스로 확인한 사례였다.

교사인 나로서는 이 반응을 통해, 질문을 만드는 경험이야말로 불

확실한 시대를 살아갈 학생들에게 가장 의미 있는 학습이라는 확신을 얻게 되었다.

(2) 학생 글을 읽으며 출발하는 개념 탐구

2차시 수업은 '연결'이라는 개념을 경험하는 시간이었다. 이때 핵심 개념을 처음부터 드러내어 가르치지 않았다. 대신 작년에 가르쳤던 학생들이 쓴 세 편의 글을 자료로 준비했다. 때때로 그 또래 수준의 다른 학생들이 쓴 글이 의미 있는 학습 도구가 되기 때문이다. 학생들에게 글을 나눠주며 이렇게 말했다.

> 교사: 지금부터 세 편의 글을 읽어볼 거예요. 모두 고등학교 1학년이 쓴 글입니다. 어떤 기준으로 이 글들을 함께 묶을 수 있을지 고민해 보세요.

학생들은 세 편의 글을 읽고 당황한 기색을 보였다. 하나는 AI 윤리를 다루고 있었고, 다른 하나는 감정 노동, 또 다른 글은 인간관계의 회복을 다루고 있어서 서로 전혀 다른 이야기처럼 보였기 때문이다. 나는 한 발 더 다가섰다.

> 교사: 이 글들이 던지는 질문을 한번 생각해 보세요. 혹시 이 세 글이 공통된 시선을 가지고 있지 않을까요?

잠시 정적이 흐른 뒤, 조심스럽게 손을 든 한 학생이 말했다.

학생 1: 다 자기 진로랑 관련된 글이긴 해요.

다른 학생이 이어받았다.

학생 2: 근데 문제 자체보다 그걸 받아들이는 태도가 중요한 것 같아요.

그리고 누군가 결정적인 통찰을 던졌다.

학생 3: 자기 진로랑 연결해서 세상을 다시 보려는 시선이 느껴져요. 그냥 정보가 아니라 자기 관심으로 해석한 느낌이에요.

이 반응은 내가 설계한 개념 구조가 학생들 경험 속에서 자연스럽게 드러나고 있다는 강력한 신호였다. 2차시 활동지에는 '글쓴이의 관심이 어떻게 사회 문제와 연결되는가?', '이 글이 나에게 어떤 의미를 주는가?'를 묻는 항목이 있었다. 학생들은 자기 관심사와 읽은 글을 겹쳐 보며, 글의 주제를 자신만의 질문으로 해석하는 방식으로 '연결'을 실천하고 있었다.

2차시 '연결하며 읽기' 학생 작성 활동지 중 일부

목표: 글을 읽고 나와의 연결 지점을 찾는다.

1. 주어진 글에서 필자는 어떻게 두 글 및 자신을 '연결'하고 '통합'하고 있는지 분석하여 정리해 보자.

융합 독서 1	'나치즘 당시 사람들이 왜 히틀러에 매혹되었는가?'라는 궁금증을 시작으로 그 이유를 자신의 진로 분야인 심리와 연관 짓기 위해 《마음의 오류들》이라는 책을 선정했다. 이 책에는 심리가 변화한 과학적 이유를 분석하는 내용이 담겨 있었다. 두 번째 책에서는 그런 심리적 이유가 나치즘 당시 왜 변화하게 되었는지를 찾아보고 그 두 이유를 연결해서 분석하는 모습이 보인다. 나치즘에 매혹되었던 사람들의 모습과 한국의 산업화 당시 사람들의 모습을 비교하여 그 공통점을 사람들의 심리적 모습에서 찾아내려고 했다.
융합 독서 2	인구 절감과 고령화 사회라는 두 사회적 문제를 자신의 흥미 분야인 건축과 관련지어 보고 건축의 관점에서 두 사회 문제를 바라보았다. 또한 인구 절감의 문제를 해결하기 위해 지방 도시에 건축물을 계획하고, 고령화 사회의 문제를 해결하기 위해 고령 인구를 위한 건축물을 설계하는 등 자신의 관심 분야와 연관하여 문제를 해결하려는 모습이 보인다.
융합 독서 3	첫 번째 책에서는 현재의 사육 방식이 인간에게 미치는 영향에 대해 과학적으로 탐구했고, 두 번째 책에서는 현재 사육 방식의 윤리적 문제에 대해 조금 강조하며 탐구했다. 현재의 비윤리적 사육 방식의 여러 문제점을 자신의 진로 분야인 생명과학의 관점으로 바라보고, 이를 해결하기 위한 지속 가능한 사육 방식을 탐구하고자 하는 의지를 드러내고 있다.
예시 글 분석을 통해 내가 세운 전략	두 책의 공통점을 찾은 후 이를 내 진로 분야인 공학과 연계해서 탐구할 방법을 찾아본다. 00이라는 숫자의 철학적 의미와 과학적 의미 등 여러 가지 의미가 있지만, 그 중 과학적·수학적 의미에 좀 더 집중해서 탐구하도록 한다. 0의 탄생, 발전 혹은 활용 등에서 나의 생각, 관점을 드러낼 수 있는 부분이 있다면 나의 생각을 많이 서술하는 것도 좋을 것 같다.

수업 말미에는 다음과 같은 '개념 카드 ① - 연결'을 배부했다.

개념 카드 ① — 연결

항목	내용
개념	연결
뜻	여러 글, 정보, 생각을 나의 진로와 관심사, 사회 문제와 관련지어 생각하는 것
예시	– 기후 변화에 관한 글을 읽으며 '환경 디자이너'라는 내 진로와 연결해 보기 – AI 윤리 기사와 '정보 보안 전문가'라는 진로를 연결해 보기
스스로 묻기	– 이 글은 내 진로와 어떤 관련이 있을까? – 이 내용이 지금 나의 삶과 어떤 연결 고리를 만들까?

학생들은 "우리가 한 게 이거였구나."라며 고개를 끄덕였다. 개념은 외워야 할 것이 아니라, 이미 스스로 경험해 본 사고방식의 이름이 되었다. 이 개념 카드는 단순한 정리물이 아니라, 학생들이 앞선 활동에서 체험한 사고 과정을 시각적으로 구조화한 도구였다. 예를 들어, 카드에는 '내 관심사 – 읽은 글 – 사회적 맥락' 세 칸이 있어, 학생은 그 사이를 선으로 이어보고 각각 어떤 방식으로 연결되었는지 간단히 기록할 수 있다.

교사는 이 카드를 통해 학생이 실제로 어떤 연결을 경험했는지 구체적으로 확인할 수 있고, 학생은 자신이 한 활동을 다시 언어화하며 '연결'의 개념을 자기 것으로 만들 수 있다.

(3) 서로 다른 글을 하나의 시선으로 바라보기

3차시 수업은 '통합' 개념을 향한 또 다른 여정이었다. 나는 세 편의 주제 통합적 읽기 예시 글을 제시하며 말했다.

교사: 세 글 모두 비슷한 주제를 다루고 있어요. 그런데 관점은 다르죠. 한번 비교해 봅시다.

주제 통합적 읽기 예시 세트

[정보성 칼럼] AI는 상담사가 될 수 있을까⋯대화 기계로서의 AI (주간경향, 김지원 기자, 2025.08.27.)
- **요약:** 생성형 AI가 심리 상담의 보조 도구로 활용되는 현상을 소개하며, 사용자가 '24시간 대화 상대'처럼 의지하는 사례를 다룬다. 그러나 AI와의 대화가 공감의 착각을 불러일으킬 수 있고, 지나친 의존은 '챗봇 정신병' 같은 부작용으로 이어질 수 있음을 지적한다. AI 상담은 접근성과 비용 측면에서 장점이 있지만, 인간 상담사가 지닌 깊은 정서적 공감과 책임을 대체할 수 없다는 점을 강조한다.
- **핵심 개념:** 공감, 접근성, 윤리, 정서적 고립, 기술의 한계

[에세이] 청소년들의 '똑똑한' 스마트폰 사용법 (교육부 공식 블로그, 에코(조은채) 기자, 2012.04.23.)
- **요약:** 청소년의 스마트폰 이용률이 급증하면서 나타난 과다 사용 문제를 짚고, 학교·가정·제도 차원에서 필요한 스마트폰 기능 제한과 올바른 사용 문화를 제안한 글. 무조건적인 금지가 아닌, 자기 통제와 교육을 통한 '똑똑한 사용'의 필요성을 강조한다.
- **핵심 개념:** 기술 의존, 청소년 문화, 자기 통제, 제도적 지원, 건강한 사용

[칼럼] AI는 인간을 닮아가지만, 인간은 무엇을 닮아가야 하는가? (한문화Times, 최가온 기자, 2025.04.29.)
- **요약:** AI 기술은 인간의 언어, 행동, 감정을 점점 더 정교하게 모방하고 있으나, 정작 인간은 '무엇을 닮아야 하는가'라는 근본적 질문이 제기된다. 기술의 발전이 인간다움 자체를 대체할 수 없으며, 인간은 기술을 닮는 것이 아니라 스스로의 지혜와 가치, 정체성을 유지·발전시켜야 한다는 성찰을 담고 있다.
- **핵심 개념:** 인간다움, 정체성, 기술 모방, 자기 성찰

학생들은 3차시 활동지의 항목에 따라, 각 글의 공통 주제와 차이점을 정리하기 시작했다. 어떤 학생은 '기술'을 주제로 '중독'과 '기술 혜택' 두 글을 묶었고, 또 어떤 학생은 '감정'이라는 주제로 '상담'과 'AI 감성 분석' 글을 비교했다.

나는 학생들의 사고를 다음 단계로 이끌기 위해 아래와 같은 두 가지 질문을 던졌다.

- 두 글을 하나로 묶는다면 어떤 제목이 어울릴까?
- 이 글들은 모두 다른 주제를 이야기하고 있지만, 결국 어떤 생각으로 연결되었을까?

학생들은 이제 핵심 단어를 연결하여 자신이 파악한 중심 주제를 통합적으로 구성했다. '기술과 인간 삶의 균형', '공감: 감정을 회복하는 도구들', '인간 중심 사고의 회복' 등. 이처럼 질문과 탐구를 통해 학생들은 독서가 단순히 글을 읽는 행위가 아니라 생각을 조합하고 명명하는 과정임을 경험하고 있었다.

이 과정은 학생들이 단순히 '차이'를 나열하는 수준에서 벗어나, 각기 다른 텍스트의 시각을 포괄하여 더 높은 차원의 개념으로 이름 붙이는 경험을 하고 있음을 보여준다. 즉 통합 활동은 지식을 단순히 덧붙이는 것이 아니라 사고의 틀을 새롭게 만드는 과정이라는 사실을 학생들이 스스로 체험하고 있었던 것이다.

교사로서 나는 이러한 반응을 통해, '통합'이야말로 주제 통합적 읽기의 핵심이자 학생들의 문제 해결력을 길러주는 실질적인 사고 전략임을 확인할 수 있었다.

마지막으로 '개념 카드 ② – 통합'을 제시했다.

개념 카드 ② — 통합

항목	내용
개념	연결
뜻	비슷한 주제를 다룬 서로 다른 글이나 자료를 비교하고, 공통점과 차이점을 찾아서 나만의 생각으로 정리하는 것
예시	– 두 편의 기사('디지털 중독'과 '스마트 기술의 이점')를 읽고, '기술과 인간 삶의 균형'이라는 관점으로 통합해서 생각하기 – 심리학 칼럼과 상담 인터뷰를 읽고 '공감'이라는 주제로 내 관점 쓰기
스스로 묻기	– 이 두 글은 어떤 주제를 함께 이야기하고 있지? – 다르게 말하고 있지만 내가 보기엔 어떤 생각으로 묶을 수 있을까?

이 카드는 학생들이 비교·대조 과정을 통해 발견한 공통 주제와 차이점을 한눈에 정리하고, 그것을 자신이 붙인 이름으로 다시 명명하는 구조로 되어 있다. 예컨대 '공통 주제: 기술과 인간', '차이: 의존 vs 자기 통제', '내 명명: 균형'과 같이 기록하게 하는 것이다. 학생들은 자신이 한 활동을 언어로 고정하면서 '통합'이라는 사고 과정을 더욱 선명하게 자각하게 되고, 교사는 이를 통해 각 학생이 어떤 수준에서 통합적 사고에 도달했는지를 확인할 수 있다.

학생들은 개념을 외우는 것이 아니라, 그동안 스스로 실천한 사고에 이름을 붙이는 느낌을 받았다. "아, 이게 통합이었구나." 개념은 그렇게 삶의 언어가 되었다.

이 수업은 '개념 전달 수업'이 아니라 '개념 발견 수업'이었다. 나는 질문을 던지고 생각을 유도했으며, 학생들은 스스로 사고했고, 그 사고는 어느 순간 '연결'과 '통합'이라는 이름을 얻었다. 진로 독서 수업은 결국 글을 읽는 수업이 아니라, 자신을 읽고 세상을 읽고 그 사이를 연결해 사고 구조를 만들어 가는 수업이었다.

3. 전이 - 개념을 나의 언어로 쓰고 의미화하기

3차시까지 학생들은 '연결'과 '통합'이라는 사고를 스스로 경험하며 개념화해 나갔다. 이제는 이 개념들을 자기 삶과 생각의 언어로 전이하는 시간이 필요했다. 단순히 이해한 것을 말로 풀어내는 것이 아니라, 자신의 질문에 따라 자료를 선택하고, 비교하고, 의미를 새롭게 구성하는 수행 과정이었다.

학생들이 손에 쥔 4차시 활동지는 단출했다.

- 내가 읽은 글들

- 나의 질문

- 내가 정리한 공통된 생각

- 나의 결론

이 네 가지 항목은 글쓰기의 순서이자 그동안의 탐구 과정을 거꾸로 되짚어 가는 흐름이다. 개념 학습은 이미 앞선 차시에서 충분히 이루어졌다. 이제 남은 과제는 그 개념을 자신의 언어로 풀어내고 사고의 형태로 정리하는 일이었다. 말하자면 이제 교사가 물러나 지켜보아야 할 시간이다.

(1) 질문에서 출발한 글, 나만의 관점에 도착

학생들은 앞선 시간에 읽은 자료 두 편과 자신이 생성한 질문을 꺼내 들었다. 연결의 고리를 만들었던 문장들, 비교하며 고민했던 주제들, 친구와 나눈 대화가 떠오르는 듯 이마를 짚기도 하고, 한참을 멍하니 앉아 생각에 잠기기도 했다.

글쓰기는 쉽지 않다. 게다가 누구의 생각이 아닌 '나의 관점'을 요구하는 글쓰기는 더더욱 그렇다. 어떤 학생은 한 문장을 쓰는 데 10분이 걸리기도 했고, 어떤 학생은 도입부터 결론까지 쭉 써 내려가다가 다시 처음으로 돌아가 글을 지웠다. 나는 학생들 책상 사이를 조용히 돌며 메모지에 짧은 피드백을 남겼다.

- 이 문장은 생각이 잘 드러나요. 이 방향을 더 확장해 보면 어때요?
- 지금 이 문장은 요약 같아요. 여기서 너의 생각은 어디 있을까?

이러한 글쓰기 과정은 학생들이 단순히 읽은 내용을 정리하는 수준을 넘어서, 자료를 '자기 질문'과 연결해 새로운 의미를 구성하는 훈련이었다. 즉 '연결'과 '통합'을 추상적인 개념으로 아는 것이 아니라, 글의 구조 속에 실제로 녹여내는 경험을 하고 있었던 것이다. 교사로서 나는 이 과정을 통해, 수행평가가 지식 재생이 아니라 사고의 구조를 드러내는 장치가 될 수 있다는 점을 분명히 확인했다.

한 학생은 '기술이 인간의 감정까지 대체할 수 있을까?'라는 질문에서 출발해, AI 상담 시스템에 대한 기사와 인간 상담자의 공감 능력을 다룬 칼럼을 비교해 썼다. 글의 마지막 문장은 이랬다.

기술은 감정을 흉내 낼 수는 있지만, 감정이 뿌리내릴 자리까지 대신할 수는 없다. 그렇기 때문에 나는 사람의 마음을 다루는 직업을 더 잘 준비하고 싶다.

단순한 감상이 아니라 연결과 통합을 통해 자기 관점을 세운 글이었다. 이는 학생이 '연결'과 '통합'을 통해 자기 진로와 가치관을 재구성하고 있음을 보여준다. 단순한 감상이 아니라, 사고의 흐름을 통해 자기 관점을 형성했다는 점에서 교육적 의미가 크다.

또 다른 학생은 '기후 위기 대응'에 대한 자료 두 편을 읽고, '과학기술과 시민 참여'라는 상반된 접근을 비교했다. 그리고 다음과 같이 정리했다.

기후 위기 대응은 과학자만의 일이 아니다. 시민 개개인의 감수성과 생활 태도가 함께 바뀔 때, 기술은 현실이 될 수 있다.

이 글 역시 텍스트 이해를 넘어 개인적 관점과 사회적 맥락을 연결하는 사고의 구조를 보여준다. 이는 '통합적 읽기'의 목표가 학생들 속에서 실제로 구현된 사례였다.

이처럼 학생들은 텍스트에 자기 질문을 입히고, 그 위에 자신의 관점을 세워나갔다. 누군가는 질문에서 멈추고, 누군가는 근거 없이 감상으로 흘러갔지만, 그 또한 성찰의 한 과정이라 생각했다. 중요한 건 이 글이 수행평가이자 그간의 사고 흐름을 '나의 언어'로 완성해 보는 시도라는 점이었다.

(2) 서로의 문장을 읽으며 배우는 태도

과제를 제출한 뒤 학생들은 서로의 글을 읽고 인상 깊은 문장을 한 줄씩 소개하는 시간을 가졌다. "이 문장은 진짜 너다운 문장이야.", "여기에서 네가 정말 고민했다는 게 느껴져." 같은 말들이 조심스럽게 오갔고, 자기 글을 읽어주는 친구의 목소리에 더욱 집중하는 모습을 보였다. 교실 안은 조용하고 진지했으며, 모두가 배움의 중심에 있다는 것을 다시금 느꼈다.

이 활동은 단순히 피드백을 주고받는 시간이 아니라, 서로의 사고 과정을 공유하고 학습 공동체 속에서 관점을 확장하는 경험이었다. 교사로서 나는 학생들의 언어가 서로에게 자극이 되어, 개별적인 사고가 집단적인 탐구로 이어진다는 점을 확인할 수 있었다. 이는 곧 '전이하기' 단계가 개인적 성찰을 넘어 공동체적 배움으로 확장될 수 있음을 보여준다.

수업을 마치며 "오늘 쓴 글에서 가장 마음에 드는 문장을 하나씩 뽑아보세요."라고 했을 때 아이들은 머뭇거리지 않았다. 그 문장들은 아직 다듬어지지 않았지만, 그 누구의 것도 아닌 '자기 말'이었다. 이 경험은 학생들이 학습한 개념을 자기 언어로 구체화할 수 있다는 가능성을 드러내었고, 그 자체로 평가의 의미를 지니고 있었다.

이날 수업은 한 편의 글이 완성되는 시간이 아니라, 하나의 질문이 자기 삶 속에 깊이 뿌리내리는 시작점이었다. 교사인 나로서는 학생들이 지닌 개념적 사고와 자기표현의 가능성을 다시금 확인하는 시간이었다.

나의 관점 쓰기 – 학생 글 예시

목표: 자신의 관점을 정리하고 글로 표현한다.

진로 분야 주제 통합 독서

대상 글	이연희·심지원(2024), 〈'의공학적 생명의료윤리 원칙'의 제언을 위한 예비 고찰〉, 《윤리교육연구》 제71호, 한국윤리교육학회
대상 도서	사라 라타(김시내 옮김), 《세상을 바꿀 미래 의학 설명서》, 매직사이언스, 2020

의공학 발전에 따른 빛과 그림자, 우리는 이 문제를 어떤 시각으로 바라보아야 할까?

저는 진로 희망 분야가 '의학'인 만큼 평소에 의학의 발전 양상이나 의료 기술 등에 관심이 많았습니다. 그런데 얼마 전 저는 의학의 발전과 관련된 자료를 찾아보다가 '의공학'이라는 학문 분야에 대해 알게 되었습니다. 의공학이란 공학 기술을 의학과 인체에 적용하는 학문 분야들을 일컫는 용어입니다. 저는 따로 떨어져 있는 학문이라고 생각했던 공학과 의학이 융합되어 나타난 의공학에 깊은 관심을 가지게 되었고, 의공학의 발전에 관한 자료를 찾아보았습니다. 이 과정에서 저는 《세상을 바꿀 미래 의학 설명서》라는 책과 〈'의공학적 생명의료윤리 원칙'의 제언을 위한 예비 고찰〉이라는 글을 선택하였습니다. 그 이유는 두 편의 글은 공통적으로 '의공학이 사회의 여러 분야에 미치는 막대한 영향'이라는 주제를 이야기하고 있어 내용상으로 잘 연결되고, '의공학의 발전'이라는 사회 이슈와도 밀접하게 연결되며, 의공학에 관한 두 글의 내용은 저의 관심 분야와도 잘 연결되기 때문입니다.

 《세상을 바꿀 미래 의학 설명서》의 필자는 의공학의 발전 양상에 주목하면서, 의공학을 통해 만들어진 다양한 의료 기술과 의공학이 사회에 미친 긍정적 영향을 이야기합니다. 필자에 따르면, 의공학을 통해 도움이 되는 의료 기술들이 많이 만들어졌는데, 그 중에는 '뇌–컴퓨터 인터페이스'와 '유전자 편집'이 있습니다. 이에 관해서는 밑에서 다시 한번 언급하겠습니다. 〈'의공학적 생명의료윤리 원칙'의 제언을 위한 예비 고찰〉의 필자는 의공학의 발전 양상에 주목하면서도 의공학을 기초로 한 의료 기술들이 윤리적 문제점을 가지고 있음을 지적합니다. 그리고 의공학자들만을 위한 윤리 원칙이 필요함을 주장합니다.

두 글은 '주제'와 '특정 내용'이라는 요소에서의 공통점이 있습니다. 두 글은 공통적으로 '의공학이 여러 분야에 미친 막대한 사회적 영향'이라는 주제를 공유하여 연결됩니다. 또한 의공학이 여러 의료 기술의 발달을 돕고 공학과 의학이 융합되는 것을 심화시켰다는 내용을 공통적으로 언급한다는 점에서 내용적으로도 잘 연결됩니다.

제가 가졌던 질문은 '의학과 공학의 융합으로 인해 달라지는 세상은 어떤 모습이며, 그런 세상을 맞이하고 관련된 이슈를 해결하기 위해 사람들은 어떤 노력을 해야 할까?'입니다. 저는 이 질문에 대한 답을 찾기 위해 두 글의 차이점 또한 분석하여 두 글을 통합해 보았습니다.

《세상을 바꿀 미래 의학 설명서》에서는 의공학의 발전을 사회과학적 관점에서 바라보면서 의공학이 사회에 미치는 영향과 관련 의료 기술들을 긍정적으로 평가합니다. 이것의 근거로는 여러 내용이 있는데, 저는 두 가지 의료 기술을 언급하고자 합니다. 첫 번째 기술은 '뇌-컴퓨터 인터페이스'인데, 이는 뇌와 다른 특정 부위에 각각 전극을 연결한 뒤, 뇌에서 보내는 전기 신호를 인식하고 분석하여 특정 부위에 연결된 기계 장치에 신호를 보내는 것입니다. 이를 통해 사지마비 환자들이 생각만으로 마우스 커서를 조종해 단어를 입력하는 등의 활동을 할 수 있습니다. 두 번째 기술은 '크리스퍼 유전자 가위'라고 불리는 유전자 편집 기술인데, 이는 말 그대로 생물의 DNA를 잘라내고 가공하여 원하는 대로 편집하는 기술을 말합니다. 일부 과학자들은 유전자 편집 기술을 활용하여 특정 암세포를 다른 암세포를 죽이는 암살자 세포로 만들기도 합니다.

반면에, 〈'의공학적 생명의료윤리 원칙'의 제언을 위한 예비 고찰〉에서는 의공학의 발전을 윤리적 관점에서 보면서 관련 의료 기술들의 윤리적 문제점에 대해 집중하고 이를 지적합니다. 이 글의 팔자에 따르면, 위에서 제가 언급한 두 가지의 기술은 모두 윤리적 문제를 가집니다. 첫 번째로 언급한 기술인 '뇌-컴퓨터 인터페이스'는 정보통신 기술에 기반한 의료 기술인데, 디지털 데이터로 변환된 환자의 사적인 의료 정보를 다루기 때문에 안전성과 보안성을 확보하지 못한다면 개인정보 침해 같은 윤리적 문제점이 발생할 수 있다고 합니다. 두 번째로 언급한 기술인 '유전자 편집'은 의료 기술을 통해 자연스러운 생물학적 몸으로 구성된 인간의 몸을 다양하게 변형시킨 것이므로 이 또한 윤리적 문제를 가진다고 합니다.

　이제 이렇게 탐구한 내용을 토대로 저의 탐구 질문에 답을 해보겠습니다. 먼저 의공학을 통해서 세상은 더욱 의료 기술이 발달하지만, 윤리적 문제 또한 나타나는 양상을 보일 것입니다. 따라서 사람들은 단순히 의공학의 발전에 대해 무심한 태도를 가지는 것이 아닌, 더욱 적극적인 태도를 지녀야 하는데, 이에 대해서는 저의 결론과 관련지어 서술해 보겠습니다.

　다음은 이 두 글의 공통점과 차이점을 분석하여 두 글을 통합하고, 저의 탐구 질문과 관련한 저만의 결론입니다. 《세상을 바꿀 미래 의학 설명서》에 따르면 의공학을 사회과학적 관점에서 보면 우리의 삶을 밝혀주는 '빛'과 같은 존재일 수 있지만, 〈'의공학적 생명의료윤리 원칙'의 제언을 위한 예비 고찰〉에 따르면 의공학을 윤리적 관점에서 보면 어두운 윤리적 문제점을 가져다줄 수도 있는 '그림자' 같은 존재일 수도 있습니다. 따라서 우리는 두 가지 관점 중 하나의 관점만 고집할 것이 아니라, 두 관점 모두를 고려해 '의공학의 발전'이라는 사회 이슈를 바라봐야 합니다. 사회과학적 관점에서 우리는 의공학의 발전이 미친 사회적 영향을 인정하고, 의공학을 통한 의료 기술을 긍정적으로 수용해야 합니다. 그러나 우리는 그러한 의료 기술이 가지는 윤리적 문제에도 관심을 가지고 이를 해결하려는 태도를 지녀야 하는데, 이를 위해서는 〈'의공학적 생명의료윤리 원칙'의 제언을 위한 예비 고찰〉에서 언급한 윤리 원칙에서 한 발 더 나아가 그러한 윤리 원칙이 효과적으로 작용하기 위해 어떤 보완적인 정책이 필요한지에 대해 고민해 볼 수 있습니다.

　이번 진로 읽기 활동을 통해 제가 내린 최종 결론은 의공학의 발전은 빛과 그림자의 특성을 모두 가지므로 사람들은 사회과학적 관점과 윤리적 관점을 모두 고려해야 한다는 것입니다. 그리고 저 또한 진로 분야인 의학의 세계에 한 발짝 더 들어가 보기 위해서는 이 두 가지 관점을 고려하여 의공학의 세부 기술과 윤리적 문제점의 해결 방안에 대해 더 많은 내용을 추가적으로 알아보고 탐구해 보아야 한다는 것입니다. 이번 활동을 통해 저는 저의 진로 희망 분야인 의학이 어떤 식으로 발전되어 가는지를 파악할 수 있었으며, 의공학에 관한 탐구를 통해 의학적 문제 해결 과정에서 다른 학문이 개입할 수도 있다는 것을 깨달았습니다. 또한 의공학과 관련한 윤리적 문제의 해결 방안을 모색해 보는 활동에서 주체적 문제 해결 능력을 향상시키는 데에도 도움이 되었습니다.

4. 성찰 – 내 삶을 독서와 연결하기

(1) 지식을 넘어, 어떤 독자가 되었는지 돌아보기

이 수업의 마지막 시간. 교실은 생각보다 조용했다. 마치 누군가의 발표를 기다리는 순간처럼 학생들의 손끝은 책상 위를 맴돌고 있었다. 이날은 그동안의 독서와 글쓰기, 질문과 대화를 천천히 되돌아보는 시간이었다.

　나는 칠판에 한 문장을 써두었다.

　나는 이런 독자가 되었다.

　그리고 구글 클래스룸을 통해 배부한 개인별 활동지에 한 줄씩 적어보자고 말했다. 거창할 필요는 없다고, 솔직하면 된다고 말했지만, 정작 떨리는 마음은 나의 몫이었다. 다섯 차시 동안 학생들이 만들어 낸 생각의 결은 분명 깊어졌지만, 그것이 스스로에게 어떤 의미로 남았을지 확신할 수 없었기 때문이다.

　한참을 고민하던 학생들이 조심스레 손을 들고 자신이 쓴 내용을 읽기 시작했다.

- 나는 이제 글을 내 진로랑 연결해서 읽으려고 해요. 그냥 정보가 아니라 내 삶의 가능성으로 보이니까요.
- 예전엔 글이 어렵다고만 느꼈는데, 내가 관심 있는 분야와 연결되니까

훨씬 다르게 다가왔어요.
- 나는 여전히 잘 모르겠어요. 근데 내가 무엇을 궁금해하는지는 더 선명해졌어요.

학생들이 차례로 성찰 문장을 읽어 내려갔다. 어떤 말은 조심스럽고 어떤 말은 단단했다. 이 차이는 곧 학생마다 성찰의 깊이가 다르다는 것을 보여주지만, 공통적으로는 이전과는 조금 다른 독자가 되어 있음을 드러내는 증거였다. 글을 더 잘 쓰게 되었는가보다 훨씬 더 중요한 변화였다. '나는 어떤 독자인가?'라는 질문 앞에서 스스로를 정의하려는 시도가 나타났기 때문이다. 교사로서 나는 이 과정을 통해, 성찰은 단순한 소감 발표가 아니라 학생의 독자 정체성을 드러내는 중요한 지점임을 확인할 수 있었다.

(2) 활동지를 통한 자기 성찰의 기록

이어 작성한 5차시 활동지에는 각자의 문장이 담겨 있었다. 학생들은 '가장 인상 깊었던 글 한 편', '내 생각을 바꾼 개념', '앞으로 읽고 싶은 주제' 등을 활동지에 하나씩 하나씩 채워나갔다. 단순한 답이 아니라 자기 인식의 흔적이 남아 있었다.

어떤 학생은 자신의 진로가 여전히 불확실하다고 적었지만, 그래서 더 많은 관점을 읽어보고 싶다는 결심으로 글을 마무리했다. 또 어떤 학생은 '연결이라는 말이, 이제는 단어로만 아는 게 아니라 내가 써본 경험이 되었다.'라고 적었다.

마지막 활동으로는 '나의 관점 카드'를 썼다. 학생들은 엽서 크기의 종이에 자신이 정리한 관점, 인상 깊은 문장, 앞으로 읽고 싶은 주제를 적어 친구들과 교환했다. 서로의 생각이 카드로 손에 남았다. 이 카드 활동은 학생 스스로 성찰의 언어를 간단히 구조화할 수 있도록 돕는 장치였다. 교사는 이를 통해 학생이 어떤 키워드와 관점에 주목했는지 즉각적으로 확인할 수 있고, 학생은 자기 언어가 타인에게 전해지는 경험을 통해 성찰을 더 강하게 내면화할 수 있다. 수업은 교과서를 넘어서 사람과 생각을 연결하는 일로 마무리되었다.

내 삶을 연결한 독서 – 학생 활동지 예시

목표: 독서 경험을 성찰하고 자기 인식을 강화한다.

1. 나에게 가장 의미 있었던 글은? 그 이유는?

> 저에게 가장 의미 있었던 글은 《세상을 바꾸는 미래 의학 설명서》입니다. 왜냐하면 이번 진로 독서 활동에서 이 책을 읽은 후 저의 진로 희망 분야인 의학과 연결 지어 독후감을 써보았는데, 이 과정에서 진로 희망 분야인 의학의 발전 양상에 대한 이해가 이전보다 더욱 깊어졌으며, 의학의 발전과 관련한 사회 현상을 다양한 관점에서 탐구해 보면서 사고의 폭을 넓혔기 때문입니다.

2. 내 사고를 바꾸게 한 개념은?

> 저의 사고를 바꾸게 한 개념은 '의공학'과 '연결'입니다. 이번 독서 활동 전에 저는 의학과 다른 분야의 융합에 대해서는 잘 알지 못했었는데, '의공학'과 관련한 진로 독서 활동을 통해 공학 등의 학문이 의학과 융합되어 의학의 발달에 기여할 수 있다는 것을 알게 되었습니다.
>
> 또한 이번 독서 활동 전에 저는 의학의 발전이 대부분 긍정적인 영향을 가져올 것

이라고 생각했는데, 두 글을 '연결'해 보는 활동을 통해 의학의 발전이 윤리적인 문제점 또한 가져올 수 있다는 것을 알게 되었고, 이를 해결하는 방안에 대해 더 탐구해 볼 것이라고 다짐했습니다.

3. 나는 어떤 독자가 되었는가? (예: 나는 ○○을 연결할 줄 아는 독자이다.)

저는 이번 진로 독서 활동에서 저의 관심 분야인 '의공학'에 관한 두 글을 통합해 보면서, 단순히 글 자체를 잘 읽는 독자를 넘어서서 글의 큰 주제와 관점을 분석하고, 이를 다른 글과 통합할 수 있게 되었습니다. 따라서 저는 여러 글을 주제와 관점 그리고 내용의 측면에서 연결할 줄 아는 독자가 되었습니다.

4. 다음에 읽고 싶은 글은 무엇인가?

이번 진로 독서 활동에서 저는 의공학의 발전이 가져온 윤리적 문제점에 관심을 가지고 이를 해결하기 위해 '우리는 의공학의 발전을 사회과학의 관점과 윤리적 관점을 모두 고려해 바라보아야 한다.'라는 결론을 내렸습니다. 이때 윤리적 관점에서 저는 의공학에서의 윤리 원칙이 필요함을 설명했는데, 여기서 한 발 더 나아가 윤리 원칙이 효과적으로 작용하기 위해 어떤 보완적인 정책에 필요한지에 대해 고민해 볼 수 있다고 서술했습니다. 그러므로 저는 다음에 의학과 관련한 윤리 문제의 해결을 돕는 정책에 관해 설명해 주는 글을 읽고 싶습니다.

5. 나만의 통합 키워드 정리 (예: 공감, 기술과 인간, 지속 가능성 등)

의공학의 발전, 사회과학적 영향, 윤리적 문제

(3) 학생의 말로 남은 수업의 흔적

수업이 끝나고 교실을 나서는데 한 학생이 나에게 살짝 메모지를 건넸다. 메모지에 쓰인 내용은 이랬다.

선생님, 이 수업 아니었으면 '연결'이란 단어를 깊이 생각해 보지 않았을 것 같아요. 근데 지금은 제 진로랑 계속 연결해서 생각하게 돼요. 감사합니다.

나는 그 메모를 오래 가방 속에 넣고 다녔다. 수업이 남긴 것은 '지식'이 아니라 '시선'이었다. 그리고 그 시선은 한 권의 책보다 강하게 학생들의 내면 어딘가에 남아 있을 것이다.

진로 독서는 그렇게, 삶을 다시 읽는 연습이었다.

국어 교사를 위한 실천 팁

1. **'진로'라는 단어를 처음부터 꺼내지 않는다**
   '진로'는 학생에게 부담이 될 수 있는 단어이다. 대신 '요즘 뭐가 눈에 띄어?', '어떤 주제가 자꾸 생각나?'처럼 관심 기반 질문으로 접근하면 자연스럽게 탐구를 이끌어 낼 수 있다.

2. **학생의 질문 만들기가 수업의 전환점이다**
   진로 독서 수업은 '책 읽기' 수업이 아니라 '질문에서 시작하는 생각 확장' 수업이다. '왜 그게 중요할까?', '그걸 읽는 사람은 어떤 관점일까?'와 같은 개념적 질문을 제공하는 게 좋다.

3. **개념은 가르치는 것이 아니라 학생이 도달하게 해야 한다**
   '연결'과 '통합' 같은 개념은 미리 설명하지 않아도 된다. 학생이 글을 비교하고 이야기하는 과정에서 개념을 발견하게 하자.
   마지막에 개념카드를 제시하며 개념을 정리해 주면 '개념적 사고'의 성취가 자연스럽게 이뤄진다.

4. **학생 글을 학습 자료로 적극 활용한다**
   학생 글은 동기 유발과 개념 탐색에 가장 좋은 자료이다. '이 글들의 공통점은 뭘까?', '왜 이 글을 하나로 묶었을까?'라는 질문은 귀납적 개념 도출을 이끌어 낸다.

5. **탐구 활동과 글쓰기를 따로 보지 않는다**
   이 수업에서 글쓰기는 결과물이 아니라 탐구의 연속이다. 활동지에 쓴 문장 하나, 친구와 나눈 대화 하나가 글쓰기의 뼈대가 되게 하자.

6. **완성도보다 '나의 언어'를 강조한다**
   글의 완성도보다 '그 질문은 네가 만든 거잖아.'라는 감각을 느끼게 해주는 것이 중요하다. 관점이 드러나는 글, 자기화된 문장이 핵심이다.

7. **성찰을 '되돌아보기'가 아닌 '정체성 선언'으로 구성한다**
   '나는 이런 독자가 되었다', '앞으로 나는 어떤 질문을 더 탐구하고 싶다'와 같은 문장으로 마무리하면 글쓰기와 사고의 전이가 함께 마무리된다.

수업 사례 5

사회적 의제를 담은 매체 비평 뉴스레터 쓰기

유상은

목표 정하기	개념 탐구하기
전이하기	성찰하기

수업 개요

이 수업은 학생들이 뉴스, 광고, 영상 등 일상적으로 접하는 매체를 비판적으로 읽고, 그 속에 담긴 사회적 메시지를 스스로 해석하며 다시 써보는 과정으로 이루어진다. 단순히 자료를 분석하거나 정답을 찾는 수업이 아니라, 매체가 어떻게 현실을 구성하고 의미를 전달하는지를 탐구하며 '세상을 읽는 눈'을 기르는 시간이다.

수업의 시작은 "뉴스나 광고, 예능 프로그램을 그냥 믿어도 될까요?"라는 질문에서 출발한다. 학생들은 익숙한 영상 자료를 보며 웃음을 터뜨리기도 하지만, 곧 화면 속 장면이 사실 그리 단순하지 않다는 것을 깨닫는다. 광고의 감정적 이미지, 뉴스의 편집 방식, 다큐멘터리의 전달 구조 속에서 '누가', '무엇을', '어떤 시선으로' 말하고 있는지 묻기 시작하면서, 읽기의 방향이 '내용 이해'에서 '의도와 관점의 탐색'으로 바뀐다.

이후 학생들은 서로 다른 자료를 비교하며 공통된 주제를 발견하고, 표현의 차이를 통해 숨은 메시지를 찾아낸다. 나아가 자신이 선택한 사회적 이슈를 중심으로 비판적 시각을 세우고, 자신만의 언어로 세상과 대화하는 글쓰기에 도전한다.

이 수업은 결국, 세상이 던지는 메시지를 '그냥 받아들이는 사람'에서 '스스로 의미를 묻고 다시 쓰는 사람'으로 성장해 가는 여정이다. 이제 학생들의 탐구는 교실 밖으로 향한다. 다음 장면에서는, 그들이 어떻게 세상을 비평의 언어로 새롭게 써 내려가는지가 펼쳐질 것이다.

수업 과정 및 내용

단계	차시	수업 내용
개념 탐구	1차시	질문으로 출발하는 문제의식 형성 – '이 자료를 그냥 믿어도 될까?' 질문 – 자료 제작자, 시선, 생략된 메시지 탐색
	2차시	표현에서 의제로, 분석의 눈 기르기 – '표현 방식 → 효과 → 의도' 분석 틀 제시 – '아지노모도' 광고 사례로 분석 연습 – 효과와 의도를 연결하는 사고 흐름 구성
	3차시	사회적 의제를 해석하는 관점 확장 – 분석 틀 확장: 표현 → 효과 → 의도 → 사회적 의제 – 질문에 맞는 매체 자료 탐색 및 분석 활동지 작성(분석 활동을 통한 개념의 발견 경험)
전이	4차시	질문 구조화, 자료 분석, 논리 세우기 – 자신이 만든 질문 정교화 – 뉴스레터 구조(문제 제기 – 요약 – 비평 – 대안) 구성 – 개별 뉴스레터 초안 작성 및 피드백
	5차시	질문 확장하여 뉴스레터 쓰기 – 표현 방식과 사회적 의제를 자기 질문으로 연결 – 자기 언어로 비평적 해석을 구성하고 글쓰기 실천
성찰	6차시	나는 이제, 세상을 질문하는 사람 – 성찰 에세이 쓰기 – '비평가 선언 카드' 쓰기 및 친구들과 공유

1. 수업 목표 정하기

보여주는 것이 아니라 '보게 하는 것'

이 수업을 준비하며 꽤 오랫동안 '무엇을 가르칠 것인가'보다 '어떻게 탐구하게 할 것인가'를 더 깊이 고민했다. 요즘 학생들은 수많은 매체 콘텐츠에 둘러싸여 살아가지만, 그것을 '의심하는 법'이나 '분석하는 법'은 거의 배우지 않는다. 광고는 유머로, 뉴스는 감정으로, 예능은 자막과 편집으로 정보를 가공한다.

나는 이 수업을 통해 학생들이 매체에 담긴 사회적 메시지를 비판적으로 읽고 재구성할 수 있는 역량을 기르길 바랐다. 하지만 곧 알게 되었다. 그것이 생각보다 훨씬 어렵다는 사실을.

'사회적 의제를 분석하라', '표현 방식과 의도를 비판하라'는 말이 교사에게는 익숙하지만, 학생들에게는 막연하고 두렵게 들릴 수 있다. 수업이 과제가 되지 않도록, 그리고 스스로 탐구하고 싶은 '나의 이야기'가 되도록 수업 설계에 신중을 기했다.

먼저 관련 성취기준을 찾았다. 2022 개정 국어과 교육과정에는 다음과 같은 성취기준이 있다.

[10공국1-06-01] 사회적 의제를 다룬 매체 자료를 비판적으로 분석한다.

이 성취기준을 단순한 기술 습득이 아닌 삶의 관점을 세우는 질문으로 접근하고자 했다. 즉 매체의 내용을 '무엇으로 볼 것인가'보다 '어떤 시선'으로 보고 '어떻게 질문할 것인가'에 주목한 것이다. 따라서 수업 초기에는 '질문 생성'에 시간을 배분하고, 중·후반부에는 그 질문을 기준으로 자료를 선별·분석·재구성하도록 설계했다. 이는 평가 역시 '정답'이 아니라 '질문 – 근거 – 해석 – 제안'의 구조를 얼마나 설득력 있게 완성했는가에 맞추기 위함이다.

읽기의 방향을 바꾸는 질문의 힘

이 수업은 결국 질문에서 시작해서 질문으로 끝나는 여정이다. 학생이 만든 질문은 분석의 방향이 되고, 글쓰기의 뼈대가 된다. 따라서 수업의 초기 단계에서 다양한 사회적 의제가 담긴 매체 자료를 제시하고, 이를 통해 학생들이 질문을 만들어 내는 구조로 수업을 설계했다.

수업에서 학생들이 도달해야 할 목표는 다음과 같다.

- 표현 방식이 만들어 내는 효과를 식별하고, 그것이 의도와 어떻게 맞물려 '사회적 의제'를 구성하는지 설명할 수 있다.
- 동일 의제를 다룬 서로 다른 매체 자료를 비교하여 관점·전략의 차이를 비판적으로 평가할 수 있다.
- 개인의 질문을 중심으로 뉴스레터 형식(문제 제기-요약-비평-대안)으로 사회적 메시지를 재구성할 수 있다.

이러한 목표를 얼마나 달성했는지 평가하기 위해 다음과 같은 평가 기준을 설정했다.

평가 요소 및 기준

평가 요소	평가 기준
이해	필자의 관점과 의도를 이해했는가?
분석·평가	필자가 활용한 표현 방법과 효과를 비판적으로 분석했는가?
구성	비평문의 구성 요소를 갖추었으며, 완결된 글을 썼는가?
언어 표현	맥락을 고려하여 목적에 맞게 효과적이며 적합한 언어 표현을 사용했는가?

이 수업은 단순한 미디어 리터러시 수업이 아니라, 질문을 통해 스스로 세상을 읽고 다시 쓸 수 있다는 믿음을 심어주는 수업이다. 학생들이 사회적 현실을 자신만의 언어로 해석하고 새로운 목소리를 낼 수 있도록 안내하는 여정이다. 평가의 기준은 곧 학습의 도달점이자 탐구의 방향을 보여주는 이정표이다. 이 수업을 통해 학생들은 비판적으로 사고하고 성찰하며, 그 결과를 타당한 근거와 설득력 있는 구성으로 표현해 낼 수 있게 될 것이다.

단원 설계

단원명	사회적 의제를 담은 매체 비평 뉴스레터 쓰기	학년	고등학교 1학년
핵심 아이디어	매체는 중립적 창이 아니라, 사회적 의제를 특정한 관점과 전략으로 구성하여 전달하는 매개체이다.		
핵심 질문	[사실적 질문] • 이 매체 자료는 어떤 방식으로 내용을 전달하고 있는가? [개념적 질문] • 매체는 어떻게 특정한 관점을 구성하여 사회적 의제를 전달하는가? [논쟁적 질문] • 매체의 관점을 비판적으로 읽는 것이 왜 중요한가?		

내용 요소	지식·이해	사회·문화적 맥락
	과정·기능	매체 자료 비판적 분석
	가치·태도	참여
성취기준	\[10공국1-06-01\] 사회적 의제를 다룬 매체 자료를 비판적으로 분석한다.	

2. 개념 탐구 - 표현에서 의제로, 분석의 눈 기르기

여기서의 개념 학습은 단순히 개념을 전달하는 방식이 아니라, 질문을 중심으로 사고를 구조화하며 개념을 귀납적으로 구성해 나가는 탐구 과정이다.

수업 초반, 학생들에게 '매체 자료는 어떻게 분석할 수 있을까?'라는 질문을 던지고, '표현 방식 → 효과 → 의도'의 3단계 분석 틀을 먼저 소개했다. 이는 '정답을 찾는 공식'이 아니라, 학생이 자기 질문을 중심으로 자료를 다시 읽게 만드는 안내선이다. 분석 언어를 먼저 제공하고, 사례 분석을 통해 체감하게 한 뒤, 학생의 질문으로 재적용하게 하는 순서로 운영했다.

(1) 매체 자료를 제대로 읽기

분석 틀을 익히기 위한 첫 연습 자료로 1930년대 일본 조미료인 '아지노모도' 지면 광고를 활용했다. 선정 이유는 명확했다. 짧은 지면 광고여서 요소(이미지, 문구, 배치)가 선명하고, 시대적·문화적 맥락이 달라 '보편'처럼 보이는 표현의 이데올로기를 드러내기에 적합했기 때문이다.

이 광고에 담긴 이미지 배치, 문구의 말투, 인물 표정과 시선 등을 분석하면서, 학생들은 표현이 메시지를 만들고, 그 메시지에는 설득의 의도가 숨어 있음을 스스로 발견해 나갔다.

예를 들어, 광고 속 여성 인물이 조미료 포장을 들고 정면을 응시하는 장면을 보고 한 학생은 "굳이 여성 모델을 쓴 이유가 있는 것 같아

요."라고 말했고, 다른 학생은 "어떤 계층을 겨냥한 광고 같아요. 너무 말쑥하고 여유 있어 보여요."라고 덧붙였다. 학생들의 이 통찰을 그대로 칠판에 적으며 다음 질문을 던졌다.

- 이 표현 방식은 어떤 효과를 유도하고 있을까?
- 이 광고를 통해 광고주는 무엇을 말하고 싶은 걸까?
- 이 광고가 말하지 않는 것은 무엇일까?

학생들은 질문을 통해 생각의 방향을 구체화했고, 점차 표현 방식이 감정이나 사고에 미치는 효과, 그리고 그 효과를 통해 드러나는 메시지의 의도를 감식해 나갔다. 연습의 성과는 두 가지였다. 첫째, '표현을 보는 눈'이 생겼다. 둘째, 말하지 않는 것을 근거로 추론하는 능력이 자랐다. 이 두 가지는 이후 '사회적 의제' 도출의 토대가 되었다. 이 연습은 학생들에게 매체 분석의 틀을 감각적으로 체득하게 했고, 무엇보다 분석이라는 활동이 어렵지 않다는 인식을 심어주었다.

(2) 사회적 의제를 해석하는 관점 확장하기

이후 분석 틀의 마지막 요소인 '사회적 의제'를 덧붙이며 네 단계로 확장해 주었다.

> 표현 방식 → 효과 → 의도 → 사회적 의제

그다음 수업에서는 학생들이 이 분석 틀을 활용해 자신의 질문에 맞는 매체 자료를 탐색하고, 분석 활동지를 작성해 보는 작업에 들어갔다.

예컨대, '게임 광고에서 여성은 왜 늘 조력자나 주변 인물로만 등장할까?'라는 질문을 가진 학생은 특정 광고의 인물 배치와 시선을 분석하며 광고가 '여성=소비되는 존재'라는 이미지를 고착화한다는 의제를 도출했다.

이 과정을 통해 표현 방식과 사회적 메시지 사이의 연결 고리를 학생들이 스스로 찾아내도록 유도했다. 개념은 결코 먼저 설명하지 않았고, 오히려 사례와 질문을 통해 개념이 '발견되는' 경험이 되도록 설계했다. 분석 틀은 학생들에게 단순한 정리 방식이 아니라 세상을 다시 읽는 새로운 언어가 되었다.

수업의 말미에는 학생들에게 다음과 같은 질문을 던지며 사고를 정리하게 했다.

- 표현 방식은 어떤 효과를 유도하고 있었는가?
- 그 효과는 어떤 의도를 강화하거나 감췄는가?
- 이 자료가 전달하고자 한 사회적 의제는 무엇이었는가?
- 여러분의 질문은 이 자료를 어떻게 다시 읽게 만들었는가?

이 네 문항은 다음 차시 '뉴스레터 구조'의 각 절(문제 제기 – 요약 – 비평 – 대안)에 정확히 대응한다. 즉 성찰 질문이 곧 글쓰기의 골격으로 전이되도록 설계했다. 이 질문들은 분석의 마무리가 아니라 다음 단계인 뉴스레터 쓰기를 위한 사유의 토대였다.

이제 학생들은 매체 자료를 읽고 비판하는 것을 넘어, 자기 질문을 바탕으로 사회적 메시지를 다시 구성하는 글쓰기로 나아갈 준비가 되었다.

3. 전이 - 질문 확장하여 뉴스레터 쓰기

질문은 단지 수업의 시작점이 아니었다. 이 수업 전체를 관통하는 사유의 구조이자 비평적 글쓰기의 핵심 뼈대였다. 학생들이 뉴스레터를 쓰기 위해 다시 마주한 첫 과제는 이 수업 처음에 스스로 던졌던 질문을 깊고 단단하게 다시 붙드는 일이었다.

하지만 질문은 처음부터 쉽게 만들어지지 않았다. 막연했고 낯설었다. 그동안 어디서도 '질문하는 법'을 배운 적이 없기 때문이다.

"이거 질문 맞나요?"
"너무 당연한 말 같아요."
"이렇게 써도 되는지 모르겠어요."

수업 초기에 들려온 학생들의 반응은 모두 비슷했다. 그래서 질문 만드는 것을 돕기 위한 작은 장치를 준비했다. 바로 '키워드 도우미 카드'이다. 이 카드는 각 주제에 따라 탐색 가능한 사회적 맥락과 분석의 실마리를 제공하는 도구이다.

예를 들어, '외모 중심 문화'를 선택한 학생에게는 '알고리즘', '모델 선정 기준', '댓글 문화', '시선 처리' 같은 키워드 카드를 제시했고, '기후 위기'를 선택한 학생에게는 '정서 이미지', '아이의 목소리', '정책 vs 실천', '감성 서사' 같은 키워드 카드를 제공했다.

이 키워드들은 학생의 사유를 끌어내는 실마리이자 질문을 논리적으로 구체화하는 사고의 지렛대가 되었다. 그리고 학생들은 점차 질문을 완성해 갔다.

- 왜 다이어트 광고에는 늘 여성만 등장할까?
- 기후 위기를 다룬 영상에서 왜 아이들이 앞에 나설까?
- 장애인을 다룬 뉴스는 왜 대부분 '불쌍함'의 이미지로 연출될까?
- 댓글 많은 영상일수록 왜 자극적인 주제를 다룰까?

이 과정에서 질문을 만드는 법을 가르치는 것은 곧 스스로 학습할 수 있는 힘을 기르는 일이라는 것을 실감했다.

우리가 알고 있는 대부분의 지식은 누군가의 질문으로부터 출발했듯, 질문을 만드는 능력은 사고력의 원천이며 그 자체로 교육의 본질이기도 하다. 그렇게 완성된 질문은 곧 글쓰기를 위한 구조이자 논리의 출발점이 되었다.

질문 심화를 위한 '키워드 도우미 카드' 예시

감정 이미지	감성적 배려 강조	배경음악	성역할 고정	범죄 연관 묘사
아이 등장	불쌍한 이미지	자막 강조	여성/남성 이미지 구분	문화 충동 프레임
자연의 의인화	특별한 능력자 프레임	후광 효과	비율 불균형	동정/시혜 시선
정책/제도 언급 없음	시혜적 시선	정서적 편집	직업 편향	주체적 목소리 없음
소비로 해결 가능하다는 암시	직접 목소리 없음	반복 노출	성소수자 배제	이질적 이미지 강조

광고 모델 특정 체형	알림 중독	무능한 이미지	감정 노동 미화	과시적 소비
댓글 문화	자극적 콘텐츠	유머 쇼재로 소비	성공 중심 서사	브랜드 가치 과장
알고리즘 추천	24시간 연결	기술 사용 못 함	야근 미화	청소년 타깃 광고
성형/미용 콘텐츠 반복	팔로워 수 집착	사회 부담 프레임	노동 환경 은폐	행복=소유 공식
미디어 속 이상화	불안/외로움	주체성 없는 묘사	비정규직 배제	지속 가능성 외면

활동지 예시

질문은 비평의 씨앗이다	○○고 1학년 ( )반 ( )번 이름: ( )	
단원명	매체, 그 너머를 읽는 힘 – 사회적 의제를 담은 매체 비평 뉴스레터 쓰기	
수업 목표	• 매체 자료에 담긴 사회적 의제를 비판적으로 읽고 해석할 수 있다. • 매체의 표현 방식과 그 의도를 분석하고, 자신의 시선으로 사회적 메시지를 재구성하여 뉴스레터 형식으로 표현할 수 있다. • 매체를 단순히 수용하는 독자가 아니라, 비평적 독자이자 표현 주체로서의 태도를 기른다.	
핵심 아이디어	매체는 중립적인 창이 아니라, 사회적 의제를 특정한 관점과 전략으로 구성하여 전달하는 매개체이다.	

아래의 활동 단계에 따라 질문에 답하고, 생각을 정리해 봅시다.

1. 이슈 다시 보기 – 지난 시간에 선택한 사회적 의제(이슈)를 적어보세요.

2. 질문 탐색하기
(1) 질문의 유형 살펴보기

질문 유형	설명	예시
사실 질문	자료 속 표현이나 정보에 대한 직접 질문	이 자료는 어떤 방식으로 정보를 전달하는가?
관점 질문	제작자의 시선이나 감춰진 의도에 주목	제작자는 왜 이런 구도를 선택했을까?
구조 질문	표현 방식과 효과의 관계를 분석	이 광고의 편집 기법은 어떤 감정을 유도하는가?
가치 질문	사회적 메시지, 이슈에 대한 평가	이 영상이 말하지 않는 중요한 현실은 무엇일까?
대안 질문	새로운 시선 제안, 반론 유도	이 주제를 다르게 구성한다면 어떤 표현이 가능할까?

(2) 질문 예시

다음 질문들은 어떤 유형인지 분류해 보고, 내가 참고하고 싶은 질문에 ∨ 표시를 해보세요.
① 왜 기후 위기 광고에는 늘 아이들만 등장할까? □
② 이 광고는 감성적 이미지로 소비주의를 가리고 있지 않은가? □
③ 뉴스 영상이 말하지 않는 것은 무엇일까? □
④ 이 광고의 말투와 배경음악은 수용자에게 어떤 감정을 유도하는가? □
⑤ 플레이 가능한 여성 캐릭터가 주체적으로 문제를 해결하는 광고, 왜 보기 힘들까? □

- 내가 참고하고 싶은 질문 유형은:

3. 나의 질문 생성하기

먼저 자유롭게 질문을 써보세요.
- 질문 1:
- 질문 2:
- 질문 3 (선택):

4. 키워드 도우미 카드로 질문 확장하기

교사에게 받은 키워드 도우미 카드를 참고하여 질문을 더 깊이 있게 바꿔보세요.
- 수정 또는 추가 질문:

- 질문이 더 깊어진 이유:

5. 친구 피드백 받기
- 내 질문을 친구에게 보여준다.
- 모둠의 모든 친구는 어떤 부분이 좋았는지, 어떤 부분을 더 깊이 생각할 수 있을지 조언한다.
- 친구의 피드백 요약:

6. 최종 탐구 질문 정하기
분석할 매체를 바라볼 렌즈가 될 중심 질문을 정리해 보세요.
- 나의 중심 탐구 질문:

7. 나의 질문 점검 체크리스트
아래 항목 중 3개 이상에 V 표시가 되면 비평적 질문에 가까워졌습니다.
- ☐ 표현 방식과 사회적 맥락을 연결해 묻고 있는가?
- ☐ 단순 정보가 아니라 제작자의 시선을 해석하려 하는가?
- ☐ 자료가 말하지 않는 의도나 결핍을 지적하고 있는가?
- ☐ 이슈를 다른 시선으로 전환하거나 반론을 떠올리게 하는가?
- ☐ 질문이 곧 뉴스레터에서 다룰 주제 문장이 될 수 있는가?

8. 마무리 성찰 한 줄
오늘 내가 만든 질문이 의미 있다고 느끼는 이유는?

완성된 질문을 바탕으로 학생들은 본격적인 자료 분석에 들어갔다. 자신이 설정한 사회적 의제와 관련된 매체 자료 두세 편을 선정하고, 그 안에서 드러나는 표현 방식과 메시지 구조, 숨겨진 의도를 비평적으로 해석해 보았다.

사회적 의제 10가지와 매체 자료 꾸러미 중 일부

1. 기후 위기
- ▶ [WWF] 함께하면 가능해요 Together Possible
- ▶ [특별기획] 『기후 변화, 지구를 삼키다』 1부. 불타는 지구 / YTN 사이언스
- ▶ 그러보니 세탁세제 통도 플라스틱이었네! 세탁기가 토할 만도/smol products/ESG
- ▶ 기후 변화가 우리에게 미치는 영향

2. 외모 중심 문화
- ▶ 외모지상주의공식 예고편|넷플릭스
- ▶ 이니스프리포맨 "박휘순"
- ▶ 설화수 아름다움은 자란다 l 이정은 편

3. 장애인 처우
- ▶ [2025] 장애인일자리사업 교육 동영상(일반형 일자리)
- ▶ 고양시장애인종합복지관 홍보 영상
- ▶ 이건 그냥, 평범한 헤드폰 광고 (Full.ver)
- ▶ [공익광고협의회] 2019 사회적 약자 보호(발달장애) – 주인공은 싫습니다

이때 학생들이 가장 어려워했던 것은 '자기 질문'에 맞게 자료를 다시 읽는 일이었다. 자료는 정해져 있는 텍스트가 아니라, 읽는 관점에 따라 의미가 달라지는 해석의 대상임을 깨닫는 시간이었다.

나는 학생들이 자료를 분석하며 중심 논지를 흐트러뜨리지 않도록 돕기 위해 뉴스레터 개요 쓰기 활동을 도입했다. 그리고 학생들에게 뉴스레터의 네 가지 구조를 안내했다.

- 문제 제기: 내가 던진 질문과 문제의식

- **자료 요약**: 분석한 매체 자료의 핵심 내용
- **비평과 해석**: 표현 방식, 숨겨진 의도, 사회적 의제 분석
- **대안과 제안**: 나의 시선에서 본 바람직한 방향

　이 구조는 학생 스스로 구성한 질문의 맥락을 유지하면서, 표현 방식에서 출발해 사회적 의제로 사고가 확장되는 논증 흐름을 담고 있다.
　민수는 '기후 위기 영상에는 왜 늘 아이들만 등장할까?'라는 질문으로 글을 시작했다. 그는 WWF 공익광고를 분석하며 '이 영상은 기후 위기를 감정적 공감으로 소비하게 만든다. 눈물이 아니라 제도가 필요하다.'라고 정리했다. 그의 글은 영상 속 표현 방식(아이의 울먹이는 목소리, 슬로모션, 회색 톤)의 효과와 그로 인해 형성되는 감정적 몰입의 의도를 짚은 뒤, 그 감정의 프레임이 어떻게 구조적 현실을 가리고 있는지를 비판했다. 그리고 마지막엔 '실제 제도적 변화로 이어지는 공공 캠페인의 시각화 방식'을 제안했다.
　또 다른 학생 재현이는 '게임 광고 속 여성은 왜 늘 조력자일까?'라는 질문을 바탕으로 영상 속 구도, 의상, 대사 처리, 시선 분배 등을 면밀하게 분석했다. 그는 글의 첫 문장을 이렇게 시작했다.

　여성은 게임 속에서도 주인공이 아니다. 늘 곁에 있는 장식이다.

　재현이의 뉴스레터는 '여성은 소비되는 존재'라는 광고의 메시지를 해체하고, '플레이 가능한 여성 캐릭터가 주체적으로 문제를 해결하는 장면이 왜 드문가?'라는 대안적 사회 메시지를 제시하는 비평으로

마무리되었다.

이처럼 뉴스레터 쓰기는 학생들이 '표현 방식 → 효과 → 의도 → 사회적 의제'라는 분석 틀을 자기 언어로 재조립하고 자신의 질문을 바탕으로 새로운 사회적 해석을 창조하는 실천적 활동이었다.

무엇보다 중요한 변화는 학생들이 더 이상 '배운 개념을 적용'하는 수준에 머물지 않고, 자신의 질문으로 사회를 다시 해석하고 매체의 메시지를 재구성하는 비판적 창조자로 성장하고 있었다는 점이다. 나는 이 글쓰기 수업을 통해, 학생들이 단순한 매체 독자가 아닌 비평적 시민으로 서기 시작했음을 느낄 수 있었다.

학생 글 예시

제목: 외모 중심 문화를 전제로 하는 광고 매체에서의 표현 방식과 그 대안

현대 사회에서 사람의 외모는 누군가를 평가하는 기준 중 하나입니다. 외모를 통해 사람의 분위기나 이미지를 평가하는 것이 완전히 잘못된 것이라고 할 수는 없지만, '외모'라는 기준의 영향력은 점점 더 커지고 있는 것 같습니다. 따라서 저는 '외모 중심 문화'라는 사회적 의제에 초점을 맞추어, 이것이 사회적 영향력을 가지는 다양한 매체에 어떻게 반영되는지에 대해 알아보고 싶습니다. 특히 외모 중심 문화를 전제로 하는 광고 목적의 매체에서는 외모 때문에 차별받는 인물을 무능하고 불쌍한 모습으로 묘사하는데, 이는 외모를 중시하는 사회적 분위기를 고조시켜 외모 중심 문화를 더 심화할 수 있다고 생각했습니다. 따라서 저는 광고 매체에서 왜 그러한 표현 방식을 사용하는지 의문을 가졌으며, 두 가지의 매체 자료를 통해 그 이유를 탐구해 보고자 합니다.

첫 번째 자료는 한 애니메이션의 예고편입니다. 내용을 간략히 요약하면, 못생긴 외모를 가진 주인공이 주변의 괴롭힘에 시달리는 힘든 삶을 살다가 우연히 뛰어난 외모를 지닌 몸을 얻게 됩니다. 그 이후 그는 자신을 바라보는 사람들 시선이 바뀐 것을 느낍니다. 그리고 예전의 자신같이 괴롭힘당하는 인물들을 위한 일을 하겠다고 결심하는 것으로 영상이 마무리됩니다.

두 번째 자료는 한 남성용 화장품 광고입니다. 이 광고에서는 못생긴 외모를 가진 남성과 잘생긴 외모를 가진 남성을 교차로 등장시켜 화장품을 홍보합니다. 이때 광고는 못생긴 외모를 가진 남성을 자막을 통해 비판하고, 잘생긴 외모를 가진 남성은 화장품을 들고 사용하는 모습을 제시합니다. 이러한 내용 전개 방식을 통해 화장품의 기능을 소비자들에게 전달하려 합니다.

첫 번째 자료는 못생긴 외모를 가진 인물이 받는 차별을 자막과 함께 제시하는 표현 방식을 사용하는데, 이는 그 인물에 대한 시청자의 동정심을 유발하는 효과가 있습니다. 언뜻 보면 이 표현 방식은 외모 중심 문화를 고발하려는 의도처럼 보이지만, 사실은 애니메이션을 보다 자극적으로 홍보하기 위한 의도일 가능성이 큽니다. 두 번째 자료는 외모가 못생긴 남성과 외모가 잘생긴 남성을 대조하면서, 자막을 통해 못생긴 남성의 외모를 비판하는 표현 방식을 사용하고 있습니다. 이는 외모가 못생긴 남성의 모습을 강조하는 효과가 있는데, 시청자들에게 '외모를 업그레이드하고 싶다면 이 화장품을 사용해야 한다.'라는 간접적인 메시지를 전달하려는 의도일 것입니다.

지금까지 분석한 내용을 종합해 보면, 두 매체 자료에서는 모두 외모로 인해 차별받거나 비판받는 인물을 불쌍하고 무능한 모습으로 표현하고 있는데, 그 의도는 결국 무언가를 자극적이고 효과적으로 홍보하려는 것이라고 할 수 있습니다. 그러나 이러한 표현 방식은 시청자들에게 이분법적 시각을 갖게 하여, 사람들을 잘생긴 사람과 못생긴 사람으로 구분 짓게 할 수 있습니다. 또한 사람들에게 외모로 인한 차별은 당연한 것이라는 인식을 전달할 가능성도 있으므로 문제가 있는 표현 방식입니다.

따라서 광고 목적의 매체들은 무언가를 홍보할 때 이와는 다른 표현 방식을 사용해야 합니다. 외모로 인해 차별받는 인물이 문제를 스스로 해결하려고 하면서 자신의 모습에 자부심을 가지는 모습을 보여주는 것이 바로 그것이라고 저는 생각합니다. 왜냐하면 이를 통해 외모와 관련한 차별에 대한 사람들의 인식을 바꿀 수 있고, 새로운 표현 방식을 통해 홍보하고자 하는 대상도 소비자에게 잘 기억시킬 수 있기 때문입니다.

예를 들어, 한 화장품 광고에서는 뛰어난 외모를 가진 광고 모델과는 거리가 멀어 보이는 인물을 등장시킵니다. 그리고 주변에서 그 인물을 바라보는 부정적 시선을 제시한 후, 그럼에도 불구하고 그 인물이 자신의 삶에 자부심을 가지면서 결국 대중의 인기를 얻는 모습을 보여줍니다. 이 광고는 해당 인물이 대중들의 인기를 얻는 과정과 화장품 사이에 직접적인 관련성이 없다는 비판 지점이 존재할 수 있습니다. 그러나 신선한 표현을 통해 시청자들의 관심을 끌 수 있을 것이고, 결국에는 홍보하고자 하는 대상이었던 화장품을 소비자들이 긍정적으로 바라보게 할 것으로 예상됩니다.

그러므로 광고 목적의 매체들에서는 외모로 인해 차별받는 인물의 부정적 모습을 강조하는 표현 방식이 아닌, 그 인물의 긍정적인 마음가짐과 문제 해결 의지를 보여주는 표현 방식을 사용해야 합니다. 이렇게 매체들은 신선한 표현을 통해 광고의 효과를 높일 수 있으며, 외모를 중시하고 외모에 따라 사람들을 분류하는 사회적 분위기도 변화시킬 수 있습니다. 또한 궁극적으로는 외모 중심 문화에 대한 사람들의 인식을 변화시켜 외모 중심 문화의 해결에 기여할 수 있을 것입니다.

4. 성찰 - 나는 이제, 세상을 질문하는 사람

(1) 세상을 다시 보게 한 질문들

수업 마지막 수업 날, 나는 칠판에 이렇게 적어두었다.

이 수업을 통해 내가 다시 보게 된 것은 무엇인가요?

학생들에게 수업을 한번 돌아보고 물음에 대한 답을 짧은 에세이로 써달라고 부탁했다. 형식은 자유였지만 조건이 하나 있었다. 질문으로 시작해서, 자기 문장으로 끝맺을 것.

처음엔 망설이던 학생들이 조용히 펜을 들었다. 낙서하며 생각을 정리하는 학생도 있었고, 가만히 창밖을 바라보다가 조심스럽게 첫 문장을 적는 아이도 있었다. 서툰 문장들이었지만, 그 안에는 수업 과정에서 일어난 배움과 자신을 돌아보는 진심이 담겨 있었다. 다음은 학생들의 쓴 글에서 뽑은 주요 문장들이다.

- 나는 왜 그동안 아무 의심 없이 광고를 봐왔을까?
- 이제 나는, 내가 소비하는 콘텐츠에 물음표 하나를 붙이게 되었다.
- 기후 위기를 말하는 눈물은 누구의 것인가?
- 나는 감동 뒤에 가려진 구조를 질문하는 사람이 되고 싶다.
- 언제부터 예능 속 조롱이 웃음이 되었을까?
- 나는 웃기 전에 멈추고 생각하는 사람이 되고 싶다.

학생들이 단지 글쓰기 능력만 기른 것이 아니라 세상을 해석하는 언어와 태도를 갖게 되었음을 느낄 수 있었다. 학생들이 남긴 한 문장 한 문장이, 그 자체로 비평이자 성찰이었다.

그 후 각자의 문장에서 한 줄씩 골라 패들릿에 붙였다. '비평 선언문'이라고 이름 붙인 이 판은 학생들이 직접 쓴 질문과 대답, 성찰의 흔적이 공존하는 공간이 되었다.

(2) 비평가 선언문, 나의 문장 남기기

마지막 활동은 '비평가 선언 카드' 쓰기였다. 학생들은 자신이 앞으로도 유지하고 싶은 독자의 태도, 질문 습관, 표현 방식을 짧은 문장으로 남겼고, 친구들과 카드를 교환하며 서로의 문장을 읽었다.

카드에는 이런 말들이 쓰여 있었다.

- 나는 광고를 볼 때, 가장 먼저 자막과 음악을 본다.
- 나는 무엇인가를 볼 때, 어떤 말이 생략되어 있는지부터 생각한다.

카드를 돌려 읽는 학생들의 모습을 바라보며, 이 수업이 정말 끝났다는 실감을 했다. 하지만 끝남은 멈춤이 아니었다. 마지막으로 학생들에게 이렇게 말했다.

> 교사: 비평은 멈추지 않는 읽기입니다. 이 수업은 끝났지만, 여러분의 질문은 계속될 거예요. 오늘 쓴 뉴스레터는 세상을 향한 여러분의 첫 문장입니다.

그날 교실을 나서며 학생 몇 명이 서로의 카드를 다시 읽으면서 이야기를 나누는 모습을 보았다. 그 뒷모습에서 이 수업이 단지 하나의 국어 수업이 아니라 세상을 읽고 다시 쓰는 눈을 갖게 한 첫 여정이었다는 확신을 얻었다.

학생들은 이제, 세상을 질문하는 사람이 되어가는 길 위에 서 있었다.

학생 성찰록 예시

1. 성찰 에세이 작성
'이 수업을 통해 내가 다시 보게 된 것은 무엇인가요?'라는 질문에 대한 답으로 시작해, 나만의 문장으로 끝나는 짧은 글을 작성해 보세요.

> 이 수업을 통해 저는 사회적 의제와 관련한 매체들이 제작자의 관점에 의해 중립적이지 않은 정보를 전달할 수 있으며, 표현 방식에서 그것이 드러난다는 것을 새롭게 정보를 전달할 수 있으며, 표현 방식에서 그것이 드러난다는 것을 새롭게 알게 되었습니다. 이를 확인해 보는 과정에서 저는 '외모 중심 문화'라는 사회적 의제에 초점을 맞추어 관련 매체 자료들을 분석해 보았는데, 예전에는 단순히 제품을 홍보하는 내용인 줄만 알았던 광고들이 사실은 숨겨진 메시지나 의도를 가질 수 있다는 것을 알게 되었습니다. 광고 매체는 반드시 숨겨진 의도를 가지고 있습니다.

2. 비평가 선언 카드
앞으로 어떤 태도로 매체를 읽고 싶은지, 나의 비평가로서의 다짐을 써보세요.

- 내가 비평가로서 가지려는 태도는?

(예) 나는 감춰진 시선을 찾는 독자가 되겠다. 나는 언제나 질문을 던지는 비평가가 되겠다. 등

- 한 문장 선언

> 저는 매체 제작자의 관점에서 벗어나 다른 관점에서 매체 자료를 분석해 보고, 문제가 있는 표현 방식에 대한 대안을 제시할 줄 아는 비평가가 될 것입니다.

- 그 이유는? (어떤 계기, 어떤 수업 경험, 어떤 매체 사례가 나에게 이런 선언을 하게 만들었나?)

> 저는 외모 중심 문화를 전제로 하는 광고 매체들을 탐구하는 과정에서 단순히 제작자의 의도와 관점에 따라서만 매체를 수용할 경우 사회적 의제에 대해 비판적인 시각을 가질 수 없다는 것을 알게 되었습니다. 이에 따라 저는 광고를 시청하는 소비자들이 자칫 사회적 문제를 당연하게 여기거나 차별을 정당화할 수 있다는 것을 깨닫게 되었습니다. 따라서 이러한 문제점을 해결하기 위해 저는 소비자들에게 부정적인 영향을 미칠 수 있는 잘못된 표현 방식에 대한 대안을 제시하겠다고 결심했고, 위에서 작성한 선언을 하게 되었습니다.

교사를 위한 실천 팁 교사를 위한 실천 팁

1. 질문을 수업의 출발점으로 삼는다
   분석보다 먼저 와야 하는 것은 '질문하는 태도'이다. 자료를 먼저 제시하지 않고, 학생의 질문에서 출발하는 수업 흐름을 만들면 학생의 주도성과 몰입도가 높아진다.

2. '사회적 의제'는 자료보다 학생의 경험에서 출발할 수 있다
   뉴스, 기사, 광고보다 먼저 학생들이 겪는 현실을 탐색하도록 이끈 후 이를 매체와 연결하게 하면 더 생생한 탐구가 가능하다.

3. 모델링 글보다는 분석 틀과 질문 도구를 제공한다
   구체적인 예시보다 '표현 방식 – 효과 – 의도 – 의제' 흐름이 담긴 분석 도구를 제공하면 학생들이 자기 생각을 자유롭게 구성할 수 있다.

4. 글쓰기는 평가가 아니라 전이의 장이다
   뉴스레터 쓰기는 기존 자료를 요약하는 과제가 아니다. 자신의 질문을 바탕으로 새로운 사회적 메시지를 만드는 과정이라는 점을 학생들에게 강조하자.

5. 성찰은 활동이 아니라 하나의 '정리' 방식이다
   짧더라도 자기 질문과 연결된 문장을 남기게 해보자. 그 문장이 학생의 성찰을 구체적으로 증명해 준다.

6. 함께 읽고, 함께 전시한다
   뉴스레터 결과물을 벽에 붙이고, 서로 읽고 피드백을 나누는 시간을 꼭 마련하자. '나만의 생각'이 '공적인 목소리'가 되는 경험은 학생들에게 강력한 자존감을 심어준다.

이 수업은 결국 '읽기–쓰기' 수업이 아니라, '질문–해석–표현' 수업이다. 국어과에서 사회적 의제를 다루는 방법을 고민하는 교사들에게 이 수업이 하나의 실천 사례로 다가가길 바란다.

수업 사례 6

성찰과 실천으로 나아가는 모둠 보고서 쓰기

우경란

목표 정하기	개념 탐구하기
전이하기	**성찰하기**

수업 개요

다 아는 것 같지만 잘 모르는, 보고서 쓰기

교사: 여러분, 혹시 보고서를 써본 적이 있나요?
학생 1: 사회랑 과학 수행평가 때 썼어요. 초등학교 때도 썼고요.
교사: 그럼 여러분은 보고서를 잘 쓰는 방법이 뭐라고 생각해요?
학생 2: 일단 자료가 많아야 해요.
교사: 그럼, 자료는 어디에서 찾나요?
학생 3: 네이버나 구글, 아니면 챗GPT요.
교사: 다른 데서 자료를 찾은 사람은 없나요?
학생들: …….

중학교 3학년쯤 되면 보고서를 안 써본 학생은 없다. '비평문'이 뭐냐고 묻는 학생은 있어도 '보고서'가 뭐냐고 묻는 학생은 없다. 그래서 당연히 본인들이 보고서를 쓸 수 있다고 생각한다. 그렇지만 막상 학생들에게 보고서를 쓰라고 하면 검색 엔진에서 주제어를 검색해 윗줄에 뜨는 자료들을 복사해서 짜깁기하는 경우가 많다. 한술 더 떠서, 짜깁기도 하지 않고 생성형 AI가 준 답을 그대로 옮기기도 한다. 어느 과목에서든 작성하고 누구든 쓸 수 있을 것 같은 보고서이지만, 정작 제대로 배운 적은 없는 것이다. 그래서 이번 수업에서는 오히려 보고서를 '낯설게' 만들고, 처음부터 다시 '제대로' 쓸 수 있게 만드는 것이 중요하다고 생각했다.

　　필자가 글을 쓰는 이유는 독자와 의사소통하기 위해서이다. 글의 종류에 따라 의사소통 목적은 달라진다. 그러므로 학생들에게 가장 먼저 해야 하는 질문은 '왜 보고서를 쓰는가?'이다. 보고서란 '연구한 것의 내용이나 결과를 알리는 글', '어떤 주제에 대하여 관찰, 조사, 실험한 과정과 결과를 체계적으로 정리한 글'이다. 보고서는 '정보를 전달하는 글'의 한 갈래이지만, 문제 해결이나 정책 제안의 목적으로 쓸 때는 설득의 목적도 포함된다. 이 수업에서 학생들이 작성하는 보고서는 소셜미디어의 문제점을 분석하고 해결 방안을 제안하는 것으로, 의사소통 목적은 정확한 '정보 전달'과 자신의 의견을 독자에게 '설득'하는 것이다. 이 두 가지 목적을 끊임없이 떠올리면서 보고서를 쓰는 것이 이 수업의 지향점이다.

소셜미디어, 제대로 활용하고 있나요?

보고서의 주제는 교사가 제시할 수도 있고, 학생들이 자유롭게 선택할 수도 있다. 자유 주제를 선택할 때는 개개인의 진로와 연결하면 좋고, 교사가 자신의 철학을 반영하여 보고서의 대주제를 제시하는 것도 괜찮은 방법이다. 국어 교과는 기능 교과이면서도 내용 교과이기 때문에 두 가지 요소를 동시에 가르칠 수 있다는 점에서 매력적이다. 어떤 제재를 읽고, 어떤 화제로 말하거나 글을 쓰느냐를 결정할 수 있는 권한이 교사에게 있기 때문이다. 학생들이 꼭 생각해 보기를 바라는 주제로 프로젝트를 진행하면, 학생들과 함께 탐구하면서 교사도 함께 성장하는 느낌이 든다.

교사: 소셜미디어(SNS) 사용하는 사람 손들어 볼래요? 선생님도 인스타 해요. 요즘은 잘 안 쓰지만 페북도 가끔 보고요. 설마 유튜브 한 번도 안 본 사람은 없죠?

인스타그램은 안 한다 쳐도, 유튜브까지 언급하면 거의 모든 학생이 손을 든다. 간혹 아무것도 안 한다는 학생이 한두 명 있는데, 그럴 땐 살짝 고민이 되기도 한다. 소셜미디어를 안 하는 학생한테 수업을 핑계로 '괜히 몰라도 되는 걸 알려주는 건 아닐까.' 하는 생각이 들기 때문이다. 그래도 대다수 학생이 소셜미디어를 사용하고 있다면, 올바르게 사용하는 방법을 가르쳐야 한다.

2022 개정 교육과정에서 매체 교육을 강화한 것도 이런 이유 때문일 것이다. 이미 삶의 일부로 스며든 소셜미디어를 배제하고 살아갈 수 없다면, 소셜미디어의 양면성을 정확하게 알고 똑똑하게 이용하는 것이 중요하다. 그래서 보고서의 쓰기의 대주제로 '소셜미디어의 문제점과 해결 방안'을 제시했다. 모둠 보고서 쓰기 수업 단계를 정리하면 다음과 같다.

수업 과정 및 내용

단계	차시	수업 내용
개념 탐구	1~5차시	읽기 과정을 점검하며 주제 도서 읽기
	6차시	쓰기 과정 및 전략 수행 1 - 탐구할 가치가 있는 주제 찾기
	7~8차시	쓰기 과정 및 전략 수행 2 - 신뢰성 있는 자료 수집하기

	9~11차시	쓰기 과정 및 전략 수행 3 – 통일성 있게 개요 짜기
	12~14차시	쓰기 과정 및 전략 수행 4 – 쓰기 윤리 지키며 보고서 작성하기 및 고쳐쓰기
	15~17차시	발표 및 개념 일반화 – 왜 쓰기 과정, 쓰기 전략, 쓰기 윤리를 지키나요?
전이	18~21차시	실천으로 나아가는 캠페인 활동 – 거리 캠페인 및 설문 조사
성찰	수시로	계획 – 중간 – 마무리 단계의 성찰

    이 수업은 21차시에 걸쳐 '읽기+쓰기+듣기·말하기'를 모두 수행하는 장기 프로젝트이다. '개념 탐구' 단계에서는 핵심 개념인 '의사소통, 목적'을 생각하며 보고서 쓰기 과정을 수행한다. 1~5차시 '주제 도서 읽기'는 보고서를 쓰기 위해 배경지식을 마련하는 단계로, 읽기 목적을 생각하며 선택한 책을 읽는다. 6~14차시에는 '계획하기-내용 생성하기-내용 조직하기-표현하기-고쳐쓰기'의 각 과정에서 의사소통 목적을 달성하기 위해 어떤 전략을 사용해야 하는지 생각하며 보고서를 작성한다. 또한 학생들이 지금까지 잘 모르고 있었던 출처 표기법과 쓰기 윤리를 지키는 것도 강조한다. 15~17차시는 작성한 보고서를 발표하고, '쓰기 과정, 쓰기 전략, 쓰기 윤리'를 지키는 것이 '의사소통, 목적'을 달성하는 데에 도움이 되는지 확인하는 단계이다.

    18~21차시 '전이' 단계에서는 '캠페인 활동'을 한다. 캠페인은 사회적·정치적 목적을 이루기 위해 대중과 의사소통하는 것이다. '글'이라는 매체를 통해 의사소통 목적을 이룰 수도 있지만, 거리로 나가서

목소리를 내거나 포스터를 붙이는 등 다양한 방식으로 의사소통 목적을 달성할 수도 있다. 캠페인은 개념을 삶 속에 전이하고, '나'의 앎을 '우리'의 앎으로 확산하는 의미 있는 활동이다. 고사가 끝난 학기 말에 평가와는 무관하게 거리 캠페인과 설문 조사 중 한 가지를 선택해 활동하도록 했다.

'성찰하기'는 마지막 단계가 아니라 모든 단계에서 수시로 이루어진다. 성찰은 수업이 끝난 후에 학생들에게 '무엇을 배우고 느꼈나요?'라고 묻는 것만이 아니라, 메타인지를 활성화해 학생들이 핵심 개념을 잘 배울 수 있도록 촉진하는 모든 활동을 의미한다. 필자인 학생들은 의사소통 목적을 달성하기 위해 끊임없이 자신의 글쓰기를 성찰하며 '과정, 기능, 전략'을 수행해야 한다. 책의 구성상 '성찰하기'를 마지막에 넣었지만, 성찰은 수업의 모든 단계에 녹아 있다.

1. 수업 목표 정하기

보고서 쓰기 수업의 핵심 개념 – 의사소통, 목적

하나의 수행평가에 무려 21차시를 투자하는 것은 쉽지 않다. 많은 선생님이 고민하는 부분이 바로 '어떻게 수업 시수를 확보하느냐'이다. 수업 시간을 효율적으로 사용하기 위해서는 여러 성취기준의 핵심 내용을 엮어서 재구조화하는 '교육과정 재구성'이 필요하다. 보고서 쓰기 프로젝트 수업에서 교육과정 재구성을 위해 선택한 성취기준은 다음과 같다.

성취기준 내용	영역
[9국02-08] 자신의 독서 상황과 수준에 맞는 글을 선정하고 읽기 과정을 점검·조정하며 읽는다.	읽기
[9국03-07] 복합양식 자료를 활용하여 내용을 생성하고 글의 유형을 고려하여 내용을 조직하며 글을 쓴다.	쓰기
[9국03-08] 쓰기 과정과 전략을 점검·조정하며 글을 쓰고, 독자를 고려하여 글을 고쳐 쓴다.	
[9국03-09] 언어 공동체의 구성원인 필자로서 자신에 대해 성찰하며, 윤리적 소통 문화를 형성하는 데에 기여한다.	
[9국01-06] 다양한 자료를 재구성하여 내용을 체계적으로 조직하고 청중이 이해하기 쉽게 발표한다.	듣기 말하기

이 중 '읽기' 영역은 보고서를 쓰기 전에 배경지식을 형성하는 사전 활동에 속하고, '듣기·말하기' 영역은 보고서 작성 결과를 동료들과

공유하기 위한 사후 활동에 속한다. 이 수업의 핵심은 '쓰기' 영역에 있다. 학생들이 보고서를 쓰면서 반드시 배워야 할 것은 앞에서 제시한 성취기준 가운데 [9국03-08]과 [9국03-09]의 '쓰기 과정, 쓰기 전략, 쓰기 윤리'이다. [9국03-07]의 내용은 쓰기 과정과 전략의 하위 항목으로 넣을 수 있다. 그런데 '쓰기 과정, 쓰기 전략, 쓰기 윤리'가 이 수업에서 다루는 '개념'일까?

절차적 지식을 가르치는 수업에서 '개념'과 '과정·전략·기능'은 다르다. '과정·전략·기능'이 학생들이 수행해야 하는 실질적인 행위를 가리킨다면, '개념'은 왜 그것을 하는지 '이해하는 것'을 의미한다. 즉 '과정·전략·기능'의 습득을 통해 상위 단계인 '개념'을 이해하는 수준으로 나아가는 것이다. 따라서 '쓰기 과정, 쓰기 전략, 쓰기 윤리'를 지키는 이유가 무엇인지 생각해 보면, 그것이 이 수업에서 다루는 '개념'이 된다.

이 수업의 개념은 '의사소통, 목적'이고, '과정·전략·기능'은 '쓰기 과정, 쓰기 전략, 쓰기 윤리'라고 할 수 있다. 필자가 쓰기 과정, 쓰기 전략, 쓰기 윤리를 지켜 글을 쓰는 이유는 결국 본인이 의도하는 '의사소통 목적'을 달성하기 위해서이기 때문이다. 2022 개정 국어과 교육과정의 '쓰기' 영역 핵심 아이디어에는 '필자는 상황 맥락 및 사회·문화적 맥락 속에서 자신의 의사소통 목적을 달성하기 위하여 다양한 유형의 글을 쓴다.'라는 진술이 있다. 단순히 글쓰기 기능을 배우는 것을 넘어서 왜 이러한 기능을 사용하는가를 이해하는 것으로 나아가야 '개념기반 탐구학습'이라 할 수 있다.

'의사소통', '목적'이라는 개념과 '쓰기 과정, 쓰기 전략, 쓰기 윤리'

라는 과정·전략·기능을 연결하여 모둠 보고서 쓰기 프로젝트의 핵심 아이디어를 재진술하면 다음과 같다.

필자는 의사소통 목적을 달성하기 위해 쓰기 과정과 전략을 점검·조정하고, 쓰기 윤리를 지켜 글을 쓴다.

쓰기 과정마다, 쓰기 전략을 사용하는 순간마다, 쓰기 윤리를 지킬 때마다 어떻게 하면 의사소통 목적을 달성할 수 있을까를 학생들이 사고하게 하는 것이 이 수업의 중요한 지점이다. 따라서 쓰기 과정마다 학생들에게 글쓰기 전략을 묻고 교사와의 대화를 통해 그것이 왜 필요한지를 생각해 보는 방식으로 수업을 진행했다. 부족한 수업 시간을 쪼개 학생들에게 '왜?'를 묻는 것이 쉽지 않지만, 스스로 생각하지 않은 지식은 장기기억에 남지 않는다. 단순히 쓰기 기능을 배워서 그대로 적용하는 것을 넘어, 다양한 글쓰기 상황에 유연하게 전이하려면 '의사소통, 목적'이라는 개념의 수준에 도달해야 한다.

'쓰기 과정을 적용하여 글을 쓰면 어떤 점이 좋은가?'라는 개념적 질문, '보고하는 글의 의사소통 목적을 달성하기 위해 필자는 어떤 전략을 사용하는가?'라는 개념적 질문, '쓰기 윤리는 꼭 지켜야 하는가?'라는 논쟁적 질문에 학생들이 답하면서 '의사소통', '목적'이라는 개념 이해에 도달할 수 있도록 수업을 설계했다.

이러한 질문에 학생들 스스로 성찰하여 답하는 것이 쓰기 과정이나 전략을 외워서 선다형 시험을 보는 것보다 훨씬 의미 있다. 이론을 실제에 적용하면서 그것이 정말로 우리 삶에 도움이 된다는 것을 깨달는 것이 중요하기 때문이다.

프로젝트 수업과 과정 중심 평가

이 수업은 '읽기 → 쓰기 → 듣기·말하기 → 실천(캠페인)' 순으로 진행되는 프로젝트이지만, 평가는 총괄평가인 '보고서 쓰기'를 중심으로 이루어진다. 채점기준표를 정리하면 다음과 같다.

평가 요소 및 기준

평가 요소	평가 기준
이해·분석	탐구 주제가 명확히 드러나며, 다양한 복합양식 자료를 정확히 분석해 주제를 뒷받침했는가?
과정·전략	쓰기 과정을 충실히 거치고 과정마다 적절한 전략을 사용했으며, 독자를 고려해 고쳐 썼는가?
구성	보고하는 글의 구성에 따라 짜임새 있게 조직했는가?
언어 표현	어법에 맞는 적절한 단어와 문장을 선택해 정확하고 간결하게 표현했는가?
쓰기 윤리	조사한 내용이나 결과를 왜곡하지 않고, 인용한 자료의 출처를 정확하게 밝혔는가?

'이해·분석'에서는 탐구 주제에 맞는 다양한 자료를 정확하게 분석했는지, '과정·전략'에서는 쓰기 과정과 전략을 잘 적용했는지를 중심으로 평가한다. '구성'과 '언어 표현'에서는 보고서의 구성에 맞게 글을 조직하고, 적절한 단어와 문장을 선택하여 표현했는지를 평가한다. '쓰기 윤리'는 이번 프로젝트에서 강조하는 부분이므로 별도의 평

가 요소로 설정했다.

    총괄평가 이전의 과정도 소홀히 해서는 안 된다. 배경지식을 쌓기 위해 한 권의 책을 읽는 것으로 시작하여 '계획하기, 자료 수집, 개요 작성'의 과정이 모두 충실하게 이루어져야 최종 결과물인 보고서가 제대로 작성될 수 있다는 것을 학생들에게 강조한다. '과정 중심 평가'는 수행의 모든 과정을 점수화한다는 의미가 아니라, 학생들의 수행 과정마다 '학생 성장을 위한 피드백'을 제공한다는 의미다. 보고서 쓰기 과정이 길고 어려운 만큼 교사·동료·자기 평가를 모두 활용하여 다각적인 피드백을 하는 것이 중요하다.

    모둠 발표와 '캠페인을 통한 실천'은 사후 활동으로 진행한다. 점수화되지 않아서 동기 부여가 어려운 면도 있지만, 지식을 공유하고 삶 속에서 실천하는 일의 가치를 설명하고 즐겁게 활동에 임하도록 안내한다. 수업 설계를 정리하면 다음과 같다.

단원 설계

단원명	소셜미디어에 관한 보고서 쓰기	학년	중학교 3학년
핵심 아이디어	필자는 의사소통 목적을 달성하기 위해 쓰기의 과정과 전략을 점검·조정하고, 쓰기 윤리를 지켜 글을 쓴다.		
핵심 질문	[사실적 질문] • 보고하는 글은 어떤 과정을 거쳐 작성하는가? [개념적 질문] • 쓰기 과정을 적용하여 글을 쓰면 어떤 점이 좋은가? • 보고하는 글의 의사소통 목적을 달성하기 위해 필자는 어떤 전략을 사용하는가? • 소셜미디어의 문제점과 해결 방안은 무엇인가? [논쟁적 질문] • 쓰기 윤리는 꼭 지켜야 하는가?		

내용 요소	지식·이해	보고하는 글
	과정·기능	• 쓰기 과정 – 계획하기, 내용 생성하기, 내용 조직하기, 표현하기, 고쳐쓰기 • 쓰기 전략 – 자료의 신뢰성, 내용의 통일성
	가치·태도	쓰기 윤리
성취기준		[9국02-08] 자신의 독서 상황과 수준에 맞는 글을 선정하고 읽기 과정을 점검·조정하며 읽는다.[9국03-07] 복합양식 자료를 활용하여 내용을 생성하고 글의 유형을 고려하여 내용을 조직하며 글을 쓴다. [9국03-08] 쓰기 과정과 전략을 점검·조정하며 글을 쓰고, 독자를 고려하여 글을 고쳐 쓴다. [9국03-09] 언어공동체의 구성원인 필자로서 자신에 대해 성찰하며, 윤리적 소통 문화를 형성하는 데에 기여한다. [9국01-06] 다양한 자료를 재구성하여 내용을 체계적으로 조직하고 청중이 이해하기 쉽게 발표한다.

2. 개념 탐구 - 의사소통, 목적

(1) 읽기 과정을 점검하며 주제 도서 읽기

첫 활동은 소셜미디어에 관한 배경지식을 습득하는 동시에 읽기 전략을 수행하는 '한 학기 한 권 읽기' 수업이다. 소셜미디어와 관련된 다섯 종의 책 중에서 한 권을 골라 읽고, 서로 다른 책을 읽은 친구들과 모둠을 구성한다. 서로 다른 책을 읽은 사람끼리 모둠을 구성하면 읽은 책의 내용을 공유하며 주제에 관한 배경지식을 확장할 수 있고, 보고서 작성 시 참고할 수 있는 자료도 늘어난다.

책의 난이도는 '상, 중, 하'로 나누어서 학생들이 본인의 독서 수준에 맞는 책을 골라 읽도록 한다. 학생들의 문해력 수준이 전반적으로 낮은 학교라면 초등학교 고학년 수준의 도서를 한두 권 정도 넣는 것이 좋다. 이 목록은 중학생을 위한 권장 도서로 구성한 것이다.

수준	도서	배정 인원 (28명)
상	《SNS와 스마트폰 중독 어떻게 해결할까?》(김대경 외 2)	6
중	《소셜미디어는 인생의 낭비일까요?》(김보미) 《유튜브 쫌 아는 10대》(금준경) 《유튜브에 빠진 너에게》(구본권)	18
하	《(소설집) 중독된 아이》(전건우 외 3)	4

읽기 전·중·후 활동은 교과서에 제시된 일반적인 활동으로 구성하면 된다. 물론 교과서 지문으로 교사가 한번 시범을 보여주어야 학생

들이 수월하게 따라 할 수 있다. 이런 식으로 교과서 수업을 병행하면 지필고사에 출제할 분량도 확보가 된다.

'읽기 전 활동'을 1차시 확보해서 책을 고른 뒤, 선정 이유 및 표지와 목차를 보고 예측한 내용을 간단히 적는다. '읽기 중 활동'은 3차시 정도 잡아서 '모르는 단어의 의미 찾기, 참고 자료를 찾아 관련 분야에 관한 이해 넓히기, 이어질 내용을 예측하거나 질문하기, 이해되지 않는 부분은 맥락을 고려해 파악하기, 보고서의 주제로 삼고 싶은 질문 4개 만들기'를 수행하면서 읽도록 한다. 이때 만든 4개의 질문은 '주제 찾기' 단계에서 모둠원과 공유하여 보고서의 주제를 선정하는 데에 활용한다.

특히 '읽기 후 활동'이 중요한데, 각기 다른 책을 읽은 모둠원들과 읽은 내용을 공유하면서 배경지식을 확장해야 보고서의 주제가 다양하게 도출된다. 먼저 자기가 읽은 책의 중심 내용, 더 알고 싶어 찾아본 내용, 느낀 점을 정리한다. 그리고 자기가 읽은 책의 내용과 느낀 점을 모둠원들에게 설명한다. 나머지 모둠원은 친구의 발표를 듣고 내용을 한 문장으로 요약해 기록한다.

다음은 《소셜미디어는 인생의 낭비일까요?》를 읽은 현호가 나머지 네 명 모둠원의 발표를 듣고 요약한 내용이다.

책 제목	한 줄 요약 – 내가 읽은 책 제외
SNS와 스마트폰 중독을 어떻게 해결할까?	정보통신 기술의 발달로 우리는 즐겁고 편리한 삶을 살고 있지만, SNS와 스마트폰의 단점도 존재하고, 우리는 그 단점을 극복하기 위해 디지털 리터러시를 실천해야 한다.
유튜브에 빠진 너에게	우리가 쉽게 접할 수 있는 유튜브와 소셜미디어의 정보를 보이는 그대로 받아들이기보다 비판적 사고 능력을 통해 받아들여

	야 한다는 것을 강조했다.
유튜브 쫌 아는 10대	유튜브는 혐오 표현과 허위 정보를 담은 영상들을 삭제시키기 위해 AI 등의 여러 기술을 동원해 노력하고 있다.
중독된 아이	현실에 있는 유튜브 속 이상한 사람들을 소설 속 이야기로 풀어냈다.

이렇게 '읽기 후 활동'까지 진행하면 '읽기의 과정과 점검'을 마무리할 수 있다. 이어서 본격적인 보고서 쓰기 활동으로 자연스럽게 넘어가면 된다.

(2) 쓰기 과정 및 전략 수행 1 – 탐구할 가치가 있는 주제 찾기

모든 글쓰기의 첫 단계는 '계획하기'이다. 여기서 학생들은 글의 주제, 목적, 예상 독자를 정하게 된다. 가장 먼저 해야 할 일은 탐구 질문 만들기, 즉 보고서의 주제를 정하는 것이다.

> **교사**: 질문의 유형에는 크게 세 가지가 있어요. '왜/어떻게 질문, 문제 해결형 질문, 논쟁형 질문'이 있죠. 우리가 만들어야 할 질문은 어느 유형일까요?
>
> **학생들**: '문제 해결형 질문'이요.
>
> **교사**: 네, 그렇죠. 소셜미디어의 문제점을 찾고 해결 방안을 제시해야 하므로 '문제 해결형 질문'이겠죠. 그렇다면 먼저 소셜미디어의 문제점을 찾아야 할 텐데요. 소셜미디어가 문제점만 가지고 있는 것은 아니므로 긍정적인 측면을 찾아 발전 방향을 제시해도 됩니

다. 그리고 탐구할 만한 가치가 있는 주제인지 잘 생각해 보고 결정하세요. '탐구할 만한 가치가 있는 주제'란 어떤 것일까요?

서영: 지금 우리 사회에서 중요한 문제요.

교사: 중요한 지점을 얘기해 주었네요. '지금'이라는 건 이미 흘러간 과거의 문제가 아니라 현재 우리가 겪고 있는 문제라는 이야기고, '우리 사회'의 문제라는 건 특정한 한두 사람의 문제가 아니라 여러 사람들이 겪고 있는 보편적인 문제라는 거네요. 또 어떤 주제가 '탐구할 만한 가치가 있는' 것일까요?

하정: 우리가 직접 겪고 있는 문제요.

교사: 그것도 정말 맞는 말이에요. 누구나 자신의 문제라고 여기는 것에는 관심을 갖게 되지만, 나와 상관없는 일이라고 생각하면 아무래도 관심이 부족해지죠. 여러분이 오늘 당장 집에 가서 인스타그램이나 유튜브를 보면서 겪는 문제가 뭔지 생각해 보면 그게 바로 보고서의 주제가 될 수도 있어요.

그래서 《생각이 보이는 교실》이라는 책에 나오는 '줄다리기'라는 사고 기법을 한번 사용해 보려고 해요. 종이에 '소셜미디어를 사용해야 하는가?'라는 질문을 적고 그 아래에 종이를 가로지르는 긴 줄을 하나 그립니다. 그리고 줄의 왼쪽 끝에는 '사용해야 한다', 오른쪽 끝에는 '사용하지 말아야 한다'라고 적습니다. 그리고 각자 붙임종이에 소셜미디어를 사용해야 하는 이유와 사용하지 말아야 하는 이유를 생각나는 대로 적어보세요. 이제부터 우리는 줄의 양쪽 끝을 잡고 잡아당길 거예요. 오른쪽 끝으로 갈수록 소셜미디어를 사용해야 하는 강력한 이유를, 왼쪽 끝으로 갈수록 소셜미

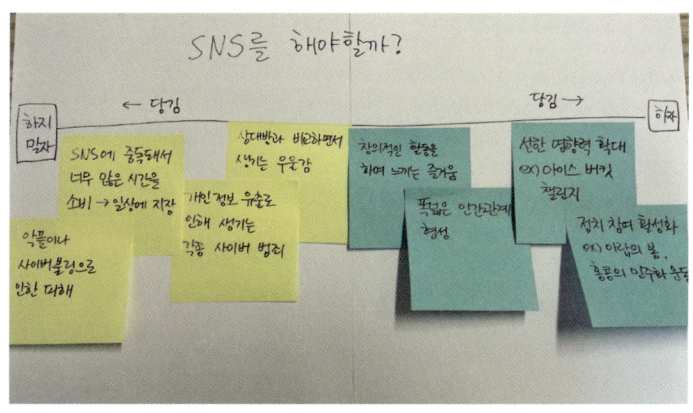

디어를 사용하지 말아야 하는 강력한 이유를 강도순으로 배열해 보세요. 양극단에 붙인 내용이 여러분의 모둠에서는 가장 탐구할 만한 가치가 있는 주제가 되겠죠.

탐구 주제를 적절하게 설정하는 것은 매우 중요하다. '문제 해결형 질문'을 만들라고 안내했지만, 의외로 조건에 맞지 않게 작성하는 경우가 많다. 예를 들어, '유튜브 알고리즘에는 장점만 있을까?'라고 탐구 주제를 설정하면, 유튜브 알고리즘의 문제점을 지적하는 내용일 것이라고 예측은 할 수 있지만 주제가 명확하지 않다. '유튜브 알고리즘의 문제점과 해결 방안'으로 명료하게 진술하는 것이 좋다.

탐구 주제가 잘못 설정되면 보고서의 방향이 엉뚱한 곳으로 흘러가게 되므로, 주제 선정 단계에서 피드백이 꼭 필요하다. 피드백 방법은, 먼저 구글 스프레트 시트에서 여섯 모둠이 한 시트에 주제를 적도록 한다. 한 반 전체 학생이 주제를 볼 수 있으므로 동료 피드백을 해서 서로 어색한 부분을 이야기해 줄 수 있다. 마지막에는 꼭 교사가 확인해서 최종안을 확정한다. 교사 피드백을 거쳐서 학생들은 이런 주제들을 만들었다.

- 청소년 소셜미디어 중독의 원인과 해결 방안은?
- 소셜미디어가 사용자에게 주는 박탈감의 원인과 해결 방안은?
- 소셜미디어를 통한 정보 관련 범죄의 원인과 해결 방안은?
- 소셜미디어에서의 악성댓글에 대처하는 방안은?
- 소셜미디어의 거짓 정보가 사회에 미치는 영향과 해결 방안은?
- 소셜미디어의 확증 편향 현상을 방지하는 방안은?
- 소셜미디어에서 형성되는 인간관계의 문제점과 해결 방안은?
- 노년층이 소셜미디어를 잘 활용하지 못하는 원인과 해결 방안은?

교사: 여러분이 제시한 보고서 주제 중에서 가장 많이 언급된 것은 세 가지입니다. '소셜미디어 중독, 허위 정보의 유포, 알고리즘으로 인한 확증 편향'이에요. 아마도 이 세 가지가 소셜미디어의 가장 큰 문제점이라고 생각하는 것 같아요. 모두 '탐구할 만한 가치가 있는 주제'를 잘 선정했어요. 주제를 정했으니 이제 절반은 한 겁니다. 그럼 여러분이 보고서를 쓰는 목적은 뭘까요? 필자로서 독자에게 무엇을 하고 싶은 걸까요?

유담: 우리가 조사한 내용을 잘 정리해서 독자에게 알려주고 싶어요.

교사: 맞습니다. 수집한 정보를 체계적으로 정리해서 독자들이 알기 쉽게 전달해야겠죠. 보고서는 '정보를 전달하는 글'의 한 갈래이므로 독자들에게 정확하게 정보를 전달하는 것이 첫 번째 목적이에

요. 그런데 우리가 쓰는 보고서의 대주제는 '소셜미디어의 문제점과 해결 방안'이에요. '이러이러한 정보가 있다'는 것만 잘 전달하면 될까요?

민지: 우리가 제시한 해결 방안이 좋다는 걸 설득해야 할 것 같아요.

교사: 그렇죠. 해결 방안에는 여러분의 창의적인 아이디어가 담길 수도 있고 다른 전문가들의 의견에서 가져올 수도 있겠지만, 어쨌든 독자들도 그 방안이 꼭 필요하다고 고개를 끄덕이도록 설득해야겠죠. 그래서 이번 보고서 쓰기의 의사소통 목적은 '정보 전달'과 '설득' 두 가지가 되겠네요. 그럼 예상 독자는 누구로 할까요?

채민: 선생님이요!

교사: 물론 그것도 맞는 말이죠. 그렇지만 독자가 선생님 한 명뿐이면 좀 허무하잖아요. 보고서를 쓴 뒤 발표를 할 거니까, 예상 독자는 '우리 반 친구들'로 하는 것도 좋을 것 같아요. 아니면 옆에 있는 초등학교 동생들에게 읽힌다고 가정하고, 예상 독자는 '초등학생'이라고 해도 좋아요. 대신 초등학생 수준에 맞게 쉽게 써야겠죠.

글의 설계도를 그리는 '계획하기' 단계에서 주제, 목적, 독자를 명확하게 정했다면, 내용 생성 단계로 넘어갈 수 있다.

(3) 쓰기 과정 및 전략 수행 2 – 신뢰성 있는 자료 수집하기

교사: 여러분, 보고서에 쓸 자료를 찾을 때 어떤 점이 가장 중요할까요?

동현: 우선 자료를 많이 찾아야 해요.

교사: 그렇죠. 한 개의 자료만 가지고 보고서를 쓰면 내용이 빈약할 뿐만 아니라, 표절이 될 가능성이 높겠죠? 하나의 자료를 거의 베끼게 될 테니까요. 그래서 자료의 풍부성도 아주 중요하죠. 또 뭐가 중요할까요?

다인: 믿을 수 있는 자료여야 해요.

교사: 맞아요. 누가 썼는지 알 수 없는 네이버 지식인 자료를 옮겨 쓰면 곤란하겠죠. 그럼 자료의 풍부성과 신뢰성 중에는 뭐가 더 중요할까요?

윤수: 일단 자료가 풍부해야 거기서 좋은 내용을 뽑을 수 있지 않을까요?

예주: 그런데 자료가 많아도 신뢰할 수 없는 내용이 포함되어 있으면 보고서의 질이 떨어질 것 같아요.

교사: 둘 다 맞는 말이에요. 신뢰성 있는 자료를 풍부하게 찾는 게 가장 좋아요. 그런데 만약 여러분이 쓴 보고서 초반에 잘못된 정보가 인용되어 있다면, 독자는 '이 글은 엉터리야!'라고 생각하고 뒷부분은 아예 읽지 않을 수도 있어요. 그럼 열심히 보고서를 쓴 보람이 없겠죠. 그래서 신뢰성 있는 자료를 활용하는 것이 아주 중요해요. 그럼 믿을 수 있는 자료는 어디에서 찾죠? 네이버, 구글 검색 빼고 한번 이야기해 보세요.

수민: 수업 시간에 읽었던 책이요.

교사: 좋아요. 모둠원들이 각각 다른 책을 읽었으니 합치면 다섯 권의 책이 참고 자료가 되겠죠. 책을 단행본이라고도 하는데, 단행본은 출판 과정에서 자료 검증을 하므로 대체로 신뢰할 만하죠. 또 뭐가 있을까요?

민서: 신문 기사요.

교사: 맞아요. 신문 기사도 좋은 정보원이죠. 신문 기사를 검색할 때도 네이버나 구글에만 의존하지 말고, 한국언론재단에서 운영하는 '빅카인즈'에서 검색하면 신뢰할 수 있는 언론사의 기사를 제공받을 수 있어요. 또 어떻게 자료를 찾으면 좋을까요?

학생들: …….

교사: 더 이상 생각이 안 나죠? 그럼 통계청 사이트에 한번 들어가 보세요. 통계 자료를 넣으면 보고서가 아주 그럴듯해져요. 객관적인 수치를 제시하면 독자들을 설득하기가 훨씬 쉽거든요. 또 학술논문을 참고 자료로 사용하면 보고서의 질이 높아지죠. 논문을 어디서 찾냐고요? 지금부터 알려줄게요.

자료의 다양성과 신뢰성이 보고서의 질을 좌우하므로, 모둠별로 '단행본, 학술논문, 통계청 자료나 인터넷 자료, 신문 기사 및 뉴스'를 각각 몇 개 이상 제시하라고 기준을 둔다. 그렇게 하지 않으면 검색 엔진이나 생성형 AI를 이용해 신뢰성이 부족한 자료를 손쉽게 베끼기 때문이다. 학교 예산으로 논문 검색 사이트(DBPia 등) 기관 구독을 신청하면 유용하게 사용할 수 있다. 요즘은 논문 검색 사이트에도 AI 서비스가 있어서 AI가 주제에 맞는 목차를 작성하고 목차별 추천 논문을 제시하기 때문에 편리하게 이용할 수 있다.

그리고 통계청 홈페이지와 빅카인즈에도 반드시 방문하여 자료를 검색하도록 한다. 만약 통계청 홈페이지에 보고서 주제에 맞는 통계 자료가 없다면 인터넷 자료를 찾되, 신뢰할 수 있는 공공기관의 홈페이지나 전문가가 운영하는 블로그 등을 참고하도록 한다.

　자료 수집을 할 때도 세세하게 역할 분담을 하는 것이 좋다. 단행본(수업 시간에 읽은 책 포함) 1명, 학술논문 1~2명, 통계청 자료 및 인터넷 자료 1명, 뉴스 및 신문 기사 1명, 이런 식으로 역할을 정한 뒤 '읽기 후 활동'과 마찬가지로 자신이 조사한 내용을 모둠원들에게 설명하고 들은 내용을 간단히 메모하는 시간을 갖는다. 그래야 주제에 관련된 내용을 두루 파악할 수 있고, 모둠 안에서 자료 품앗이를 할 수 있다. 만약 어떤 학생이 해결 방안 작성을 맡았는데 원인 분석과 관련된 자료를 찾았다면, 원인 분석을 맡은 친구에게 자료를 넘겨주는 식으로 모둠 내 협업이 이루어지도록 안내한다.

(4) 쓰기 과정 및 전략 수행 3 – 통일성 있게 개요 짜기

내용 조직 단계에서는 선별한 정보를 적절하게 배열하여 개요를 작성한다. 내용 생성 단계에서 적절한 정보만 선별되면 좋지만, 학생들이 작성한 개요를 보면 적절하지 않은 정보가 내용 조직 단계까지 딸려 올라오는 일이 흔하다. 그러므로 개요 작성 전에 글의 어느 부분에 어떤 내용이 들어가야 하는지 학생들과 협의하면서 상세하게 안내하는 과정이 필요하다.

　　교사: 이제 선별한 자료들을 적절히 배열해서 개요를 짤 건데요. 우선 보고서의 각 장에 어떤 내용이 들어가는지를 알아야 개요를 작성할 수 있겠죠? 보통 보고서의 '처음' 부분에는 주제를 설정한 이유를 제시하고, 사회적 이슈를 통해 독자의 흥미를 유발하는 내용을

넣어요. 그리고 '끝' 부분에서는 앞의 내용을 요약하고 전망을 추가하면서 마무리해요. 그러면 보고서의 핵심인 '가운데' 부분에는 어떤 내용이 들어가야 할까요? 우리가 쓰는 보고서의 대주제가 '소셜미디어의 문제점과 해결 방안'이라는 점을 고려해 보세요.

지율: 문제점이 무엇인지 설명하고 해결 방안을 제시하는 내용이 들어갈 것 같아요.

교사: 맞아요. 그러면 문제점을 제시하는 부분과 해결 방안을 제안하는 부분을 나눠서 생각해 봅시다. 만약 소셜미디어에서 허위 정보를 유포하는 것이 문제점이라면, 이 부분을 어떻게 써야 독자들이 '아, 이게 정말 문제구나!'라고 생각할까요?

예은: 소셜미디어에서 퍼진 허위 정보 때문에 피해를 본 사례를 제시하면 좋을 것 같아요.

교사: 그렇죠. 구체적인 사례가 있어야 독자들이 쉽게 이해할 수 있겠죠. 또 문제점을 제시하는 부분에서는 어떤 점이 중요할까요?

진호: 문제의 원인이 무엇인지 밝혀야 할 것 같아요.

교사: 아주 중요한 부분이에요. 독자들은 도대체 왜 이런 현상이 발생하는지, 그 원인이 궁금할 거예요. 소셜미디어가 없던 시절에는 허위 정보가 이렇게 쉽게 퍼지지 않았거든요. 왜 유독 소셜미디어에서 허위 정보가 쉽게 퍼지는지 구조적인 분석이 필요하다는 말이에요. 그러면 '해결 방안'을 제시하는 부분에서는 어떤 내용이 들어가야 할까요?

희찬: 이 해결 방안이 왜 꼭 필요한지 설득해야 할 것 같아요.

교사: 중요한 부분이네요. 이러한 방안을 통해 정말로 문제가 해결될 수

있다는 것을 보여줘야 하니까요. 그런데 만약 이 방안으로는 문제를 해결할 수 없다고 생각하는 사람이 있다면 어떻게 해야 할까요?

한나: '아니다, 해결할 수 있다.'라고 논리적으로 반박해야 할 것 같아요.

교사: 맞아요. 내가 제시하는 해결 방안이 타당하다는 것을 설득하려면 예상되는 반론에 재반론할 준비를 해야 해요. 그런 부분을 고려하는 과정에서 나의 논리가 더 단단해지겠죠.

이렇게 학생들과 논의한 내용을 바탕으로 다음과 같이 교사가 개요의 큰 틀을 제시하고 그 안에서 학생들이 자기 모둠의 주제에 맞게 소제목을 붙이도록 한다. 그리고 각 장을 작성할 담당자도 정한다.

장(인원)	포함되어야 하는 내용	담당자
1장(1명)	탐구 주제를 설정한 이유, 사회적 이슈를 통한 흥미 유발	김○민
2장(1명)	문제의 원인 분석 및 구체적 사례 제시	송○민
3장(1~2명)	해결 방안(개인 차원/사회 차원), 예상되는 반론과 그에 대한 재반론 포함	김○윤 하○빈
4장(1명)	내용 요약 및 전망 제시	이○우

개요가 상세해야 구체적인 피드백을 줄 수 있으므로 개요를 자세하게 짜고, 참고 자료의 출처도 각 장마다 표기하도록 요청했다. 그리고 개요 피드백에 무려 2차시를 할애해 동료 평가를 했는데, 이 과정은 뒤

의 '4. 성찰'에서 자세히 설명하겠다. 다음은 '청소년의 소셜미디어 과의존 문제의 원인과 해결 방안'이라는 주제로 개요를 작성한 예시이다. 동료 평가 후 학생들과 함께 이 개요에 관해 이야기를 나누었다.

장	내용	참고 자료
1장	• 주제 선정 이유: SNS 과의존 청소년 증가 문제에 심각성을 느낌. 모둠원 중 한 명이 스마트폰 중독 검사에서 중독으로 나왔기에 더 이상 남들의 문제가 아닌 우리가 해결해야 할 문제라고 생각함. • 사회적 이슈: 여론 조사 기관에서 조사한 결과, 미국의 10대 청소년들 가운데 95%가 소셜미디어를 사용하는 것으로 나타났고, 이들의 3분의 1은 '거의 항상' 사용한다고 답변함.	소셜미디어 중독 10대에⋯ 미 보건 당국 "정신건강 위기"경고(뉴시스, 2023.5.24)
2장	• 2013년 미국 미시간대 연구진은 페이스북 이용자들의 이용 시간에 따른 감정 변화를 조사함. → 페이스북에서 오랜 시간을 보낼수록 행복감이 떨어짐. 친구와 전화로 대화하거나 직접 만난 사람들은 행복감이 크게 상승함. • 2019년 미국 뉴욕대와 스탠퍼드대 연구진의 페이스북 접속 중단 실험에서도 유사한 결과가 나옴. 한 달간 페이스북 계정을 비활성화한 사람은 하루 평균 1시간의 여유가 생김. • 원인 1: 스스로가 주체적으로, 자기 주도적으로 스마트폰과 다양한 소셜미디어 서비스를 활용할 수 있는 능력을 겸비하지 않아서 • 원인 2: **소셜미디어를 이용한 결과 경험하는 정보와 연결의 과잉 상태가 사용자의 신체적 건강을 저해하고 집중력과 판단력 등 인지적 능력을 떨어뜨리기 때문**	구본권(2020),《유튜브에 빠진 너에게》, 북트리거, 26-27, 204-205. 김대권, 유재성, 김위근(2023),《SNS와 스마트폰 중독 어떻게 해결할까?》, 동아 엠앤비, 88-99, 176-177.
	• **개인적 측면의 해결 방안: 여러 연구의 결과, 스트레스는 스마트폰 중독의 주요한 영향 요인으로 지적되기도 하였다. 따라서 청소년들의 스트레스나 우울을 조절해 줄 수 있도록 교사나 부모의 노력이 중요하다.** 즉 청소년들의 성적 등에 대한 스트레스는 우울 등으로 연결될 수 있고 이를 해소하기 위해 스마트폰에 의지할 수 있는 만큼 관	

3-1장	심과 배려가 필요하다는 것이다. • 예상되는 반론: 구체적으로 부모와 교사가 청소년들의 중독 예방을 위해 어떤 노력을 해야 하는가? • 재반론: 부모와 교사는 예방 교육, 모범 사례 제시, 열린 대화 유도, 디지털 건강을 위한 자원 제공, 시간 관리 및 활동 다양성 촉진 등을 통해 청소년들의 중독을 예방할 수 있음.	경승구(2024), 〈청소년 스마트폰 중독 문제〉,《월간 복지동향》제306호
3-2장	• 사회적 측면의 해결 방안: 교내 디지털기기 사용을 제한하는 법 제정 • 예상되는 반론: 인권 침해 등의 문제로 실현 불가능할 수 있음. • 재반론: 2018년 프랑스 하원은 3~15세 학생이 디지털기기를 학교에서 사용하지 못하도록 하는 법안을 통과시킨 사례가 있음. 또한 영국에서는 품행 허브 프로그램을 실시했음.	《SNS와 스마트폰 중독 어떻게 해결할까?》, 88-99, 176-177.
4장	• 요약: 소셜미디어 과의존 청소년 증가 문제를 해결하기 위해 다양한 사례 및 원인을 분석. 개인적 측면에서는 교사와 부모의 관심 필요, 사회적 측면에서는 교내 디지털기기 사용을 제한하는 법 제정 • 전망: 소셜미디어 중독 문제는 개인의 문제뿐만 아니라 가족과 사회에도 부정적인 영향을 끼치므로 국가 차원에서 대응이 필요	〈청소년 스마트폰 중독문제〉

교사: 이 개요는 어떤가요? 잘 쓴 것 같나요?

진서: 잘 쓴 것 같아요. 구체적인 예시가 많고, 해결 방안에서도 예상되는 반론과 그에 대한 재반론까지 제시했어요.

교사: 맞아요. 사료 소사를 충실히 한 티가 나죠. 그런데 2장의 '원인 2'에서 뭔가 이상한 점이 없나요?

희찬: 소셜미디어 사용의 결과 신체적·인지적 능력이 떨어지는 것이지, 신체적·인지적 능력이 떨어지는 것이 소셜미디어 과의존의 원인은 아닌 것 같아요.

교사: 잘 찾았어요. 원인과 결과가 바뀌었네요. 그렇지만 이 내용을 빼라는 건 아니고, 소셜미디어 과의존의 문제점으로 제시하면 되겠죠. 그럼 3-1장은 어떤가요?

희수: 스마트폰 중독의 원인이 스트레스이기 때문에 스트레스를 조절해야 한다고 했는데요. 이 내용은 2장 원인 분석에 들어가야 할 것 같아요.

교사: 그것도 맞는 말이네요. 그리고 많은 모둠에서 실수하고 있는 부분인데요. '스마트폰 중독=소셜미디어 중독'이라는 범주의 오류가 드러나요. 우리가 스마트폰으로 소셜미디어만 하는 건 아니잖아요. 그러니 소셜미디어 고유의 특성이 무엇인지 분석하고, 그 특성에서 비롯된 과의존의 원인을 제시하면 좋겠어요. 이렇게 몇 가지 보완할 점이 있긴 하지만, 이 모둠은 구체적으로 개요를 잘 짰어요.

지금까지 여러분은 자기 모둠을 포함하여 여섯 모둠의 개요를 살펴봤는데요. 개요를 작성할 때 가장 중점을 두어야 할 부분은 무엇이라고 생각하나요?

지훈: 보고서 주제에 맞게 개요를 짜야 해요.

교사: 그렇죠. 주제에 맞게 개요를 짜는 것이 당연해 보이지만 쉽지 않아요. 열심히 수집한 자료들을 버리지 않고 싶다는 욕심이 생기거든요. 그렇지만 우리 모둠의 보고서 주제에 맞지 않으면 과감하게 빼야 해요. 왜냐면 이런 부분들이 글의 통일성을 떨어뜨리기 때문이에요. '통일성'이란 글 전체의 주제와 목적이 일관되게 유지되도록 내용을 조직하는 것을 말하는데요. 즉 주제에서 벗어나는 내

용이 하나도 없어야 한다는 거예요. 만약 보고서 주제가 '소셜미디어 중독'인데 '스마트폰 중독'에 관한 내용을 넣으면 주제에서 벗어나는 내용을 포함하게 되죠. 그래서 개요 작성 단계에서 다시 한번 통일성을 살피는 것이 아주 중요해요.

이렇게 개요 작성 단계의 전략이 무엇인지 학생들에게 먼저 질문하고, 구체적인 사례를 보며 교사와 함께 전략을 도출한 후에 보고서 작성 단계로 넘어간다.

(5) 쓰기 과정 및 전략 수행 4 – 쓰기 윤리 지키며 보고서 작성하기 및 고쳐쓰기

보고서 작성 단계는 학생들에게 글쓰기 전략을 질문하는 것으로 시작한다. 학생들은 정보를 전달하는 글이나 설득하는 글을 써본 경험이 있으므로 나름의 전략을 떠올릴 수 있다.

교사: 이제 개요를 보면서 본격적으로 보고서를 쓸 차례인데요. 보고서를 작성하는 단계에서 가장 중요한 전략은 무엇일까요?
민서: 독자가 이해하기 쉽게 써야 해요.
교사: 아주 중요한 점을 이야기해 주었네요. 우리가 정보를 전달하는 대상도 독자이고, 우리가 설득하는 대상도 독자인데 보고서의 내용을 이해하지 못한다면 두 가지 목적을 다 이루지 못하겠죠. 독자를 고려하는 것은 보고서를 작성하는 단계에서도 굉장히 중요한 부분이고, 또 고쳐쓰기를 할 때도 중요합니다. 보고서 작성 시 중

요한 점은 또 무엇이 있을까요?

수호: 남의 글을 베끼면 안 돼요.

교사: 맞아요. 당연한 것 같지만 우리가 많이 실수하는 부분이에요. 혹시 '논문 표절'이라는 말을 들어본 적이 있나요?

진수: 정치인이나 연예인이 논문을 표절했다고 뉴스에 나온 걸 본 적이 있어요.

교사: 네, 그래서 석사 학위나 박사 학위가 취소되는 일도 있었죠. 표절은 남의 저작물을 베끼는 것으로 쓰기 윤리를 위반하는 행위인데, 쓰기 윤리란 글쓰기 과정에서 필자가 지켜야 할 윤리적 규범을 말해요. 남의 물건을 훔치면 안 되는 것처럼, 남의 글을 훔치는 것도 윤리적인 문제예요. 여러분이 보고서를 쓰면서 신경 써야 할 부분은 수집한 자료에서 어떤 문장을 그대로 가져올 때, 반드시 출처 표기를 해야 한다는 것입니다. 인용한 페이지에 각주를 달아야 하고, 마지막에 참고문헌 목록도 작성해야 해요. 이런 과정을 귀찮다고 소홀히 하면 여러분의 보고서도 표절이 되는 겁니다.

지금까지 우리 교육에서는 쓰기 윤리를 간과한 면이 있다. 프로젝트 사후 자기 평가에서 '출처 표기법을 자세히 알게 되어서 좋았다.'라는 서술이 많았는데, 이전에는 참고 자료의 출처를 제대로 표기한 적이 없었다는 말이기도 하다. 학생들이 출처 표기를 잊지 않도록 1인당 참고 각주를 1개 이상 작성하고, 마지막에 자료의 유형에 따라 참고문헌 목록을 정리하도록 조건을 제시한다.

다음은 가짜 뉴스에 관해 보고서를 쓴 모둠의 참고문헌 목록이다.

단행본, 학술논문, 뉴스 및 신문 기사, 통계 자료 및 인터넷 자료 순으로 정리하게 했다.

> **1. 단행본**
> - 정대영(2022), 《가짜 뉴스와 민주주의》, 소명출판.
> - 미치코 가쿠타니, 김영선 옮김(2019), 《진실 따위는 중요하지 않다》, 돌베개.
>
> **2. 학술논문**
> - 황용석·권오성(2017), 〈가짜 뉴스의 개념화와 규제 수단에 관한 연구: 인터넷서비스 사업자의 자율규제를 중심으로〉, 《언론과법》 제16권 제1호, 한국언론법학회.
>
> **3. 뉴스 및 신문 기사**
> - 정우상, 〈극단 세력이 만들고 정치권 올라타고 … 가짜 뉴스에 민주주의 죽어간다〉, 조선일보, 2024년 1월 3일자.
>
> **4. 통계 자료 및 인터넷 자료**
> - 지표누리(2025), 선거투표율
>   https://www.index.go.kr/unity/potal/indicator/IndexInfo.do?cdNo=8043

보고서 작성 시에도 모든 학생이 참여해야 한다. 모든 구성원이 한 장씩 맡아서 써야 무임승차가 줄고, 개인 평가가 가능하다. 구글 공유 문서를 활용하면 모둠원들이 동시에 작성하면서 서로가 쓴 내용을 검토할 수 있다. 각자 맡은 장만 작성하지만, 반드시 모둠별로 모여 앉아 의논하면서 일관성 있게 서술할 것을 강조한다.

다음은 소셜미디어 중독의 원인을 분석한 학생 보고서 2장의 일부이다.

> 소셜미디어 중독의 주요 원인 중 하나는 소외에 대한 두려움이다. 흐름을 놓치거나 자신이 주류에 포함되지 않을 것에 대한 두려움. 그래서 남들이 어떤 활동을 하고 있는지 계속 확인하고 싶은 욕구 때문이다. (중략)
> 실제 사례로, 인스타그램을 주로 활용하는 대학생 A씨는 "게시물을 올렸는데, 하트 수가 다른 게시물에 비해 낮으면 민망함을 느낀다. 다른 사람들도 '좋아요' 수만 쳐다 볼 것 같아서 결국 게시물을 내렸다."라고 말했다.

이 글에서는 소셜미디어 중독의 원인을 '소외에 대한 두려움'으로 분석하고, 이를 뒷받침하기 위해 SNS 게시물의 '좋아요' 수를 의식하게 된다는 내용의 인터뷰가 실린 기사를 인용했다. 이렇게 2장에서는 분석한 내용과 관련된 구체적인 사례를 반드시 제시하도록 했다. 구체적인 사례가 제시되지 않으면 분석 내용이 막연한 추측에 머무르게 되어 설득력이 부족해진다.

다음은 소셜미디어에서의 악성댓글 문제를 해결하는 방안을 제시한 학생의 글이다.

> 소셜미디어에서의 악성댓글에 대처하는 사회적 차원의 해결 방안은 '소셜미디어 관련 교육에 집중하기'이다. (중략) 소셜미디어 관련 교육을 강화함으로써 더 많은 세금이 사용된다는 반론이 제기될 수 있다. 하지만 지금까지 소셜미디어에서의 악성댓글로 많은 국민이 피해를 보았기에 꼭 필요한 정책이다.

소셜미디어에서의 악성댓글에 대처하는 사회 차원의 해결 방안으로 '소셜미디어 관련 교육'의 필요성을 제안하고 있다. 교육에 너무 많은 세금이 사용된다는 반론이 있을 수 있지만, 악성댓글로 인한 피해가 더 크기 때문에 세금 사용도 감수해야 한다고 재반론하고 있다. 이렇게 3장에서는 해결 방안을 개인 차원과 사회 차원으로 나누어 제시하도록 했는데, '예상되는 반론과 그에 대한 재반론'을 반드시 포함하여 논리를 보강하도록 했다.

보고서 작성은 2시간, 고쳐쓰기는 1시간 동안 진행했다. 개요 피드백 단계에서 교사와 동료 평가를 받았으므로, 고쳐쓰기 단계에서는 모둠에서 자체적으로 글을 평가하고 고쳐 쓰도록 했다. '내가 이 글의 독자'라고 생각하며 초고를 읽고 이해하기 쉽도록 고쳐 쓸 것을 강조했다.

학생들의 초고를 읽으면서 가장 아쉬웠던 점은 학생들이 '자기 언어'로 표현하는 데 매우 서툴다는 것이었다. 출처 표기를 강조했더니 출처 표기는 잘하는데, 보고서 전체가 온통 인용한 내용으로 채워져 있고 자기 언어로 쓰지 못한 글들이 있었다. 그래서 보고서를 고칠 때 자기 언어로 바꾸어 서술하라고 안내했으나 여전히 인용으로 채워진 글도 있었다.

자료를 충분히 읽고 그 내용을 재구성하여 자기 언어로 바꾸는 연습이 학생들에게 필요하다는 것을 절실히 느꼈다. 자기 언어로 표현하는 것은 '요약하기' 능력과 밀접한 연관이 있다. 학생들이 짧은 읽기 자료를 재구성하여 요약하는 훈련을 반복적으로 하면 자기 언어로 표현하는 능력이 생길 것이다. 몇 번의 경험으로는 부족하고, 학기나 학년 단위로 꾸준히 반복해야 한다. 그러나 교사는 학년별로 주어진 성취기준을 모두 가르쳐야 하니, 특정 기능을 반복하여 연습시키는 것이 현실적으로 쉽지는 않다.

(6) 발표 및 개념 일반화 – 왜 쓰기 과정, 쓰기 전략, 쓰기 윤리를 지키나요?
발표가 필수적인 것은 아니지만 학급 내에서 모둠별로 작성한 보고서의 주제가 모두 다르므로 공유하는 시간을 가지면 좋다. 학생들은 발표를 들으면서 잘 쓴 보고서가 어떤 것인지 알게 되고, 소셜미디어에 관해 통합적으로 바라보는 시각을 갖게 된다.

모둠 발표가 끝난 뒤에는 학생들에게 '개념적·논쟁적 질문'을 제시한다. 개념적·논쟁적 질문에 관한 학생들의 답안을 모아서 분류하면 체계적으로 핵심 개념이 정리되고, 때로는 교사가 놓친 부분이나 미처 생각하지 못했던 부분이 채워지기도 한다.

개념적 질문 1. 쓰기 과정을 적용하여 글을 쓰면 어떤 점이 좋은가?

쓰기 과정을 경험한 후, 정말로 쓰기 과정을 거쳐서 글을 쓰는 것이 의사소통 목적을 달성하는 데에 도움이 되는지 다시 한번 생각해 보게 하는 질문이다. 학생들은 '쓰기 과정을 적용한 글쓰기'의 이점을 이렇게 생각하고 있었다.

- 쓰기 과정을 적용하면 더 빠르고 체계적으로 글을 쓸 수 있다. → **시간 절약, 체계성**
- 쓰기 과정을 적용하면 내용을 정확하게 정리할 수 있어 글의 내용이 명확해진다. 그리고 계획, 초안, 수정 단계를 거치며 글의 완성도를 높

일 수 있다. → 주제의 명확성, 완성도
- 글의 주제에 대해 더 깊이 이해할 수 있다. 관련된 내용끼리 나열하여 읽는 이의 이해와 흥미를 높이는 데 효과적이다. → 깊이 있는 이해, 독자의 이해와 흥미 상승
- 쓰기 과정을 참고하지 않으면 그냥 글을 먼저 쓰게 되는데, 그러면 내용도 제대로 정리가 안 된 상태에서 글을 쓰게 되어 내용이 뒤죽박죽이고 빼야 할 내용, 더해야 할 내용 이런 것들을 깨닫기가 어렵다.
→ 글의 통일성, 체계성
- 내가 무엇을 먼저, 어떻게 해야 하는지 알 수 있어 보고서를 쓰는 데에 매우 큰 도움이 된다. → 메타인지 활성화

교과서에 있는 문구를 외워서 쓴 것이 아니라 학생들이 직접 글을 쓴 경험을 회상하며 어떤 점이 좋았는지 떠올린 흔적들이 보인다. 특히 다섯 번째 답변의 '메타인지 활성화'에 관한 내용은 쓰기 과정이 필요한 궁극적인 이유를 언급하고 있다.

개념적 질문 2. 보고하는 글의 의사소통 목적을 달성하기 위해 필자는 어떤 전략을 사용하는가?

학생들이 작성한 보고서의 의사소통 목적은 '정보 전달'과 '설득'이다. 글쓰기의 각 과정에서 '정보 전달'과 '설득'의 목적을 달성하기 위해 어떤 전략을 실행했는지 떠올리면서, 정말로 그런 전략이 효과적인지 판단해 보게 하는 질문이다. 학생들은 보고서 쓰기의 전략을 이렇게

정리했다.

- 먼저 필요한 자료를 최대한 많이 수집한다. 그리고 글을 쓸 때는 그 자료 중 필요한 자료들의 중요한 부분을 인용한다. → **자료의 충분성, 주제에 맞는 자료 선별(통일성)**
- 보고하는 글을 쓸 때는 각 장에서 어떤 내용을 중점적으로 다룰 건지 확실하게 정하고 신뢰성 있는 자료를 찾는 것이 가장 중요한 것 같다. → **주제의 명확성, 자료의 신뢰성**
- 내용을 정리하여 순서에 맞게 개요를 작성하는 것이 필요하다. 개요를 쓰고 자료를 글에 맞춰보며 출처가 분명한지, 내용과 관련 있는지 확인한다. → **구성의 체계성, 자료의 신뢰성, 내용의 통일성**
- 글을 쓰는 목적을 정확하게 파악한 후에 글을 쓴다. 주제와 관련 없는 내용은 없는지 확인하면서 읽는다. → **글의 목적 확인, 내용의 통일성**
- 다른 사람이 생산한 아이디어나 자료, 글의 출처를 밝혀 올바르게 인용하고, 조사나 연구 결과를 과장, 축소, 변형, 왜곡하지 않고 제시하는 등 쓰기 윤리를 지켜야 한다. → **쓰기 윤리 준수**
- 쓰기 과정에 맞게 단계적으로 보고서를 작성하며, 보고서 쓰기 각 단계의 중간과 끝에 고쳐쓰기 과정을 거친다. 마지막으로 내용상의 문제나 쓰기 윤리에 어긋나지 않는지를 한 번 더 점검한다. → **고쳐쓰기, 쓰기 윤리 점검**
- 각주 넣는 것이 중요하고, 주제가 뭔지 드러날 수 있게 작성한다. (주제가 아닌 다른 곳으로 튀는 것을 막기 위해) → **자료의 신뢰성(출처), 내용의 통일성**

학생들은 보고서 쓰기의 각 단계에서 강조한 '신뢰성, 통일성, 쓰기 윤리 준수'라는 전략을 인지하고 있었고, '자료의 충분성, 주제나 목적의 명확성, 구성의 체계성, 고쳐쓰기' 등도 중요하다는 것을 인식하고 있었다.

논쟁적 질문 1. 쓰기 윤리는 꼭 지켜야 하는가?

쓰기 윤리를 지키는 것이 옳다고 배웠으므로 학생들의 답은 거의 정해져 있다. 그래도 '유용한 지식은 널리 퍼지면 좋은 것인데, 복잡한 출처 표기 형식 때문에 지식의 확산이 저해되지는 않나요?'와 같은 질문을 던지면서 한 번 더 깊이 생각해 보게 했다. 쓰기 윤리는 '가치·태도' 영역인 만큼 왜 그래야 하는지를 스스로 공감하며 실천하는 것이 중요하기 때문이다.

- 쓰기 윤리를 지키면 신뢰도를 높일 수 있을 뿐만 아니라 인용하는 글을 쓴 사람에 대한 예의이며 도덕적인 윤리를 지키는 것이다. → **정보의 신뢰성, 도덕과 예의의 문제**
- 쓰기 윤리를 지키는 것을 통해 지식의 신뢰성과 정확성을 높일 수 있다. 또한 표절한다면 그 사람의 저작권을 침해하는 행동이므로 법적인 제재를 받을 수 있으며, 잘못된 정보가 널리 퍼지게 될 수도 있다. → **정보의 신뢰성, 저작권 침해, 부정확한 정보의 확산 방지**
- 사람들은 항상 좋은 내용, 흥미로운 글을 써서 사람들에게 보여주고 싶어 하는데. 쓰기 윤리를 지키지 않으면 다른 사람들에게 피해를 입힐 수

있다. 쓰기 윤리는 글을 쓸 때 내가 만든 자료를 보호해 주기 때문에 우리는 쓰기 윤리를 반드시 지켜야 한다. → **저작권 침해, 나의 저작권 보호**
- 독자들이 글을 읽고 그 주제에 대해 더 공부할 수 있게 출처를 꼭 적어야 한다. → **독자에게 추가적인 정보 제공**

예상대로 모든 학생이 쓰기 윤리를 지켜야 한다고 답했으나, 이유는 꽤 다양했다. 그 중 '나의 저작권을 지키고 위해', '독자들이 그 주제에 대해 더 공부할 수 있도록'과 같은 답변은 학생들 스스로 생각해 낸 것이어서 반가웠다.

이렇게 학생들이 핵심 질문에 답한 내용을 공유하면서 이 수업의 개념인 '의사소통', '목적'과 과정·전략·기능인 '쓰기 과정, 쓰기 전략, 쓰기 윤리'를 되짚어 볼 수 있다. 마지막으로 학생들에게 '의사소통, 목적'과 '쓰기 과정, 쓰기 전략, 쓰기 윤리'를 연결하여 일반화 문장을 써 보게 한다. '필자는'으로 시작하는 문장으로 쓰라고 하면, 학생들의 막막함이 조금 줄어든다. 수업을 설계할 때 교사가 만든 핵심 아이디어는 다음과 같다.

> 필자는 의사소통 목적을 달성하기 위해 쓰기 과정과 전략을 점검·조정하고, 쓰기 윤리를 지켜 글을 쓴다.

다음은 학생들이 작성한 일반화 문장의 예시이다.

- 필자는 글쓰기 목적에 맞게 쓰기 과정과 전략을 사용하고 쓰기 윤리를

지키면, 독자와 원활하게 의사소통할 수 있다.
- 필자는 의사소통의 목적을 정하고, 쓰기 과정, 쓰기 전략, 쓰기 윤리를 적용하여 글을 쓴다.

일반화 문장을 작성하는 것을 어려워하는 학생들도 있지만, 이렇게 개념을 연결하려 노력하는 과정에서 사고가 촉발된다. 단순히 '과정·전략·기능'을 습득하는 것을 넘어 우리가 왜 이것을 배우는지 생각하는 것이 '개념기반 탐구학습'의 이점이다. 왜 이렇게 하는지를 알아야 다른 상황에 전이할 수 있는 실제적 지식이 형성되기 때문이다.

3. 전이 – 실천으로 나아가는 캠페인 활동

'전이(轉移)'란 개념을 새로운 상황에 적용하거나 행동으로 옮기는 것을 의미한다. 인지적 확장뿐만 아니라 행동으로 실천하는 것 또한 '전이'인 것이다. 이 수업의 핵심 아이디어는 '필자는 의사소통 목적을 달성하기 위해 쓰기 과정과 전략을 점검·조정하고, 쓰기 윤리를 지켜 글을 쓴다.'이다. 학생들이 보고서를 쓴 목적은 독자에게 소셜미디어의 문제점을 알려주고(정보 전달), 해결 방안을 제시(설득)하는 것이므로, 캠페인 활동을 하는 것도 의사소통 목적을 달성하는 한 방식이라고 할 수 있다. 그래서 이번 프로젝트에서는 '올바른 소셜미디어 사용'과 관련하여 메시지를 전달하고 실천하는 '캠페인 활동'을 전이 단계로 설정했다.

연우: 선생님, 이제 시험 끝났는데 뭐 해요?

교사: 시험 공부하느라 잊고 있었죠? 예고한 대로 모둠별 캠페인 활동을 할 거예요.

준우: 또 모둠이에요? 시험 끝났으니 좀 놀아요.

교사: 여러분이 소셜미디어에 관해 열심히 공부해서 보고서도 쓰고 발표도 했는데, 다른 반 학생들과 1, 2학년 후배들은 여러분의 발표를 못 들었어요. 캠페인 활동을 통해 여러분이 공부한 내용을 널리 알려서 다른 친구들도 올바르게 소셜미디어를 사용할 수 있도록 도와줍시다. 캠페인 활동을 열심히 수행한 모둠에는 상품도 있습니다.

 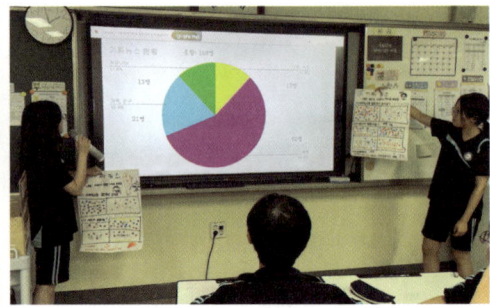

거리 캠페인   설문조사 결과 발표

    규모가 작은 학교라면 모든 학생이 거리 캠페인을 하는 것도 좋지만, 학생 수가 많은 학교에서 캠페인 활동 시간과 장소를 조율하는 것은 현실적인 어려움이 있다. 또 거리 캠페인에 참여하는 것을 너무 부끄러워하는 학생들도 있어서, 두 가지 유형 중 하나를 선택하게 했다.

    첫 번째는 거리 캠페인으로, 모둠 보고서의 내용을 압축한 피켓을 들고 교문이나 급식실 앞에서 등교 시간, 점심시간, 하교 시간 중 1회 실시하여 인증샷을 남기는 것이다. 두 번째는 설문조사형 캠페인으로, 모둠 보고서의 내용과 관련된 설문을 만들어서 교내에 게시하고, 설문 결과를 집계해서 마지막 국어 시간에 발표하는 것이다.

학생들이 만든 설문 문항
- 가짜 뉴스를 접한 경험이 있는가? 다음 중 어니에서 접했는가?
  ① SNS ② 가족·친구 ③ 신문 기사·뉴스
- 당신의 일일 평균 소셜미디어 사용 시간은?
  ① 1시간 미만 ② 1~2시간 ③ 2~3시간 ④ 3시간 이상
- 소셜미디어에서의 혐오 표현 문제를 해결하기 위해 '법으로 통제하는 것'과 '교육으로 예방하는 것' 중에서 무엇이 더 효과적인가?

설문조사는 스티커 투표나 QR코드를 활용해 전 학년을 대상으로 실시할 수 있다. 교내에 설문조사 벽보를 게시하는 것만으로도 '올바른 소셜미디어 사용'에 관해 환기하는 효과가 있고, 설문에 참여한 학생들은 자신의 소셜미디어 사용 습관을 한 번 더 생각하는 기회를 얻게 된다. 무엇보다 '정보 전달'과 '설득'이라는 의사소통 목적을 달성하기 위해 정보를 시각화하거나 설문 결과를 분석하고, 직접 거리로 나가 목소리를 내는 등 다양한 방법을 시도해 보는 것이 의미 있다. 우리가 배운 지식이 교실의 벽을 넘어 '나의 삶'과 '우리의 공동체'로 번져 나가는 것을 확인할 수 있는 진정한 '전이(轉移)'의 시간이다.

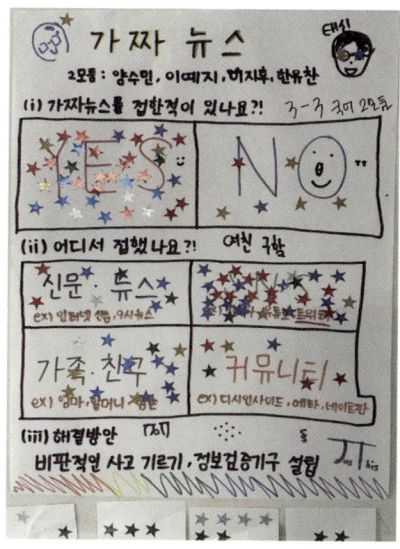

4. 성찰 - '계획-중간-마무리' 단계의 성찰

'성찰'은 마지막 단계인 것처럼 보이지만, 사실 프로젝트의 전 과정에서 이루어진다. 장기 프로젝트일수록 길을 잃고 학습 목표에서 멀어지지 않도록 성찰하는 과정이 자주 필요하다.

(1) 계획 단계 – 내가 만드는 채점기준표
본격적인 수행에 앞서 학생들이 평가 기준을 인식하는 것은 매우 중요하다. 수행의 과정을 대략 짐작할 수 있고, 어떤 점에 중점을 두어 과제를 수행해야 할지 가늠할 수 있어서 학생들도 심리적인 안정감을 느낄 수 있다.

학생들에게는 채점기준표의 빈칸을 채우는 활동을 제시한다. 이때 성취기준을 제시하여 학생들이 방향을 잡을 수 있게 하고, 수행을 가장 잘했을 때를 기준으로 '상' 수준만 기술하도록 한다.

물론 학생들은 교사처럼 다듬어진 문장으로 평가 세부 기준을 쓰지는 못한다. 채점기준표를 작성하는 것은 교사의 전문적 영역이므로 학생들에게 채점기준표 작성법을 알려줄 필요는 없다. 그러나 자신들이 수행할 평가에서 평가 요소를 고민해 보고, 어떻게 수행해야 좋은 평가를 받을 수 있는지를 생각해 보는 과정에서 메타인지가 활성화된다.

이어서 교사가 작성한 채점기준표를 제시하고 학생이 작성한 채점기준표와 비교해 보도록 한다. 그리고 자신의 강점과 약점을 생각해 보

채점기준표 활동지

평가 내용	성취기준	평가 요소	평가 세부 기준 상
모둠 보고서 쓰기 프로젝트	[9국03-07] 복합양식 자료를 활용하여 내용을 생성하고 글의 유형을 고려하여 내용을 조직하며 글을 쓴다.	이해·분석	학생 작성
		과정·전략	학생 작성
	[9국03-08] 쓰기 과정과 전략을 점검·조정하며 글을 쓰고, 독자를 고려하여 글을 고쳐 쓴다.	구성	학생 작성
	[9국03-09] 언어공동체의 구성원인 필자로서 자신에 대해 성찰하며, 윤리적 소통 문화를 형성하는 데에 기여한다.	언어 표현	어법에 맞게 적절한 단어와 문장을 선택해 정확하고 간결하게 표현했는가?
		쓰기 윤리	조사한 내용이나 결과를 왜곡하지 않고, 인용한 자료의 출처를 정확하게 밝혔는가?

며 평가 요소마다 자기 수준을 체크해 '상, 중, 하'에 표시한다. 이 과정에서 자신의 부족한 부분을 인식하고 그 부분을 중점적으로 채우는 전략을 세울 수 있다.

(2) 중간 단계 – 동료 평가를 활용한 개요 피드백

글의 개요를 작성하는 단계에서 한 번 멈추고 성찰하는 과정을 거치는 것은 아주 중요하다. 이미 완성된 결과물을 대폭 수정하는 것보다는 개요 단계에서 글의 방향을 수정하는 것이 훨씬 간단하다.

동료 피드백 활동 시작 전에 동료 피드백의 필요성을 학생들에게 먼저 설명하고 공감을 얻은 뒤에 진행하는 것이 좋다. 동료의 수행을 성찰하는 것은 큰 의미가 있다. 때로는 선생님보다 친구들에게서 배우는 것이 더 많다. 내가 피드백을 열심히 해주면 피드백을 받은 모둠만 점수를 잘 받는 것이 아니라, 피드백을 해주는 '나'도 성장한다는 것을 인식시키는 것이 중요하다.

> **교사**: '우리 모둠 과제 하기도 바쁜데, 다른 모둠 개요까지 읽어야 하나?' 싶을 수도 있어요. 그렇지만 다른 모둠이 잘한 부분을 보면서 배울 수도 있고, 너무 못한 걸 보면 '아, 저렇게 하면 안 되는구나.'라고 생각할 수도 있어요. (웃음) 어쨌든 글을 보는 안목이 향상되는 건 맞아요. 그리고 피드백할 내용을 핵심만 간결하게, 그러면서도 상대방이 기분 나쁘지 않게 표현하려고 노력하면서 표현력도 좋아집니다.

중간 피드백에서는 모두가 발표하고 모두가 피드백할 수 있도록 모둠 활동을 설계했다. 예전에는 모둠 대표가 나와서 개요를 발표하고 질의응답을 하는 방식으로 중간 피드백을 진행했다. 이런 방식으로 진행하면 모둠에서 가장 잘하는 학생 한두 명만 발표하기 때문에 무임승차가 생긴다. 그리고 질의응답 시간에도 적극적인 학생의 의견만 듣게 되는 아쉬움이 있다.

모두가 참여하는 동료 피드백 순서는 먼저, 모둠별로 패들렛에 개요를 올린다. 그리고 같은 책을 읽은 사람끼리 피드백 모둠을 구성하면

1~6모둠에서 한 명씩 모이게 된다. 피드백 모둠 안에서는 모두가 자기 모둠의 대표가 되며, 1모둠에서 온 학생부터 개요를 발표하고 나머지 5명에게 질문을 받는다. 이때 타이머를 사용해서 한 모둠 당 발표 시간을 교사가 관리해야 한다.

친구들의 발표를 들은 뒤에는 자기 모둠을 제외한 다섯 모둠의 개요 아래에 댓글을 단다. 잘한 점과 보완할 점을 한 개씩 적으면 좋지만, 시간이 부족하면 보완할 점 한 개만 적어도 된다. 최종 보고서의 질을 높이려면 보완할 점을 조언해 주는 것이 더 도움이 되기 때문이다. 대신 잘한 점은 최종 발표 후 동료 평가에서 기록하게 한다. 다음은 패들렛에서 학생들이 중간 피드백을 진행한 화면이다.

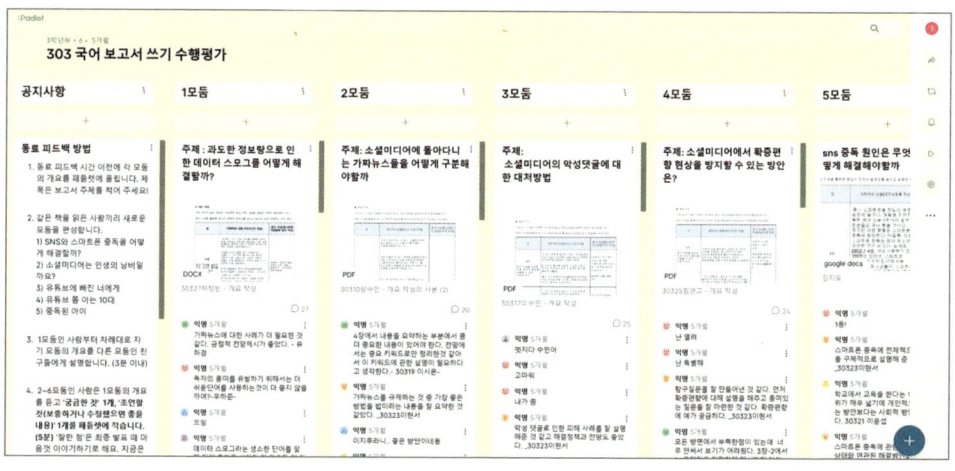

개요 단계에서 교사 피드백까지 하면 좋지만, 시간이 부족하다면 동료 평가만 하는 것도 도움이 된다. 학생들의 피드백을 읽어보면 교사의 의견과 크게 다르지 않다. 오히려 문제는 피드백을 읽지 않거나 무시하는 학생이 있다는 것이다. 그래서 동료 피드백이 끝난 뒤에 다음과 같이 피드백 수용 여부를 묻는 퀴즈를 제시했다.

> 1. 중간 피드백을 반영한 부분은 무엇인가?
>   - 글을 너무 길게 써 한눈에 알아보고 이해하기 어려울 수 있다고 한 점이다. 이를 받아들이고 중요한 부분만 요약하여 비교적 간결하게 글을 고쳤다.
>   - 해결 방안만 쓰기에는 내용이 너무 짧아 보인다며, 그 아래에 설명을 추가하면 좋겠다는 피드백을 받아들였다. 설명을 덧붙이면 글이 더 풍부해지고, 읽는 사람이 이해하기 쉽기 때문이다.
> 2. 중간 피드백을 반영하지 않은 부분은 무엇인가? 반영하지 않은 이유는? (없으면 1번을 두 개 쓰시오)
>   - 답한 학생이 거의 없음.

학생들은 대부분 자신이 받은 피드백이 타당하다고 생각하고 있었다. 이렇게 피드백 수용 여부를 판단하는 과정에서 자신이 과제를 잘 수행하고 있는지 성찰하는 효과가 있다. 그리고 최종 결과물을 피드백하면 어휘 사용이나 어법 차원의 지엽적인 문제를 지적하는 경우가 많은데, 개요 단계에서 피드백하면 글의 큰 흐름을 보게 된다. 이렇게 중간 단계에서 한번 멈추고 돌아보는 것은 목표 지점을 확인하고 올바른 방향으로 나아가기 위해 꼭 필요한 과정이다.

(3) 마무리 단계 – 긴 여정 끝에 얻은 것

긴 프로젝트를 끝낸 뒤에 학생들이 최종적으로 느낀 점을 서술하는 활동은 평범하지만 꼭 필요하다는 생각이 든다. 학생들의 마지막 성찰문을 읽으며 교사도 이 수업에서 놓친 것들을 생각하게 되고, 때로는 '교사가 가르치지 않았지만 학생은 배운' 잠재적 교육과정을 확인하기도 한다.

[질문 1] 이번 프로젝트를 통해 새롭게 알게 된 점, 느낀 점, 동료들에게 배운 점을 구체적으로 적어주세요.

- 이번 프로젝트를 진행하며 한 가지 탐구 질문을 정해 원인과 해결 방안 등에 관한 자료를 전문적인 사이트에서 찾아보며 보고서를 쓰는 과정이 의미 있고 흥미로웠다. 이를 통해 보고서를 더 전문적인 방식으로 어떻게 쓰고 출처의 정확한 표기법을 알게 되어 조금 성장하게 된 것 같다.
- 보고서를 많이 작성해 보았지만, 이번 활동만큼 체계적으로 작성해 본 것은 처음이라 새로웠다. 특히 출처를 남기는 방법을 구체적으로 배울 수 있어서 좋았다. 나중에 다른 글을 쓸 때 큰 도움이 될 것 같다.
- 친구들로부터 자료 조사를 쉽고 빠르게 하는 방법을 배울 수 있어서 좋았다.
- 논문 같은 전문적인 자료를 참고하여 보고서를 작성하는 경험을 한 것이 유익했다. 모둠원들이 부족했던 부분을 보완해 주고 책을 읽고 토론해 보는 시간 등이 크게 도움이 되었다.

[질문 2] 이번 프로젝트에서 내가 부족했던 부분이나, 다음에 프로젝트에 참여한다면 보완하고 싶은 점을 구체적으로 적어주세요.

- 이번 프로젝트를 진행하면서 다른 친구들의 참여도가 다소 저조했던 부분이 있었는데, 소통하기보다는 프로젝트의 완성도에만 집중했던 점이 아쉽다. 다음에는 모둠 프로젝트를 하면 최대한 소통을 해보도록 노력해야겠다.
- 시간이 없어서 과제를 제대로 수행하지 않은 모둠원의 자료 조사, 개요 작성, 보고서 작성 등을 대신해 주었다. 만약 다음에 이 프로젝트를 다시 진행한다면 대신해 주는 것이 아니라, 이끌어서 스스로 할 수 있도록 도와주고 싶다.

학생들은 '보고서 쓰기의 과정을 체계적으로 경험해 본 것, 좋은 자료를 찾는 방법을 알게 된 것, 출처 표기 방법을 알게 된 것' 등을 긍정적인 경험으로 성찰했다. '나중에 다른 글을 쓸 때 큰 도움이 될 것 같다.'라며 전이성(轉移性)을 언급한 답변도 있었다.

'절차적 지식'을 가르치는 것이 '사실적 지식'을 가르치는 것보다 어렵다고 느껴질 때가 있다. 학생들이 뭔가 활동을 하긴 했는데 뭘 배웠는지 잘 모를 수도 있기 때문이다. 절차적 지식을 가르칠 때도 '개념'을 설정하면 이런 한계가 어느 정도 극복된다. 기능을 반복적으로 훈련하는 활동에 머물지 않고, 왜 이런 과정·전략·기능을 사용하는지 사고하도록 이끌 수 있기 때문이다. 이 수업에서도 '의사소통, 목적'이라는 개념과 '쓰기 과정, 쓰기 전략, 쓰기 윤리'라는 과정·전략·기능을 명확하게 설정한 것이 학생들의 실제적인 글쓰기 능력 향상에 도움을 주었다.

그리고 수업 설계에는 포함되지 않은 내용이지만, 많은 학생이 '동료들과의 협업'에 관해 성찰했다. '동료들에게 배울 수 있어서 좋았다'는 의견도 있었고, 협업이 어렵다는 의견도 있었다. 학생들이 점점 모둠 활동을 힘들어한다는 느낌이 든다. 그럴수록 지속적으로 모둠 활동 기회를 만들어서 학생들이 협업하는 방법을 배우게 하는 것도 국어 수업의 한 조각이라는 생각을 한다.

다음에 모둠 수업을 한다면, '협력'이라는 정의적 영역의 평가에 조금 더 비중을 두고 싶다. '협력'은 국어과 성취기준에 없어서 점수화할 수 없지만, 비형식적 평가로 실시할 수 있다. 모둠 활동 차시마다 자신의 협업 능력을 스스로 평가해 보고 교사나 동료들의 피드백을 받는 것이다. 다음은 정의적 영역 평가 양식 예시이다.

정의적 평가 양식 예시

항목	탁월	숙달	기본	초보
협력	다른 모둠원의 기여를 소중하게 생각하며 자신도 기여하기 위해 적극적으로 노력함 □	다른 모둠원의 기여를 소중하게 생각함 □	다른 모둠원의 기여를 인정함 □	다른 모둠원의 기여를 인식하지 못함 □
	문제 해결을 위해 적극적으로 의견을 나누고 다양한 정보를 공유함 □	문제 해결을 위해 의견을 나누고 정보를 공유함 □	문제 해결을 위한 최소한의 의견과 정보만 공유함 □	문제 해결을 위한 의견을 나누거나 정보를 공유하지 못함 □
	할 일을 구체적으로 작성하여 모둠원의 능력을 반영해 합리적으로 나눔 □	할 일을 구체적으로 작성하여 모둠원끼리 균등하게 나눔 □	할 일을 모둠원끼리 나누었으나 일부 모둠원에 역할이 편중됨 □	할 일이 한 모둠원에게 몰리거나 할 일이 배정되지 않은 모둠원이 있음 □
	역할 수행에 어려움을 겪는 모둠원에게 충분한 도움을 주어 참여할 수 있게 이끎 □	역할 수행에 어려움을 겪는 모둠원의 참여를 도움 □	역할 수행에 어려움을 겪는 모둠원에게 참여하도록 격려함 □	역할 수행에 어려움을 겪는 모둠원을 도와주지 않음 □

장점 및 칭찬할 만한 점

- 서울특별시교육청 중등교육과(2021), 《수업 시간에 정의적 영역 평가 실천하기》, 서울특별시교육청, 109쪽.

이런 식으로 학생들이 체크리스트에 자기 평가를 하고 교사나 동료의 코멘트를 받는 방식으로 협력성을 점검할 수 있다. 점수에 반영되지 않아서 큰 영향력은 없더라도, 의식적으로 자신의 행위를 성찰하는 시간을 갖는 것에 의의가 있다. 동료나 교사에게 긍정적인 코멘트를 많이 받은 학생은 생활기록부 '과목별 세부능력 특기사항'에 작성해 줄 수 있다.

학생들의 성찰을 통해 교사도 수업을 성찰하게 된다. 늘 조금은 아쉽게 수업이 마무리되지만, 다음 수업에서 한 걸음 나아갈 수 있다는 희망을 얻었다면 교사도 학생만큼 성장한 것 아닐까.

국어 교사를 위한 실천 팁

1. 학생이 직접 핵심 질문에 답하게 한다

설문이나 공유 문서를 활용해 학생 답을 모으면 그 안에 교사가 제시하고자 하는 개념이 모두 담겨 있다. 때로는 교사가 간과한 부분까지도 학생들이 채워준다.

2. 중학생도 학술논문을 읽을 수 있다

중학생들이 어려운 학술논문을 읽을 수 있느냐는 질문을 많이 받는다. 읽을 수 있다. 다 이해하지는 못하더라도 이해한 만큼, 필요한 만큼만 발췌해서 활용할 수 있다.

3. 모둠 활동에서 역할 분담을 촘촘하게 한다

자료 수집 2명, 보고서 작성 1명, 발표 1명, 이런 식으로 역할 분담을 하면 무임승차가 생긴다. 자료 수집(단행본 1명, 학술논문 1명, 신문 기사 1명, 통계청 자료 및 인터넷 자료 1명), 보고서 작성(1~4장까지 한 명씩 맡아서), 발표(자기가 작성한 부분은 자기가) 등 모든 영역에서 모든 학생이 한 가지 이상의 역할을 맡도록 해야 그나마 무임승차가 줄어든다.

4. 최종 결과물에 대한 피드백보다 중간 피드백이 더 중요하다

최종 결과물에서 글 단위의 문제가 발견되면 수정하기가 매우 어렵다. 개요 단계에서 중간 피드백을 착실히 하는 것이 훨씬 효율적이다. 이때 동료 평가를 활용하면 글을 보는 학생들의 안목도 생기고, 교사의 품도 덜 수 있다.

5. 성찰은 수시로 한다

장기 프로젝트 수업일수록 성찰을 수시로 해야 길을 잃지 않는다. '성찰'은 인지적 영역과 정의적 영역을 모두 포함한다. 최종 결과물의 질을 높이기 위해 자기 평가, 상호 평가를 하는 것도 필요하고, 모둠 구성원으로서 협력하고 있는지 점검하는 것도 필요하다. 성찰문을 진정성 있게 작성했거나, 동료들로부터 좋은 평가를 받은 학생은 과목별 세부능력 특기사항에 기록해 줄 수 있다.

손잡고 국어수업 07

개념기반 탐구학습

1판 1쇄 발행일 2025년 12월 15일

지은이 배현진 우경란 유상은

발행인 김학원
발행처 (주)휴머니스트출판그룹
출판등록 제313-2007-000007호(2007년 1월 5일)
주소 (03991) 서울시 마포구 동교로23길 76(연남동)
전화 02-335-4422 **팩스** 02-334-3427
저자·독자 서비스 humanist@humanistbooks.com
홈페이지 www.humanistbooks.com
유튜브 youtube.com/user/humanistma **포스트** post.naver.com/hmcv
페이스북 facebook.com/hmcv2001 **인스타그램** @humanist_insta

편집책임 문성환 **편집** 윤무재 **디자인** 스튜디오forb 유주현
조판 아틀리에 **용지** 화인페이퍼 **인쇄** 청아디앤피 **제본** 민성사

ⓒ 배현진 우경란 유상은, 2025

ISBN 979-11-7087-403-4 04370
　　　979-11-6080-987-9 (세트)

- 이 책은 저작권법에 따라 보호받는 저작물이므로 무단 전재와 무단 복제를 금합니다.
- 이 책의 전부 또는 일부를 이용하려면 반드시 저자와 (주)휴머니스트출판그룹의 동의를 받아야 합니다.